첨삭 글쓰기

일러두기

- 책, 장편소설은 《 》로 표시했고, 언론매체와 단편소설, 영화 등은 〈 〉로 나타냈다. 그 이외의 제목은 작은따옴표(' ')로 묶었다.

- 언론매체 이름이 거기에 실린 글이나 기사와 함께 언급되는 경우가 아니라 매체 자체를 가리키는 때에는, 매체명에 〈 〉를 쓰지 않았다.

- 법령명은 「 」로 표시했다.

- 다만 인용문의 약물은 원문의 표기에 따랐다.

첨삭 글쓰기

전방위 글쟁이 **백우진**이 공유하는 글쓰기의 원리

'원문'과 '대안'이 유형별로 제시된다
수필, 자소서, 보고서, 논문의 핵심

들어가며

왜 첨삭이 글쓰기에 효과적일까?

"자네 강의 좋더군. 다만, 못 쓴 글을 고쳐 보여주기보다는 잘 쓴 글을 제시하고 그 미덕을 설명하는 데 시간을 더 할애하면 어떨까? 그 방식이 더 교육적이지 않을까?"

이는 내 글쓰기 온라인 강습을 듣게 된 언론계 선배가 들려준 조언이다. 내 글쓰기 강습은 지침 제시와 그에 대한 설명, 지침에 어긋난 예문 첨삭 등으로 구성된다. 이 가운데 첨삭이 큰 비중을 차지한다. 첨삭 사례는 하나가 아니라 대개 서너 건을 보여준다. 그러다 보니, 내 강습이 못 쓴 글에 대한 지적 위주라는 인상을 준 것이다.

이후 이 조언을 화두 삼아 몇 개월간 고민했다. 그러나 강습 구성을 바꾸지 않았다. 대신 강습을 준비하거나 강습을 마치고 돌아오는 길에 내가 이 조언에 따르지 않는 논리를 찾곤 했다. 그 논리는 다음과 같다.

좋은 글의 원리와 유형, 사례를 제시하는 방식은 효과가 약하다. 이 주장에는 충분한 근거가 있다. 먼저 생각해보라. 우리는 초등학교 때부터 학교와 학원에서 좋은 글을 읽고 배우고 그에 대해 시험을 쳤다. 그러나 막상 써본 글은 우리가 오랫동안 읽어온 좋은 글에 한참 미치지 못한다. 왜 그럴까. 자신도 모르는 채 저지르는 실수가 많아서다.

이를 일반화하면, '모범 글 하나에 수십 가지의 '오답'이 나타난다'가 된다. 달리 표현하면 '잘 쓴 글은 엇비슷하지만, 못 쓴 글은 그 양상이 제각각이다'가 된다.

잘 쓴 글은 문단이라는 형식을 내용에 알맞게 갖추고 있다. 구성이 탄탄하고 내용이 원활하게 전개된다. 문장과 문장의 배치와 관계가 적절하다. 수필이나 칼럼은 어필하는 기법을 적절히 구사한다.

못 쓴 글의 유형은 잘 쓴 글에 비해 훨씬 많다. 한 문단에 한 가지 내용을 담는 대신 여러 내용을 여러 문단에 혼합해 배치함으로써 독해를 방해하는 글이 자주 보인다. 앞에서 쓴 내용과 비슷한 서술을 추가하는 중언부언 논문이 있는가 하면, 전개가 우왕좌왕하는 갈지자 보고서가 있다. 역접에 역접을 거듭해 독자를 어지럽게 하는 글도 있다.

독자의 눈길을 끄는 인트로를 서두에 앉히는 대신 상투적인 첫 문장으로 시작한 수필과 칼럼이 많다. 마무리의 형식을 갖추지 않은 글, 마무리의 내용과 형식 모두 없는 글도 간혹 보인다.

그래서 글쓰기 훈련에는 좋은 글을 본받는 방식보다 원문과 대안을 제시받고 왜 그렇게 수정됐는지 배우는 쪽이 더 효과적이다. 첨삭으로 제시받은 세부 지침은 확실히 따를 수 있다.

이를 나는 '글쓰기도 운동과 비슷한 기술'이라는 비유로 설명하곤 한다. 청소년 운동 선수들이 세계 최상급 선수의 영상을 반복해 보고 그대로 따라 할 수 있다면, 코치가 필요하지 않을 것이다. 그러나 유망주라고 해도 자신이 어떤 동작을 어떻게 고쳐야 하는지 알아차리지 못한다. 그래서 지도가 필요하다. 글도 운동과 마찬가지로 '첨삭' 지도가 필요하다.

글을 잘 쓰고 싶은가? 글 공부에는 각 지침에 여러 건의 첨삭 사례가 제시된 자료가 도움이 된다. 이 책이 바로 그런 내용을 담고 있다.

글 종류와 글쓰기 기법의 관계

이제 글의 종류와 글쓰기 기법의 관계를 설명한다. 이는 이 책의 목차와도 관련이 있다.

먼저 종류를 막론하고 따라야 할 지침이다. 글은 문단 단위로 써야 한다. 문단의 유형은 두괄식 문단과 안내 문장으로 시작하는 문단, 미괄식 문단으로 구분된다. 글의 구조를 시각화한 형식이 개조식이다. 이 내용은 2장 '짜임새 있고 두서 있게'에 담았다.

3장은 글의 설계와 전개를 다룬다. 글의 설계도는 아웃라인이라고 부른다. 문단과 아웃라인은 맞물린 관계이다. 문단 단위로 써야 독자는 글을 읽으면서 글의 뼈대를 추릴 수 있다. 설계에 이어 전개에서 피할 유형을 몇 가지 살펴본다.

4장은 문장과 문장들을 쓰는 원칙을 제시한다. 이 장은 국내에 널리 알려진 두 가지 틀린 지침을 바로잡는다. 하나는 '접속사를 쓰지 말라'이고, 다른 하나는 '단문 위주로 쓰라'이다.

글 종류와 기법, 이 책의 목차

	기법		
수필, 칼럼, 기사	1. 인트로(리드), 인트로 및 플롯, 아우트로		
보고서 논문	2. 짜임새 있고 두서 있게: 문단과 구조화 (개조식)	두괄식	3. 설계와 전개
		안내 문장(목차)으로 시작	
		미괄식이 필요한 경우	
	4. 문장과 문장들 (문장 길이, 접속사, 관계 등)		
	5. 수치 틀리면 다 틀릴 수 있다		
	6. 정확한 글 위한 정확한 생각		

표의 '2. 짜임새 있고 두서 있게' 이하 기법은 수필과 칼럼을 포함한 모든 글쓰기가 따라야 한다. '1. 인트로(리드), 인트로 및 플롯, 아우트로' 기법은 수필과 칼럼, 기사에 필요하다. 이 기법은 보고서와 논문에는 불필요하다.

5장과 6장 또한 다른 글쓰기 책에 없는 내용이다. 공 들인 보고서라도 중요한 수치가 틀렸다면 기본 점수를 잃는다. 논문이 앞뒤가 들어맞지 않고 심지어 충돌할 경우 심사를 통과하지 못한다.

'대안'을 위한 '원문' 인용을 놓고 고심에 고심을 거듭했다. 몇 곳에 문의했으나, 대안용 '원문'으로 인용하겠다는 내 요청을 수락한 출판사는 없었다. 허락 없는 인용과 대안 제시에 대해 한국저작권위원회로부터 서면 답변을 두 번 받았다. 한국저작권위원회 상담관들은 상세하게 답변했지만, "최종적 판단은 법원에서 다뤄야 할 내용"이라며 유보했다.

이런 과정을 거친 끝에 이 책을 본문과 같이 내기로 결정했다. 이 책의 인용은 「저작권법」 28조의 '공표된 저작물들은 보도, 비평, 교육, 연구 등을 위하여는 정당한 범위 안에서 공정한 관행에 합치되게 이를 인용할 수 있다'는 규정 중 '비평'에 해당한다고 생각했다. 또 이 책의 '원문'과 '대안' 방식은 '정당한 범위'에 해당된다고 판단했다.

이 책은 본받을 글도 제시한다. 훌륭한 글을 인용하도록 허락해주신 이상우 한국추리작가협회 이사장과 김충식 가천대학교 특임부총장께 깊이 감사한다. 편집 디자인을 기꺼이 맡아준 이영섭 스페이스폼 대표는 오래 전 인연을 소중히 여겨주었다.

문호 어니스트 헤밍웨이가 말했다. "모든 초고는 쓰레기다." 좋은 글은 잘 고친 결과다. 글을 잘 쓰는 방법은 초고를 첨삭하는 방법을 아는 데 있다.

여기 초고를 수정할 착안점을 두루 모아놓았다. 독자 여러분이 글을 쓰는 과정에서 이 책이 종종 활용되기를 희망한다.

2023년 3월
백우진

차례

들어가며 004

1장 통하는 기법
1절 유혹하는 인트로의 유형과 사례 014
2절 플롯은 수필에도 곧잘 쓰인다 030
3절 줄줄 흘려 쓰지 말고, 각 잡아 쓰라 046
4절 앵글 잡고, 사실은 그에 따라 취사선택 053
5절 적절한 프레임은 글의 격을 높인다 068
6절 인용으로 풍부함을, 위트로 윤기를 073
7절 마무리(아우트로)를 잘 매조지자 082

2장 짜임새 있고 두서 있게
1절 글 구성 단위는 문장 아니라 문단 088
2절 두괄식 아니면 산만하다 101
3절 두괄식 이외의 구성도 필요 110
4절 '일반'과 '개별'을 적절히 배합하라 119
5절 '일반'을 어떤 '개별'로 뒷받침할까 127
6절 대표성 있는 사례를 정선하라 135

3장 설계와 전개

  1절 아우트라인으로 설계하라 144

  2절 관련 사실을 어디에서 어떻게 설명하나? 170

  3절 중간에 넣은 글감, 따로 놀지 않나 184

  4절 자주 뒤집으면, 독자는 멀미난다 192

4장 문장과 문장들

  1절 '접속사를 쓰지 말라'는 억지 198

  2절 두 문장이 과연 그런 '관계'인가요? 205

  3절 문단을 '그런데'로 대충 전환하지 말라 211

  4절 단문도 좋지만, 결론은 적재적소 218

  5절 명사를 같은 명사로 받지 말라 228

  6절 10매 원고에 '것'을 몇 번 썼나요? 237

5장 수치 틀리면 다 틀릴 수 있다

1절 퍼센트 포인트는 무엇이고, 왜 쓰나 250
2절 기하평균 익히는 오답노트 258
3절 성취인은 '수'로 일하고 '수'를 잘 다룬다 264
4절 울산지방법원의 이상한 '고래 판결문' 270
5절 오마하의 현인도 깜박할 때가 있다 275
6절 예외가 규칙을 드러낸다 280
7절 우리 뇌는 원래 확률에 약하다 284

6장 정확한 글 위한 정확한 생각

1절 '정확한 사고'를 위한 '정확한 독해' 제안 292
2절 '매의 이론': 정의에서 벗어난 자유 연상 297
3절 워터게이트 도청 공작조와 '배관공' 302
4절 미심쩍은 'DNA'는 꼭 대조해보자 309
5절 《사피엔스》의 사실외면과 자가당착 317

나가며 328

찾아보기 332

- 1장 -

통하는 기법

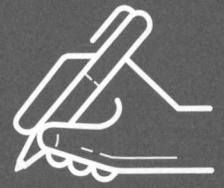

유혹하는 인트로의 유형과 사례

도입부가 결정한다. 첫째, 독자는 도입부에서 글을 더 읽을지 말지를 결정한다. 둘째, 도입부는 글의 완성도를 결정하는 데 큰 역할을 한다.

그래서 글쟁이라면 누구나 도입부를 놓고 고심한다. 수필, 칼럼, 기사, 보도자료, 책 서문, 소설 모두 도입부가 글쟁이를 괴롭힌다. 도입부를 쓰지 못한 채 끙끙대는 소설가의 이야기를 그린 〈첫 문장 못 쓰는 남자〉라는 단편소설도 있다.

또 그래서 심사하는 사람은 도입부만 놓고도 글에 대해 어느 정도 평가할 수 있다. 예를 들어 작가 김동리는 대학에서 소설 창작을 강의하면서 학생들이 원고지에 써 낸 습작을 처음 한 장 이상 읽지 않았다. 200자 원고지 첫 장에는 작품의 제목과 작성자 이름을 쓰고 나면 두 문장 정도만 들어간다. 두 문장만 읽고서도 작품을 평가할 수 있다는 얘기다.

도입부는 그렇게 중요하다. 그래서 문장연구가 징하늘은 2003년 글에서 도입부는 "잉크로 쓰지 말고 금으로 아로새기시라"고 강조했다.

그로부터 오랜 시일이 흘렀다. 지금은 도입부가 더 중요해졌다. 왜 그럴까. 빠른 정보기술(IT)이 제공하는 콘텐츠의 풍요다. IT 세계에는 바로 즐길 거리가 무제한으로 널려 있다. 이로 인해 미디어 수용자의 진득함이 사라졌다. 이제 사람들은 전처럼 기다리지 않는다. 글의 첫머리가 재미가 없으면 바로 관심을 다른 곳으로 돌린다.

도입부 중 주목할 만한 것들을 몇 건 살펴보자.

어렸을 때 우리 집은 매우 가난했다. (양자역학, 창발하는 우주, 생명, 의미를 주제로 물리학자 박권이 쓴 《일어날 일은 일어난다》 중 '들어가며'의 첫 문장.)
루트비히 볼츠만은 생애의 많은 세월 동안 통계역학을 연구했는데, 1906년 스스로 목숨을 끊었다. 파울 에렌페스트도 이 분야를 연구했는데 비슷한 방법으로 1933년 사망했다. 이제 우리가 통계역학을 공부할 때다. (David L. Goodstein, 《States of Matter》의 도입부.)
몇 년이 지나 총살을 당하게 된 순간, 아우렐리아노 부엔디아 대령은 오래전 어느 오후에 아버지를 따라 얼음을 찾아 나섰던 일이 생각났다. (가브리엘 가르시아 마르케스가 지은 장편소설 《백년의 고독》의 첫 문장.)
행복한 가정은 모두 엇비슷하지만, 불행한 가정은 그 이유가 제각각이다. (톨스토이 작 《안나 카레니나》의 첫 문장.)
"신성로마제국은 '신성'하지도 않고 '로마'에 있지도 않으며 '제국'도 아닌 어떤 것이다."
프랑스의 계몽주의 철학자 볼테르(1694~1778)가 한 말이다. (중략)
사내유보금에 대해서도 비슷하게 말할 수 있다. 사내유보금은 '유보'된 대상도 아니요, '현금'도 아니다. 사내유보금은 공식 회계용어도 아니다. 사내유보금은 회계기준에도 없고 상법에도 나오지 않는다. (지은이, 1997년을 기억하는 스무 가지 방식(11) 유보금 몽상(夢想)] '유보'되지도 않고 '현금'도 아닌 사내유보금 〈이코노미스트〉 2017.07.03.)

이제 도입부에 대한 이론으로 넘어간다. 도입부는 문예 분야에서는 '인트로 intro'라 하고, 언론계에서는 '리드 lead'라 한다. 두 용어는 동일한 대상을 가리킨다. 그 역할도 똑같아서 독자를 글로 끌어들이는 것이다. 흡인력은 호기심 자극에서 나올 수도 있고, 재미에서 비롯될 수도 있으며, 통찰을 담은 경구에서 발생할 수도 있다.

인트로는 미끼, 진열장, 지도

작가 방현석은 소설의 인트로는 "시작이 아니라 전체를 함축하고 규정한다"고 강조했다. 그는 《이야기를 완성하는 서사패턴 959》에서 인트로는 "독자에게는 시작이지만 작가에게는 소설 쓰기의 마지막"이라고 말했다. 언론계는 리드를 독자와 글을 잇는 다리, 낚시에서 고기를 유인하는 미끼, 고객의 이목을 끌기 위해 대표 상품을 전시한 진열장, 기사의 나아갈 방향을 제시하는 지도 등으로 비유한다. 이로부터 리드의 유형과 역할을 이해할 수 있다.

편의상 여기부터 인트로와 리드를 인트로로 통칭한다. 인트로는 분량과 역할, 수사법 등 범주로 조합할 수 있다.

우선 분량은 한 문장으로 제한되지 않는다. 앞에서 제시한 주목할 인트로의 사례를 보면, 한 문장도 있고, 한 문단도 있으며, 여러 문단도 있다. 문단의 일부인 문구도 가능하고 한 단어도 가능하다.

오랫동안 고교 국어 교과서에 실린 수필 '청춘예찬'은 '청춘! 이는 듣기만 하여도 가슴이 설레는 말이다'로 시작된다. 이 도입부는 두 문장이지만, 시작은 '청춘' 한 단어로 했다.

'500번의 실패.' 어떤 연구개발이 성공에 이르기까지의 과정을 담은 글을 쓴다고 하자. 성공을 거두기까지 숱한 시행착오를 대략 헤아려보고 이런 문구 인트로를 뽑을 수 있다.

인트로의 역할 측면에서 앞에 인용된 도입부 중 몇몇을 생각해보자. 앞의 '어렸을 때 우리 집은 매우 가난했다' 인트로는 독자를 궁금하게 만든다. 톨스토이는 인트로 문장에서 이야기 전체와 관련된 통찰을 던진다. 내가 쓴 사내유보금 기사의 인트로 문단들은 인용한 경구를 연결함으로써 논지를 드러낸다.

호기심을 자극하는 유형으로 조해일의 단편소설 〈매일 죽는 사람〉의 인트로가 있다. 이 단편소설은 '일요일인데도 그는 죽으러 나가려고 구두끈을 매고 있었다'로 시작한다. 그는 왜 죽으려고 하는 걸까? 일요일에는 죽으면 안 되나? 독자는 이 인트로가 자아내는 호기심에 이끌려 이 소설을 읽어나갈 수밖에 없다. 그러다가 주인공이 영화의 단역으로 주로 죽는 장면에 불려갔음을 알게 된다.

인트로를 수사법 측면에서 몇 가지 인용한다.

(반복) OOO 씨는 달린다. 어제도 달렸고, 오늘도 달리고, 내일도 달린다.

(점층) 하루가 저문다. 올해도 끝나고 있다.

(언어유희) 말은 말처럼 빠르게 세상 방방곡곡을 누빈다.

(직유) 부실에 대한 공포가 바이러스처럼 확산됐다.

서사의 인트로와 관련해 안톤 체호프(1860~1904)의 패러다임 혁명을 빼놓을 수 없다. 체호프 이전 소설의 인트로는 동양과 서양을 막론하고 다음과 대동소이했다. 주인공이 누구이며 집안은 어떤지 정보를 주면서 시작했다. 다음 인트로는 영국 소설가 대니얼 디포(1660~1731)의 《로빈슨 크루소》에서 가져왔다.

"나는 1632년에 요크의 좋은 가정에서 태어났다. 우리 집안은 이 고장 출신이 아니었는데 부친은 외국인으로 브레멘 출신이었고, 처음 장착한 곳은 헐이었다. 부친은 장사로 큰 재산을 모은 뒤 사업을 그만두고 요크에서 살았고 이곳에서 매우 훌륭한 가문인 로빈슨 집안에서 태어난 어머니와 결혼했다. 내 이름은 어머니의 성을 따서 로빈슨 크로이츠네어로 지어졌는데, 영국에서 으레 그러하듯 크로이츠네어 발음이 바뀌어 크루소로 불리게 되었고 우리 자신도 스스로를 크루소라고 부르고 적게 되었다. 그래서 나는 로빈슨 크루소가 되었다."

체호프는 등장 인물과 관련해 정보를 주지 않은 채 단도직입, 어떤 상황으로 독자를 데려갔다. 그는 단편소설 〈베짱이〉를 다음과 같이 시작했다.

올가 이바노브나의 결혼식에는 친구들과 점잖은 지인들이 모두 참석했다.
"저 사람 좀 봐. 정말 뭔가 있는 것 같지 않아?"
그녀는 자기 남편 쪽으로 고갯짓을 하며 친구들에게 말했다. 마치 왜 그처럼 단순하고 지극히 평범해서 도무지 볼 것 없는 남자에게 자신이 시집

갔는지를 설명하고 싶다는 투였다.

　이 인트로에는 올가 이바노브나가 어떤 집안에서 태어났고, 신랑은 이름이 무엇이고 어떤 집안이며 직업은 무엇인지 전혀 알려주지 않는다. 두 사람이 어떻게 만나서 결혼에 이르게 됐는지도 설명하지 않는다. 체호프는 독자를 바로 두 사람의 결혼식장으로 데려간다. 체호프는 설명하는 대신 묘사한다. 이 짧은 인트로로부터 독자는 올가가 다른 사람의 평판을 중시하고 '무언가 있는' 사람을 중시함을 안다. 신랑은 객관적으로는 '단순하고 지극히 평범해서 도무지 볼 것 없는 남자'인데도 올가는 '정말 뭔가 있는 것 같지 않느냐'고 평가한다. 이 간극을 품은 채 출발한 결혼 생활이 어떻게 펼쳐질지 독자는 궁금하지 않을 수 없다.
　"초심자는 종종 이렇게 해야 한다. (이야기를) 절반으로 접은 뒤 앞의 반을 찢어서 버리는 것이다."
　체호프의 조언이다. 그는 "대개 초보는 스스로 말하듯 독자를 바로 이야기로 이끌기 위해 노력한다"며 "대개 결과는 그 반대가 된다"고 설명했다. 대체로 그런 노력을 아예 하지 않는 편이 더 낫다는 얘기다.

체호프식 리드는 기사에도 쓰인다

　체호프의 기법은 소설 작법에나 유용하지 않을까? 이렇게 묻는 독자가 계시리라. 전혀. 체호프의 기법은 기사에서도 적절히 활용될 수 있고, 실제로 쓰이고 있다. 다음은 동아일보의 탐사보도 기사 '증발'(2020.10.05.)의 인트로다. 화자가 누구인지, 화자를 보고 웃는 '노인'은 누구인지 전혀 알려주지 않은 채 두 사람이 만나는 상황에서 '노인'을 만난 사람의 시점으로 이야기를 풀어나간다.

'웬 노인이 날 보고 웃나' 싶었다.
푸석하고 허연 머리카락이 어깨까지 늘어져 있었다. 누가 아무렇게나 가위를 놀렸는지 쥐가 파먹은 듯 듬성듬성했다. 생전 처음 보는 어르신이었다.

각 분야 전문가와 일반인의 인트로는 밋밋한 경우가 많다. 피해야 할 인트로 유형은 속담, 정의, 개관 등이다.

(속담) '중구삭금'이란 말이 있다. '뭇 사람의 말은 쇠도 녹인다'는 뜻이다.
(정의) 코로나19, 2019년 중국 우한에서 시작되어 전 세계로 확산된 새로운 전염병 이름이다.
(정의) 재난 및 안전관리 기본법에 따르면 재난이란 국민의 생명, 신체, 재산과 국가에 피해를 주거나 줄 수 있는 것이다.
(개관) 최근 소주의 세율을 올리려는 정부의 주세율 조정안을 두고 학계·소비자들의 의견이 분분하다. 정치권에서는 내년 총선을 앞두고 표심을 곁눈질하며 언성을 높인다.

퇴고하면서 가장 신경 쓸 측면은 구성이고, 구성 중에서는 인트로다. 독자와 만나는 첫 순간이 가장 중요하다. 글 중간 이후에 배치된 문장들 중 돋보이는 내용이 있는지 저울질해보라. 그런 문장들이 있다면 그 대목을 위로 올리면서 글을 재구성하자.

다음 여덟 페이지는 원문과 인트로에 초점을 맞춰 고친 대안을 제시한다.

인트로를 '첫 문장'이라고 서술한 글과 책이 많다. 인트로는 한 문장으로 제약되지 않는다. 분량이 한 단어에서부터 여러 문단까지 다양하다.

[원문] 첫 문장

"첫 사위가 오면 장모는 신을 거꾸로 신고 나간다." "최초의 일격은 그 전투의 절반이다." 모두 처음이 소중함을 말한다.

비행기 조종사에겐 '마의 13분'이 있다. 이륙 5분, 착륙 8분, 사고의 고빗사위다. ① 글에서도 마찬가지다. 첫·끝 문장은 그 글의 살생부다. ② 짧은 문장일수록 처음이 중요하다. 단편소설이나 에세이는 첫 문장으로 결판난다. 결혼 첫날밤에 어찌 애 낳기를 바라랴만, 처음의 '새로움'에 거는 인간 심리를 어이하랴.

필자는 인트로의 세 가지 요건으로 단문과 자극, 체험을 들었다(이는 오른쪽 대안에 인용됐다). 이 두 문장은 단문 요건은 충족한다. 그러나 자극하지 않고, 생생한 체험이 아니다. 이 글 안에 인트로로 올릴 다른 내용이 없을까?

(중략)

제목과 내용을 고려할 때 '끝'은 삭제해야 한다.

"남편하고의 잠자리가 그리도 싫더란다"(어느 여승)로 수필 첫 월을 삼아 학보사에 넘겼더니, 인쇄소 직원 전원이 읽었고, "저승보다 어두운 밤이었다"를 넌픽션 첫 월로 했더니 최우수 당선이었다. '읽혀야 문장!', 이 냉혹한 절벽 앞에 글자 하나하나를 쪼아 새기는 피 말리는 싸움! 첫·끝 문장만은 잉크로 쓰지 말고 금으로 아로새기시라.

제목과 내용을 고려할 때 여기서도 '끝'을 지워야 한다.

출처: 〈한겨레신문〉, 첫 문장, 2003.01.23.

[대안] **도입부는** 글의 살생부 ― 제목을 바꿔봤다.

"**저승보다** 어두운 밤이었다"를 논픽션 첫 월로 했더니 최우수 당선이었다. "남편하고의 잠자리가 그리도 싫더란다"(어느 여승)로 수필 첫 월을 삼아 학보사에 넘겼더니 인쇄소 직원 전원이 읽었다.

― 인용된 두 문장 모두 필자가 제시한 세 요건, 즉 단문과 자극, 체험을 두루 갖췄다. 두 문장 각각에 그에 대한 독자의 뜨거운 반응을 더했다. 그럼으로써 좋은 인트로가 구성됐다.

첫머리가 가장 중요하다. ① 글에서도 마찬가지다. 첫 문장은 그 글의 살생부다. "최초의 일격은 그 전투의 절반"이고 "첫 사위가 오면 장모는 신을 거꾸로 신고 나간다"고 하지 않던가. 결혼 첫날밤에 어찌 애 낳기를 바라랴만, 처음의 '새로움'에 거는 인간 심리를 어이하랴.

― '글에서도 첫머리가 중요하다'는 주장과 '단편소설이나 에세이에서는 특히 그렇다'는 주장을 분리했다.

(중략)

② **짧은 문장일수록 처음이 중요하다.** 단편소설이나 에세이는 첫 문장으로 결판난다. 그러나 이 땅의 수필·칼럼들에선 첫 문장에서 보배 줍기가 어렵다. ①단문 ②자극 ③체험 등 갖출 세 가지를 무시하기 때문이리라. 설명조는 역겹다.

'읽혀야 문장!', 이 냉혹한 절벽 앞에 글자 하나하나를 쪼아 새기는 피 말리는 싸움! 첫 문장만은 잉크로 쓰지 말고 금으로 아로새기시라.

프랑스 소설가 기 드 모파상(1850~1893)의 단편소설. 가난한 하급 관리의 부인이 사치스러운 생활을 동경하다가 실수로 더 고달픈 삶에 빠지게 된다는 내용으로, 아이러니한 반전이 있다.

모파상은 체호프와 동시대 소설가로, 새로운 인트로를 만드는 데 기여했다고 평가된다. 다만 이 작품의 인트로는 전통적인 형식을 취해, 주인공이 어떤 여성인지, 미모와 남편, 살림 형편을 들어 정보를 제공했다.

주인공은 하급 관리의 딸로 태어나 하급 관리와 결혼했다. 이에 비추어 '전락'했다는 이 서술은 들어맞지 않는다. 대안에서는 전개를 바꾸면서 삭제했다.

이 두 문장은 작가가 주인공에 감정 이입해 서술하는 대목이다.

[원문] 목걸이

① 그녀는 그런 예쁘고 귀여운 여자아이였다. 마치 운명의 실수인 것처럼 하급 관리의 집에서 태어난 여자 말이다. 그녀는 지참금이 없었고 유산이 생길 데도 없었으며, 돈과 지위가 있는 남자를 소개받고 이해되고 사랑을 받거나 결혼하게 될 연줄도 없었다. 그녀는 문부성에 근무하는 한 하급 관리가 청혼하는 대로 결혼하고 말았다.

② 몸치장을 하려고 해도 할 형편이 못 되어 간소하게 지냈지만, **원래보다 낮은 계급으로 전락한 여자가 불행하듯, 그녀는 행복하지 못했다.** ③ 여자란 본래 신분이나 혈통과 무관하게 그들이 지닌 아름다움과 매력이 곧 그들의 태생과 가문 구실을 하기 마련이다. 타고난 기품, 본능적인 우아함, 재치, 그런 것만이 그들의 유일한 등급이며 하층 계급의 처녀도 높은 신분의 귀부인과 나란히 설 수 있게 하는 것 아닌가…….

④ 자기가 온갖 좋은 것, 값진 것을 누리기 위해 태어났다고 생각하는 그녀에게 **하루하루 구차한 살림**은 고통의 연속이었다. 초라한 집, 얼룩진 벽, 부서져가는 의자, 누더기 같은 빨랫줄에 빨래가 널린 것까지 모두가 보기 싫고 괴로움의 씨앗이었다. 같

[대안] 목걸이

⑥ "야, 이 수프 맛있겠는데! 이보다 맛있는 건 세상에 없을 거야!"
사흘이나 빨지 않은 식탁보를 씌운 둥근 식탁 건너편에서 남편이 그릇 뚜껑을 열며 기쁜 듯 큰 소리로 말했다. 이날 저녁도 으레 그렇듯 감자 수프였지만 남편은 입맛을 쩝쩝 다셨다. "오늘도 고작 감자 수프란 말이야?"라며 투덜댔다면 차라리 남편에 대한 실망이 덜하련만. (중략)
⑦ 그럴 때면 그녀는 으리으리한 만찬을 상상했다. 번쩍거리는 은 식기, 요정이 사는 숲 한가운데 이상한 새나 옛날 이야기의 인물이 수놓아진 벽걸이, 고급 그릇에 듬뿍 담아 내놓는 산해진미가 있다. 송어의 빨간 고기나 기름진 병아리의 부드러운 날개를 입에 넣으면서 속삭이는 사람이나 듣는 사람 모두 스핑크스처럼 신비한 미소를 띠고, 여성의 환심을 사려는 그런 대화를 나누는 것이다. (중략)
① 그녀는 그런 예쁘고 귀여운 여자아이였다. 마치 운명의 실수인 것처럼 하급 관리의 집에서 태어난 여자 말이다. 그녀는 지참금이 없었고 (중략) 결혼하고 말았다.
③ 그러나 여자란 본래 신분이나 혈통과 무관하게

체호프라면 이 이야기를 이 대안과 비슷한 인트로로 시작했으리라고 나는 상상한다. 이 대안은 독자를 바로 한 장면으로 데려간다. 등장 인물에 대한 정보를 하나도 제공하지 않은 채. 이 장면은 부부와 그들의 살림을 단적으로 나타낸다.

남편의 말을 앞세운 뒤 식탁을 묘사하는 순서로 바꿨다.

원작에 없는 이 두 문장은 주인공의 심경을 독자에게 전한다.

이 문단 전개는 원문과 동일하다.

이제 주인공에 대한 정보를 준다. 그러면서 앞 문단의 '같은 계급의 다른 여자라면 그다지 마음 상하지 않을 그 모든 것이 왜 그녀를 괴롭히는지'의 실마리를 일부 제시한다. 그녀가 예쁘기 때문이다. 미모가 부여하는 자부심에 대한 서술은 대안의 다음 문단에 배치됐다.

은 계급의 다른 여자라면 그다지 마음 상하지 않을 그 모든 것이 그녀를 괴롭히고 부아를 돋웠다.

(중략)

⑤ 그녀가 항상 꿈에 그리는 것은 동양풍 벽걸이가 걸려있는 조용한 거실에 청동으로 만든 촛대에 불이 켜진 그런 풍경이었다. 거기 짧은 바지를 입은 건장한 하인 둘이 의자에 파묻혀서 졸고 있다. 실내가 너무 따뜻해 깜박 졸고 있는 것이다. 고급 비단을 깐 넓은 객실도 그녀의 몽상에 떠올랐다. 진귀한 골동품들이 가득 찬 으리으리한 가구들…….

(중략)

⑥ **저녁을 먹을 때, 사흘이나 빨지 않은 식탁보를 씌운 둥근 식탁에서 남편과 마주 앉는다. 남편은 스프 그릇 뚜껑을 열며 기쁜 듯이 "야, 이 수프 맛있겠는데! 이보다 맛있는 건 세상에 없을 거야!" 하며 큰 소리로 말한다.** ⑦ 그럴 때면 으레 그녀는 으리으리한 만찬을 생각하지 않을 수 없다. 번쩍거리는 은 식기, 요정이 사는 숲 한가운데 이상한 새나 옛날이야기의 인물이 수놓아진 벽걸이, 고급 그릇에 듬뿍 담아 내놓는 산해진미가 있다. 송어의 빨간 고기나 기름진 병아리의 부드러운 날개를 입에 넣으면서 속삭이는 사람이나 듣는 사람 모두 스핑크스처럼 신비한 미소를 띠고, 여성의 환심을 사

> 밑줄은 주인공이 동경하는 생활을 묘사한 부분에 그었다.

그들이 지닌 아름다움과 매력이 곧 그들의 태생과 가문 구실을 하기 마련이다. 타고난 기품, 본능적인 우아함, 재치, 그런 것만이 그들의 유일한 등급이며 하층 계급의 처녀도 높은 신분의 귀부인과 나란히 설 수 있게 하는 것 아닌가..

⑤ <mark>그래서</mark> 그녀는 다른 생활을 꿈에 그렸다. 동양풍 벽걸이가 걸려 있는 조용한 거실에 청동으로 만든 촛대에 불이 켜진 그런 풍경이었다. 거기 짧은 바지를 입은 건장한 하인 둘이 의자에 파묻혀서 졸고 있다. 실내가 너무 따뜻해 깜박 졸고 있는 것이다. 고급 비단을 깐 넓은 객실도 그녀의 몽상에 떠올랐다. 진귀한 골동품들이 가득 찬 으리으리한 가구들……. (중략)

> 대안은 이 연결 문장을 추가했다. 또 '그래서'를 넣어 앞 문단과 연결했다.

④ 자기가 온갖 좋은 것, 값진 것을 누리기 위해 태어났다고 생각하는 그녀에게 **하루하루 구차한 살림**은 고통의 연속이었다. 초라한 집, 얼룩진 벽, 부서져가는 의자, 누더기 같은 빨랫줄에 빨래가 널린 것까지 모두가 보기 싫고 괴로움의 씨앗이었다. 같은 계급의 다른 여자라면 그다지 마음 상하지 않을 그 모든 것이 그녀를 괴롭히고 부아를 돋웠다.

(중략)

② **현실에서 그녀는 몸치장을 하려고 해도 할 형편이 못 되어 간소하게 지내야만 했다.** ⑧ 그녀는 나

려는 그런 대화를 나누는 것이다. (중략)
⑧ 그녀는 나들이옷도 없고 장신구도 없고 뭐 하나 갖고 있는 게 없었다. 그러나 그녀가 좋아하는 것은 그런 것뿐이었다. 그런 것을 위해 자기가 태어났다고 그녀는 느끼고 있었다. 사람들의 마음에 드는 것, 사람들이 부러워하는 것, 사람들의 화제의 대상이 되는 것, 이것이 그녀의 간절한 소원이었다.

들이웃도 없고 장신구도 없고 뭐 하나 갖고 있는 게 없었다. 그러나 그녀가 좋아하는 것은 그런 것뿐이었다. 그런 것을 위해 자기가 태어났다고 그녀는 느끼고 있었다. 사람들의 마음에 드는 것, 사람들이 부러워하는 것, 사람들의 화제의 대상이 되는 것, 이것이 그녀의 간절한 소원이었다.

플롯은 수필에도 곧잘 쓰인다

플롯 짜기는 소설 같은 문예적인 장르에만 활용되지 않는다. 자신의 이야기를 담은 수필이나 역사를 전하는 글도 플롯을 짜서 쓰면 흡인력이 커진다. 서사 기법 중 플롯 짜기를 모른다면 독자를 흥미롭게 할 기회를 아예 활용하지 못한다.

플롯 짜기란 무엇인가. 원재료를 재구성하기이다. 원재료는 시간 순서로 감춤 없이 펼쳐진다. 이를테면 누가 언제 어디서 왜 무엇을 어떻게 했는데, 다음 날 다른 일이 벌어졌고, 다른 사람은 그에 대해 어떤 반응을 보였고 등등을 다 담아낸다.

원재료를 재구성하는 대표적인 기법에는 사건을 시간 역순으로 거슬러 올라가기와 사건의 일부를 건너뛰기가 있다.

김유정의 단편소설 〈동백꽃〉이 바로 거슬러 올라가기 기법으로 쓰였다. 이 단편소설의 첫 문단은 '오늘도 우리 수탉이 막 쪼이었다'로 시작한다. 이어 덩치 작은 '우리 수탉'을 쪼는 놈이 오소리 같이 실팍한 점순네 수탉이고, 이 일방적인 싸움은 점순이가 나를 약올리려고 붙여놓았으리라고 짐작한다.

점순이가 나를 향해 심술을 부리는 이유는 '나흘 전 감자 쪼간만 하더라도 나는 저에게 조금도 잘못한 것은 없다'로 시작하는 문단에서 비로소 서술된다. 점순이가 뒤에서 다가와 새살거리더니 내게 군 감자 세 알을 내밀었는데, 나는 퉁명스럽게 밀어버린 것이었다.

플롯에는 이야기를 각 등장 인물 각각의 관점에서 서술하는 유형도 있다. 두 등장 인물이 관점을 교차하면서 이야기를 짜나갈 수도 있다. 독자의 흥미를 더 돋우기 위해 뜸을 들이는, 지연의 플롯도 있다. 또는 이야기의 쐐기돌(아치의 정점에 있는 돌)을 설명 없이 서두에 배치하는 플롯도 있다. 독자는 그 쐐기돌이 전개되는 이야기와 어떻게 맞추어지는지 물음표를 곤두세운 가운데 글을 읽게 된다.

플롯 기법 적극 구사할 장르가 수필

수필 또한 플롯 짜기를 구사하기 적합한 장르다. 한 수필의 다음 대목이 모범을 제시한다.

"아이고! 선생님, 미인이네요. 시집은 언제 가능교?"
손자가 집에서 원격수업을 받고 있는 것을 지켜보던 60대 할머니의 말이다. 할머니 말이 온라인을 타고 공부하고 있는 반 전체에 중계되어 수업하고 있던 모든 학생들이 다 듣고 모두 배꼽을 잡고 웃었다. 처음 해보는 온라인수업에 온 신경을 집중하고 있던 학생은 물론 지원하기 위해 둘러앉은 어머니, 아버지, 누나, 동생 모두 폭소를 터뜨렸다.
시골에 있는 나의 동생네 집에서 일어난 일이다. 코로나 때문에 등교를 못하는 전국 초중고 학생 5백여만 명이 단계적으로 원격수업을 시작했다고 한다.

출처: 이상우 〈학교도 안 가고, 출근도 아니하고..… 아니 즐거울 수가!〉
《코로나19 이후의 삶, 그리고 행복》중, 도서출판SUN, 2020, 90~94쪽

플롯 짜기와 인트로 기법을 모르는 필자였다면 아마도 다음과 같이 시간 순으로 '원재료'에 가깝게 글을 전개했으리라.(시간 순으로 펼친 다음 글은 내가 원 수필의 내용을 '재미 없게' 재구성한 결과다.) 그래서 독자는 웃음을 자아내는 "아이고! 선생님, 미인이네요. 시집은 언제 가능교?"라는 질문에 이르지 못한 채 읽기를 접었으리라.

코로나19가 세계를 휩쓴 이후 모두 상당 기간 집에 갇혀 살아야 했다. 동생네는 그 흔한 IT 문명과는 거리가 먼 집이다. 할아버지는 농사를 짓고, 아들은 가까운 읍내에서 이발소를 운영한다.
제일 시급한 일은 초등학생인 손자와 손녀의 원격수업 문제였다. 마침 아버지도 가게 문을 닫아 집에서 지내게 되었다. 그래서 온 집안 식구가 손자 남매의 원격수업 도우미가 되어 난리 법석을 피웠다.
처음 원격수업을 시작했을 때는 아버지와 손자가 읍내에 가서 단단히 교육을 받고 왔지만, 첫날부터 전쟁이 시작되었다. 아버지가 읍내서 빌려온 노트북으로 그동안 익힌 실력을 발휘해 보았지만 제대로 연결도 되지 않았다.
그런데 구세주가 나타났다. 서울에서 대학 강사를 하고 있는 삼촌이 내려온 것이다. 삼촌은 생전 처음 들어보는 용어로 온 식구들에게 사전 교육을 했다. (중략)
동생네 집은 새로운 원격수업 시대를 맞아 집안 전체를 리모델링까지 했

다. (중략)

온라인수업 초기에는 이런 일도 있었다. 집집마다 아이의 온라인수업을 지원하러 어머니, 아버지, 누나, 동생이 앉아 있었다. 그런데 손자가 집에서 원격수업을 받고 있는 것을 지켜보던 60대 할머니가 말했다.

"아이고! 선생님, 미인이네요. 시집은 언제 가능교?"

할머니 말이 온라인을 타고 공부하고 있는 반 전체에 중계되어 수업하고 있던 모든 학생들이 다 듣고 모두 배꼽을 잡고 웃었다.

플롯 짜기는 역사 서술에도 활용 가능

개인사나 기업의 역사, 나라의 역사를 서술할 때에도 사건의 흐름을 재구성할 수 있다. 하이라이트를 앞세우는 기법도 쓸 수 있고, 갈림길에서 시작하는 기법도 가능하다.

일례로 《유럽지명사전》의 아테네 편 중 역사를 소개한 다음 글을 든다. 내가 쓴 이 글은 아테네가 서구 문명에 기여한 바와 전성기를 앞세웠다. 그 다음에는 시간 순으로, 즉 신화 속 아테네에서 시작해 유적으로 확인되는 아테네의 기원 등을 전개했다. 신화 속 아테네에서 시작한 뒤 아테네 도시국가의 기원 등으로 시간의 흐름에 따라 전개한 글은 십중팔구 단조로울 것이다.

아테네의 역사

(의의) 서구 문명의 두 축인 헬레니즘과 헤브라이즘 중에서 헬레니즘의 요람이 된 도시이다. 헬레니즘은 세계시민주의, 개인주의, 그리고 자연과학 발달을 특징으로 한다. 헤브라이즘은 유대교와 기독교의 전통을 가리

킨다.

(전성기 두괄식) 아테네는 기원 전 5세기(BC 480~BC 404)에 전성기를 구가했다. 이 시대를 '5세기 아테네'라고 부르고, 그중 일부 시기는 '페리클레스의 시대'라고 부른다. 이 시대는 '아테네의 황금시대'라고도 불렸다.

(전성기의 정치적 토대) '5세기 아테네'는 BC 478년 아테네가 페르시아와의 3차 전쟁에서 승전하고 페르시아의 재침공에 대비하기 위해 다른 도시국가들과 델로스 동맹을 맺을 무렵 시작되었다. 아테네는 점차 델로스 동맹의 맹주로 올라서며 다른 도시국가들에 대해 지배력을 행사했다.

(철학과 문학, 예술) '5세기 아테네'는 민주주의 정치체제를 발전시켰고 정치적 안정을 바탕으로 경제가 성장하는 가운데 철학과 문학, 예술이 꽃피었다. (중략)

(전성기 인구)(중략)

(페리클레스 시대 건축과 조각) 5세기 아테네의 중심 시기가 페리클레스의 시대라고도 불리는 데에는 충분한 근거가 있다. 페리클레스는 BC 460년부터 BC 429년 병으로 숨지기까지 30여 년 동안 아테네를 통치했다. 그는 페르시아 전쟁으로 파괴된 아테네의 재건을 지휘해, 파르테논 신전을 비롯한 장대하고 아름다운 건축물이 세워지고 조각으로 장식되도록 했다.

(신화 속 아테네: 중략)

(유적으로 확인되는 아테네의 기원: 중략)

(그리스 중심 도시로 부상: 중략)

(솔론과 클레이스테네스의 민주주의 개혁: 중략)

(페르시아 격퇴: 중략)

(전성기 구가와 델로스 동맹: 중략) (하략)

출처: [네이버 지식백과] 아테네 [Athens] (유럽지명사전 : 그리스)

   생략 기법이 쓰인 대목으로 《삼국지》의 적벽대전이 있다. 적벽대전은 《삼국지》의 하이라이트다. 적벽대전에서 오와 촉은 위를 상대로 연합한다. 삼국의 주요 영웅이 한 시간, 한 공간에 함께 등장한다.

   촉나라의 제갈공명과 방통은 오나라의 주유와 머리를 맞대고 신묘한 전략을 짜내어 조조를 상대로 펼친다. 이들은 조조의 군대를 물리치는 작전의 일환으로 화공을 택한다. 이 작전에 따라 방통은 정탐하러 온 조조의 모사 장간을 역이용한다. 방통은 장간에게 "주유가 나를 몰라준다"고 거짓으로 한탄하며 장간으로 하여금 자신을 조조에게 소개하게 한다. 방통은 조조를 만나 위나라의 백만 대군이 강에서도 마치 뭍에서처럼 기민하게 움직일 수 있게 할 묘책을 알려준다. 배를 서로 사슬로 연결하면 강물이 아무리 일렁여도 갑판이 흔들리지 않게 된다는 것이다. 조조는 이런 속임수에 넘어간다.

   조조의 수하가 "배를 서로 연결하면 화공에 속수무책으로 당할 수 있다"고 진언하지만 조조는 그런 가능성을 생각하지 못한 게 아니라며 껄껄 웃어넘긴다. 의아해하는 부하에게 조조는 자신의 진영이 북쪽에 있는데 "계절이 겨울이어서 북풍이나 서풍이 불기 때문에 손권과 유비가 바람을 거슬러 화공을 감행하지는 못하리라는 점까지 계산하고 있노라"고 설명한다.

   화공을 앞두고 주유가 몸져 눕는다. 겨울이라 동남풍이 불지 않는데 무슨 수로 화공을 한단 말인가. 주유의 와병은 이런 고민이 울화로 쌓인 탓이었다. 공명은 주유를 병문안한 자리에서 글을 써 주유의 마음을 읽어보인다. 크게 놀라는 주유에게 공명은 단을 쌓고 바람을 빌어 사흘간 동남풍이 불도록 하겠다고 장담한다.

공명은 목욕 재계하고 도의를 입고 머리를 풀고 맨발로 칠성단에 올랐다. 하루에 세 번 단 위에 올라갔다 내려왔으나 동남풍은 불지 않았다. 해가 저물었지만 바람 한 점 일지 않았다. 주유가 "한 겨울에 어찌 동남풍을 얻겠소"라며 실망했다. 그러나 밤 삼경 무렵 동남풍이 거세게 불기 시작했다.

바람까지 부르는 공명의 능력에 놀란 주유는 "훗날의 근심을 없애야 한다"며 공격 명령에 앞서 공명을 죽이라고 지시한다. 오나라 군대가 공명이 바람을 빈 칠성단에 이르렀지만 공명이 이미 떠난 뒤였다. 배로 공명을 쫓아갔으나 공명은 조자룡의 호위를 받으며 유유히 달아났다. 화공에 철저히 유린된 조조의 군대는 거의 궤멸되고 말았다.

《삼국지》의 적벽대전 대목은 이와 같이 흥미진진하게 전개된다. 반면 적벽대전과 관련한 정사의 기록은 불과 몇 줄에 그친다고 한다. 이를 두고 사실을 바탕으로 소설적인 살을 붙여 적벽대전이 탄생했다는 해석이 있는가 하면, 실제로는 역병이 돌자 조조가 전투를 벌이지 않고 물러났는데 허구에 허구를 쌓아올려 적벽대전을 지어냈다는 풀이도 있다.

적벽대전은 허구지만, 플롯은 훌륭

나는 적벽대전이 허구라고 본다. 설사 신통하게도 공명이 빌자 동남풍이 불었다고 하더라도, 이야기의 앞뒤가 맞지 않기 때문이다. '겨울에 동남풍이 불지 않는다'는 불리한 변수는 작전 수립 단계에는 전혀 거론되지 않는다. 원정 온 조조도 "계절이 겨울이어서 북풍이나 서풍이 불기 때문"이라고 말하며 진언을 받아들이지 않는 점에 비추어 개연성이 떨어진다. 특히 주나라의 책사 주유가 자기네 땅 겨울에는 동남풍이 불지 않는다는 사실을 전혀 고려하지 않았다는 점이 이상하다. 주유는 조조가 배를 다 연결한 뒤에야 그 변수에 생각이 미친다.

분석은 분석일 뿐. 여기는 서사 기법을 참고하는 자리이다.《삼국지》의 작가는 초기 화공 작전 수립 단계를 대거 생략함으로써 오나라에는 겨울에 동남풍이 불지 않는다는 기본적인 사실이 논의되지 않도록 한다. 만약 논의됐다면 "오나라에는 겨울에 동남풍이 불지 않소"라는 주유의 지적에 대해 공명이 "내가 동남풍을 부를 수 있소"라고 대답하고, 의심하는 주유에게 자신의 초능력을 살짝이라도 보여줬어야 한다. 그러나 그렇게 하면 이후 전개되는 내용이 흥미를 잃게 된다.

플롯과 인트로의 관계

이런 역순 서술 플롯 짜기는 인트로 잡기와 직결된다. 발단을 생략하고 그로 인해, 또는 그 이후 빚어진 상황으로 이야기를 시작하면 그 상황이 인트로가 된다.

교보문고 광화문점이 2022년 개점 42주년을 맞아 기획한 소책자가 있다.《우리 사이의 순간들》이다. 소설가, 시인, 수필가 등 27인이 '책과 서점과 나'를 주제로 쓴 산문이 각각 이 소책자로 엮였다.

이들 중 일부는 책과 얽힌 추억으로 인트로를 잡았다.

#1. 동화책을 처음 읽은 것은 초등학교 4학년 때다.

#2. 소년 시절의 나는 집에서 광화문 교보까지 자주 걸어다녔다. (중략) 그래도 차비를 아껴서 모으면 시집들을 사서 모을 수 있었다.

#3. 중학교 올라가기 전 어느 겨울날, 대학생인 막냇삼촌이 우리 집에 왔다. (중략) 삼촌은 포니2의 옆자리에 나를 태우고 시내로 향했다.

#4. 그때가 아마 스물넷 즈음이었고, 이제껏 살면서 가장 처절했던 시절이었다. (중략) 나는 곰팡이처럼 방 안에 콕 박혀 독하게 퍼져갔고, 그때 어느 책을 우연히 읽기 시작했다.

#5. 위인전이 물리기 시작했다.

이 가운데 5번 '위인전이 물리기 시작했다는 수필에는 '부모님이 언제 위인전을 사주셨는데, 어느 정도 읽은 상황에서 어떤 계기가 발생했다'는 그 앞 단계가 생략됐다. 이 수필의 작가는 이 인트로 이후 시간을 거슬러 올라간다. 위인전은 그가 초등학교 5학년 때 부모님이 큰맘 먹고 할부로 구입한 수십 권 시리즈였다. 작가는 몇 달간 위인전을 듬성듬성 봤다. 그러고선 결론을 내렸다. 자신은 결코 위인이 될 수 없을 것이고, 위인처럼 고단하게 살고 싶지도 않다고. 작가는 곧 다른 책을 만날 수 있었다. 동네에 막 생긴 도서대여점의 만화책이었다.

수필이나 칼럼을 쓸 때 플롯을 짜서 인트로를 잘 앉힌 다음의 전개도 신경을 써야 한다. 인트로 뒤에는 수필일 경우 주제를 제시하고, 칼럼일 경우 주제와 함께 주장도 꺼내면 좋다. 그러지 않은 채 이야기를 줄줄 풀어놓을 경우, 독자는 초점을 맞추지 못한다.

예를 들어 앞의 코로나19 수필은 '전국 초중고 학생 5백여만 명이 단계적으로 원격수업을 시작했다'는, 주제 중 일부를 에피소드 인트로 다음에 배치했다. 칼럼이라면 이 주제 다음에 '처음에는 시행착오를 겪지만, 원격 생활은 여러 측면에서 분명히 새로운 편익을 제공할 터이니 그 세계에 적응해보자'는 주장을 쓰면 좋다. 인트로는 훌륭하나 그 직후 주제도 주장도 없이 내용을 빙빙 돌리는 칼럼이 적지 않다. 또는 인트로 직후에 제시된 듯한 주제와 이후 내용이 대응하지 않는 경우도 있다. 그런 전개는 독자를 답답하게 하거나 어리둥절하게 한다.

제시된 듯한 주제와 이후 내용이 불일치하는 사례 하나. 수필 '법과 질서의 나라, 독일을 돌아보다'(《매일경제》, 2022.09.16.)는 인트로 직후 문단을 '독일은 준법의 나라입니다'로 시작한다.

독자는 이 문장이 주제의 일부라고 생각하게 된다. 이 문장 다음에 배치된 개별 중 하나는 교통법규 준수이다. 필자는 "교외의 작은 호텔 앞에 잠시 차를 세웠는데, 지나가던 중년 남녀가 다가와 차를 치우라고 얘기합니다. 신고하면 고액 벌금을 물게 될 것이라고 경고합니다."라는 경험을 전한다.

이렇게 전개된 글을 따라온 독자는 '준법'에 초점을 맞추게 된다.

그러나 다음 문단의 첫 문장은 '호텔이나 식당도 깨끗합니다'이다. 그 다음 문단은 '오랜 교회와 왕궁도 이탈리아나 프랑스에 비하면 소박합니다'로 시작한다. 이어지는 문단은 '바이마르, 비텐베르크같이 10만 미만의 소도시들도 깔끔하고 문화의 향취가 가득합니다'라는 문장이 연다. 다음 문단은 '독일인들의 한국에 대한 관심은 폭발적입니다'로 시작한다.

독자는 글의 주제가 무엇인지 갈피를 잡지 못한다.

다음 페이지 이후에 편집한 플롯 예문은 〈숨이 막힌 도베르만〉이다. 책《숨이 막힌 도베르만 The Choking Doberman》에 따르면 이 이야기는 미국에서 피닉스의 뉴타임스가 1981년에 처음 소개했다. 이후 내용이 조금씩 다른 여러 버전으로 널리 알려졌다.

뉴타임스는 라스베이거스에서 벌어진 사건이라며 이 이야기를 전한 뒤 출처는 현지 대규모 공장의 직원이라고 밝혔다. 그런데 그 직원도 여러 다리 건너 전해 들었다고 말했다. 뉴타임스는 지역 신문인 라스베이거스선은 이 이야기가 사실인지 취재했으나 확인하지 못했다고 전했다.

이 이야기의 한 버전을 플롯 측면에서 소개한 책《인간의 마음을 사로잡는 스무 가지 플롯》에 따르면 "이 이야기를 들은 사람은 대부분 이를 사실로 받아들인다." 그러나 이 책도 진단했듯이 〈숨이 막힌 도베르만〉이 "순전히 꾸며낸 이야기"이다. 누군가 상상으로 지어낸 이야기가 실제로 벌어진 사건으로 받아들여진 원천은 플롯의 힘이다. 그 기법을 '원재료'와 '작품'을 비교하면서 살펴보자.

[원재료] 숨이 막힌 도베르만

어느 날 한 도둑이 라스베이거스의 한 주택에 들어갔다. 그 집 주인인 40대 직장인 사만타는 도베르만과 함께 살았다. 사만타는 집에 없었고, 도베르만은 침입한 도둑을 보자 바로 달려들었다. 도둑은 공격하는 도베르만을 손으로 저지하려고 했고, 도베르만은 도둑의 손을 물어뜯었다. 도둑의 손가락 두 개가 잘렸고, 손가락 두 개는 도베르만의 목에 걸렸다.
① **이때 사만타가 장을 보고 집에 돌아왔다. 인기척에 놀라고 당황한 도둑은 옷장에 몸을 숨겼다.** 손가락이 목에 걸린 도베르만은 숨 쉬기 힘들어하고 있었다.
사만타는 도베르만을 집에서 가까운 동물병원에 데리고 갔다. 수의사는 자세히 검사해봐야 한다며 도베르만을 입원시키고 집에 가 있으라고 사만타에게 말했다.
사만타가 병원을 나선 뒤 수의사는 도베르만을 진찰하고 목구멍에 걸린 손가락 두 개를 발견해 빼냈다. 수의사는 '그 손가락은 아마 사만타 집에 침입한 누군가의 것'이라고 추리한다. 그는 또 '그 손가락의 주인이 아직도 그 집에 있고 그 집의 어딘가

[작품] 숨이 막힌 도베르만

> 이 버전은 내가 일부 첨삭한 결과이다.

① 사만타는 라스베이거스에서 반려견과 함께 사는 40대 직장인이다. 그는 평소처럼 퇴근 길에 장을 보고 귀가했다. 집에 들어서니 반려견 도베르만이 헐떡이고 있었다. 목에 뭔가 걸린 듯 숨을 제대로 쉬지 못했다. 사만타는 급히 도베르만을 데리고 나가서 동물병원에 맡겼다.

② **사만타가** 집에 돌아오자마자 전화벨이 울렸다. 조금 전 다녀온 동물병원의 수의사였다. 수의사가 급박하게 말했다.
"당장 집 밖으로 나가세요!"
사만타는 깜짝 놀라 물었다.
"무슨 일이래요?"
"제 말대로 하시고 당장 옆집에 가 계세요. 곧 갈게요."
수의사는 사만타의 질문에는 대답하지 않은 채 이렇게 덧붙이고 전화를 뚝 끊었다.
사만타는 무슨 일인지 놀랍고 궁금했지만 수의사가 시키는 대로 집에서 나왔다.

③ 그런데 사만타가 밖으로 나오자마자 경찰차 넉 대가 달려와 급브레이크를 밟으며 집 앞에 섰다. 경찰들은 권총을 뽑아들고 차에서 내리더니 집 안

> 왼쪽의 재료와 이 재료를 가공한 오른쪽 인용문을 비교하기 쉽게 주요 국면에 ①과 ②, ③ 번호를 매겼다.

> 사만타와 마찬가지로 독자는 배경과 상황을 모른 채 빠르게 전개되는 이야기를 따라가면서 의문을 품고 놀라게 된다.
> 이는 생략 기법이 활용된 플롯이 발휘하는 힘이다.

에 숨어 있으리라'고 추리한다.

② 수의사는 곧바로 사만타 집으로 전화를 걸어 "당장 집 밖으로 나가세요!"라고 외쳤다. 영문을 모르는 사만타는 깜짝 놀라 물었다.

"무슨 일이에요?"

수의사는 사만타의 질문에는 대답하지 않은 채 "제말대로 하시고 당장 옆집에 가 계세요. 곧 갈게요"라고 말했다.

수의사는 이어 사만타 집에 도둑이 들었다고 경찰에 신고했다.

③ 사만타가 집 밖으로 나오는 것과 거의 동시에 경찰차 넉 대가 도착했다. 경찰들은 권총을 뽑아들고 차에서 내리더니 집 안으로 달려 들어갔다. 겁에 질린 사만타는 무슨 일인지 짐작도 못한 가운데 바라보고만 있었다.

경찰은 곧 피가 흐르는 손을 움켜쥐고 공포에 질려 옷장에 숨어 있던 도둑을 잡아냈다. 곧 수의사가 도착했다. 그는 사만타를 보더니 상황을 설명했다.

으로 달려 들어갔다. 겁에 질린 사만타는 무슨 일이 벌어지는지 짐작도 못한 가운데 바라보고만 있었다.

곧 수의사가 도착했다. 그는 사만타를 보더니 상황을 설명했다. 도베르만의 목구멍을 검사해보니 거기에 사람 손가락이 두 개 있었다는 것이다. 그는 아마도 도베르만이 도둑을 놀라게 했을 것이라고 생각했다. 과연 경찰은 곧 피가 흐르는 손을 움켜쥐고 공포에 질려 옷장에 숨어 있던 도둑을 잡아냈다.

줄줄 흘려 쓰지 말고, 각 잡아 쓰라

"느그 서장 남천동 살제? 어? 내가 임마! 느그 서장이랑 임마! 어저께도! 어? 같이 밥 묵고! 어? 사우나도 같이 가고! 어? 이 XXX야, 다 해쓰 임마!"

이는 영화 〈범죄와의 전쟁: 나쁜 놈들 전성시대〉에서 최익현(최민식 분)이 경찰한테 내지른 대사다. 수갑이 채워져 붙들려 간 최익현은 경찰서에서 서장과의 친분을 이렇게 과시한다.

최익현은 부패 세관 공무원 출신 건달이다. 의사 표현·전달 방식에 요령 따위는 없다. 염불(업무)보다 떡밥(마약)을 챙기는 캐릭터이니, 의사를 효율적으로 표명하는 기법에 관심이 없다.

내용을 전하는 기법을 익힌 사람이라면 다음과 같은 순서로 말한다.

"내가 느그 서장하고! 어? 둘도 없는 친구 사이다, 임마! 느그 서장 남천동 살제? 어? 내가 임마! 느그 서장이랑 임마! 어저께도! 어? 같이 밥 묵고! 어? 사우나도 같이 가고! 어? 이 XXX야, 다 해쓰, 임마!"

'개별 나열 후 전모' 대신 역순으로

영화에서 최익현은 줄줄 흘려서 말하는 반면 내가 바꾼 대사는 '각'

이 잡혔다. 여기서 '각'은 '내가 느그 서장하고 둘도 없는 친구 사이'라는 관계다. 그 관계를 뒷받침하는 대표적인 사건으로 어제의 일과가 제시된다.

언론계와 출판계에서 '각'은 전체를 아우르는 내용을 가리킨다. '각을 잡아 쓰기'는 두괄식과 일맥상통하는 개념이되, 두괄식보다 더 포괄적이다. (그에 비해 일반적으로 '각을 잡고'는 '본격적으로'나 '진지하게' 정도의 의미로 쓰인다.)

비유를 들어 설명하겠다. 지난 한 달을 정리하는 글을 쓴다고 하자. 줄줄 흘려 쓴 글은 개별 사건을 정리해나간다. 반면 각을 잡아 쓴 글은 예컨대 '진전은 없었지만 향후 활동의 기초를 마련했다'고 서두에서 말한다. 이는 두괄식에 가까운 문장이다. 각을 잡아 쓴 첫 문장의 다른 예를 들면, '뫼비우스의 띠 같은 한 달이었다'가 될 수도 있다. 이는 전체를 아우르는 두괄식은 아니지만, 한 달이 어땠는지에 대한 힌트를 주면서 호기심을 자아낸다.

이제 상자 형식으로 인용한 두 글을 비교해 읽으면서 각 잡고 쓰기와 줄줄 흘려 쓰기가 어떻게 다른지 상세하게 살펴보자.

이상하 의원을 추모한 두 글 비교

두 글은 모두 한 인물을 추모한다. 그 인물은 이상하(1937~2005) 의원이다. 그는 전남 담양에서 태어나 광주고와 서울대 법대를 졸업했다. 1964년 동아일보 기자로 입사했다. 동아일보에서 사회부장, 체육부장, 정치부장, 편집부국장 등으로 활동했다. 1988년 제13대 국회의원 선거에서 민주정의당 전국구 국회의원으로 당선됐다. 1992년 제14

대 국회의원 선거에서 민주자유당 후보로 전라남도 장성군-담양군 선거구에 출마했다가 민주당 박태영 후보에 밀려 낙선했다. 이후 언론계로 돌아와 한국프레스센터 이사장, 무등일보 회장 등으로 일했다.

줄줄 흘려서 쓴 오른쪽 글부터 읽어보자. 서로 친해진 시기와 계기, 매개체는 술과 골프, 이상하 프레스센터 이사장, 특유의 친화력 발휘, 안정과 동시에 개혁 추진 등으로 전개된다. 개별 사건을 줄줄 흘려서 쓰기만 하지 않고 뒷부분에서 매듭을 짓기는 한다. 이 내용으로 각을 잡아서 쓴다면 독자에게 더 호소력을 가질 수 있다. 이를테면 도입부를 이렇게 잡으면 어떨까.

이상하는 '정중동'의 리더였다. 즉, 안정을 이루면서 동시에 새로운 방향으로 조직을 이끌었다. 안정의 매개체는 술과 사람을 배려하고 즐겁게 하는 친화력이었다.

왼쪽 글은 '이상하리만큼(?) 신비스러운 존재'라고 각을 잡고 글을 시작한다. 이후 그 수식어를 설명해나간다. 그는 담대하고 어그레시브해 보였다. 사회부장으로서 칼럼을 쓸 때 매우 공격적인 표정의 사진을 즐겨 썼다. 그러면서도 섬세하고 가녀렸다. 약해질 때는 형편없이 무너졌다.

왼쪽 글은 중간에 새로운 각을 잡는다. '그는 기(氣)의 인간이었다'는 각이다. 이어 그의 기를 경험한 사건을 들려준다.

"사는 게 별게 아냐, 자주 만나야지…"

이상하라는 이름 석자는 나에게 이상하리만큼(?) 신비스런 존재로 남아 있다.

그처럼 담대하고 '어그레시브(그가 즐겨 강조한 단어이기도 하다)해 보이면서도 한편으로는 그토록 섬세하고 가녀린 구석이 있다는 게 믿기지 않을 정도다. (중략)

굵고 큰 사람이었다. 그러나 허장성세와 위선이 배인 지세, 책략의 인간 됨과는 거리가 있었다. 사물의 먼 데를 꿰뚫어보는 안목도 있었고 더러는 이 풍진 세상 어리석은 중생(?)들의 어리석고 치졸한 할퀴기와 싸움을 통찰하고 내려다보는 명안도 있었다.

그러면서도 "나는 회고록 같은 건 쓸 자격이 없어. 속물이니까." 라고 말하곤 했다. 나는 그 대목에서 선승 탄

상하 형 밑에서 누구나 하나가 된다

내가 이상하 형과 가깝게 지내는 사이가 된 것은 1985년쯤인가, 한국일보 정치부장이 되었을 때였다고 기억한다.

당시 상하 형은 동아일보 정치부장으로 임기 후반기에 들어가고 있었다. (중략)

그러나 따지고보면 그것은 어디까지나 그럴듯하게 둘러대는 표면적인 이유일 뿐이고, 사실은 타고난 술꾼이라는 공통점이 서로를 끌어당기게 한 인력이 아니었나 싶다.

술자리와 더불어 가까워진 상하 형과 나의 우정은 우연치 않게 골프동호회의 같은 멤버가 되면서 더욱 두터워져 갔다. (중략)

김영삼 대통령 후보진영에 투신했다가 선거에서 승리한 뒤 1993년 공보처장관에 임명된 나는 상하 형을 프레스센터 이사장직에 추천했고, 평

허가 생고기를 씹는 장면을 연상했다. 스스로를 속물로 단정할 수 있는 정결함을 지니고 있다고 하는 것! 그 단호한 한마디에 이상하다움이 있다고 생각했다.

사회부장으로서 칼럼을 쓸 때 매우 공격적인 표정의 사진을 즐겨 썼다. (중략) 그는 모름지기 기자는 공격성이 본질이고 그 공격성을 통해 직업을 구현하는 것이라고 굳게 믿었다. 그러므로 약해질 때는 형편없이 무너지고 말았다.

사회부장에서 체육부장으로 발령이 난 날 엉엉 우는 모습을 보이고 말았다. 우리 후배들이 거드는 위로의 주석에서 잘 견디던 그가 타사의 동료 한 사람과 얼굴이 마주치자 "나 체육부장 됐어…" 하더니 갑자기 오열하는 것이었다. 인사발령의 충격으로 소리 내어 통곡한, 내가 목격한 최초이자 최후의 사람.

그는 기(氣)의 인간이었다.

내가 실로 고백하기 싫은 부끄러운 소 상하 형에게 호감을 가지고 있던 김대통령은 흔쾌하게 결재했다. 그것은 상하 형의 범상치 않은 저력을 새삼스럽게 깨닫게 하는 계기를 가져다주었다고 생각한다.

프레스센터는 언론 유관기관이기 때문에 언론계 출신들이 책임자가 되곤 했지만, 정부기관(당시 공보처)의 산하단체이기 때문에 공무원들의 영향력과 간섭으로부터 자유로울 수 없는 게 특징이었다. (중략)

그러나 상하 형이 지휘봉을 잡자마자 프레스센터는 어느 모로 보거나 가장 잘나가는 단체로 발돋움하고 있었다.

그의 특유한 친화력이 공무원과의 사이에 가로놓인 장벽을 허물고 센터 내 직원들을 한몸처럼 뭉치게 만들어 가고 있었다. (중략)

친화력이 강한 사람이 안정 기조를 유지하는 데 강한 것이 일반적인 유형이라고 할 때, 상하 형은 안정에 반하는 개혁적 추진력도 동시에 보여

사건 하나를 털어놓아야 하겠다.

(하략)

출처: 김충식 등,《사람을 몰고 다니는 유쾌한 사람》, 어떤이의꿈, 2006, 245~246쪽

주고 있었던 것이다.

(하략)

출처: 같은 책, 275~276쪽

각을 잡아 쓴 사례를 하나 더 공유한다. 자크 아탈리가 쓴《미테랑 평전》중 미테랑이 사람들과 관계를 맺은 스타일에 대해 쓴 부분이다. 평전은 2005년에 출간됐고 국내에는 2006년에 번역됐다.

미테랑 대통령의 '관계'를 각 잡아 쓰면

프랑수아 미테랑(1916~1996)은 1981년 사회당 출신 중 최초로 프랑스 대통령에 당선됐다. 우파 정당의 시라크를 총리로 임명, '좌우동거체제'를 만들어 운영했다. 1993년 유럽연합(EU)을 발족시킴으로써 유럽 통합에 기여했다.

저자 자크 아탈리는 대학에서 교수로 활동하다 1974년 30대 초반에 미테랑 당시 사회당 당수의 경제 고문으로 변신했다. 1981년 사회당 집권 이후 1991년까지 미테랑 대통령의 특별보좌관으로 활동했다.

아탈리는 2장 '국가를 통치하다'를 '보좌관들' '아첨꾼들' '기자들' '문인들' '여자들' '정보 수집' '회의 소집' '결정 방식' '정당들과의 관계' 등 절(節)로 나눈 뒤 각각 각을 잡아서 서술한다.

'보좌관들'의 서두를 아탈리는 다음과 같이 쓴다.

그는 도움이 필요하다는 생각을 참지 못했다. 그는 누군가가 그에게 없어서는 안 된다고 하는 것을 싫어했다. 그런 상황이 발생하면, 자신이 아니면 안 된다고 생각했던 사람을 밀리했다.

'기자들'에 대해서는 '그를 '군주' 취급하고 그의 궁정 이야기를 다룬 기사를 읽으면 미테랑은 화가 치밀어 언론을 더욱 노골적으로 멸시했다'고 시작한다.

'여자들'과 관련해서는 이렇게 요약한 글을 도입부로 잡는다.

그는 비록 나에게 여자들을 조심하라고 주문했지만, 그리고 그녀들의 투쟁이 항상 옳다고 생각하는 것은 아니었지만, 여자들을 차별한다는 의심이 조금도 들지 않도록 배려하면서 함께 일하는 것을 매우 좋아했다.

각 잡아 쓰기는 글 전체에 활용 가능하다. 몇 개 문단 단위에 대해서도 적용할 수 있다. 초고를 쓴 다음에는 흘려서 쓴 부분이 있는지 점검해보자. 그 부분의 각을 어떻게 잡을지 대안을 찾아보자.

앵글 잡고, 사실은 그에 따라 취사선택

나는 금년 여섯 살 난 처녀 애입니다. 내 이름은 박옥희구요. 우리집 식구라구는 세상에서 제일 예쁜 우리 어머니와 나와 단 두 식구뿐이랍니다. 아차, 큰일 날 뻔했군! 외삼촌을 빼놓을 뻔했으니.

우리 어머니는 그야말로 세상에서 둘도 없이 곱게 생긴 우리 어머니는 금년 나이 스물세 살인데 과부랍니다. 과부가 무엇인지 나는 잘 몰라도 하여튼 동리 사람들이 나더러는 '과부의 딸'이라고들 부르니까 우리 어머니가 과부인 줄을 알지요. 남들은 다 아버지가 있는데 나만은 아버지가 없지요. 아버지가 없다고 아마 '과부 딸'이라나 봐요.

외할머니 말씀을 들으면, 우리 아버지는 내가 이 세상에 나오기 한 달 전에 돌아가셨대요. 우리 어머니하고 결혼한 지는 일 년 만이고요. (중략) 나는 아버지 얼굴도 못 뵈었지요. 그러기 아무리 생각해 보아도 아버지 생각은 안 나요. 아버지 사진이라는 사진 나도 한두 번 보았지요. 참말로 훌륭한 얼굴이야요. (중략) 그 사진도 본 지가 퍽 오랬는데, 이전에는 그 사진을 어머니 책상에 놓아두시더니 외할머니가 오시면 오실 때마다 그 사진을 치우라고 늘 말씀을 하셨는데, 지금은 그 사진이 어데 있는지 없어졌어요. 언젠가 한번 어머니가 나 없는 동안에 몰래 장롱 속에서 무엇을 꺼내 보시다가 내가 들어오니까 얼른 장롱 속에 감추는 것을 내가 보 았는데, 그것이 아마 아버지 사진인 것 같았어요.

인용된 글은 주요섭이 1935년에 발표한 단편소설 〈사랑 손님과 어머니〉의 일부다. '글쓰기'를 주제로 한 글에서 웬 단편소설? '이 책의 대상이 소설 쓰기를 배우고자 하는 독자는 아니잖아?' 많은 독자가 제기할 법한 의문들이다.

이 단편소설을 인용한 것은 '글을 전개하는 시점(視點) 또는 시선, 시각, 앵글'로 이어지는 실마리로 삼기 위해서다. 이 글은 모두 알다시피 삼인칭 관찰자 시점에서 쓰였다. 작가는 소설을 일인칭 화자 시점으로 쓸 수도 있었고, 전지적 작가 시점에서 전개할 수도 있었다. 같은 이야기도 〈사랑 손님과 어머니〉에서처럼 당사자가 아닌 꼬마 여자 아이의 동심과 시선에서 서술하면 새롭게 된다.

픽션에서 현실로 서술 대상을 옮기자. 현실을 다루는 글도 시점을 잡아서 쓸 수 있을까? 전설이 된 저널리스트 오리아나 팔라치(1929~2006)가 모범을 제시했다. 그는 서술 대상을 새로운 시각으로 바라봄으로써 참신한 기사를 작성했다.

오리아나 팔라치의 남다른 앵글

팔라치는 누구인가. 이탈리아 출신으로 세계 각국의 권력자를 공격적으로 인터뷰하고 신랄한 기사를 써 국제적인 명성을 얻었다. 그는 세계 각국을 누비며 권부의 핵심 인물을 선택적으로 만났고, 그래서 그와 인터뷰를 하지 않은 사람은 세계적 인물이 아니라는 말도 나왔다.

팔라치는 열여섯 살 때부터 기사를 썼다. 그가 어린 나이에 언론계에 입문하게 된 것도 현상을 새롭게 포착해 드러내는 그의 앵글 덕분이었다. 그는 신문사에서 시험 삼아 한번 자신에게 준 기회를 놓치지 않았다. 신문사 간부의 지시는 새로 생긴 나이트클럽을 취재해 오라는 것이었다. 짤막한 몇 줄로도 충분했을 기사였다.

그러나 팔라치는 딸을 열성적으로 보호하는 이탈리아의 어머니에 초점을 맞춰 기사를 썼다. 이와 관련해 팔라치는 자신이 "전쟁이 끝난 후 여름을 맞은 이탈리아 사회의 한 단면을 살짝 묘사했다"며 "어머니들은 저마다 자신의 딸에게 약혼자가 생기기를 간절히 바라면서도 딸의 정조를 보호하기 위해 나이트클럽에 딸과 나란히 서 있었다"고 들려줬다.

그는 "남자가 여자 어머니의 허락을 받아 여자에게 춤을 청하는 것이 우습다고 생각해 기사 전체를 아주 재미있게 만들었다"고 회고했다. 다들 그러려니 하고 받아들인 풍속을 마치 이방인이 본 것처럼 새로운 시각으로 접근해 풀어낸 것이다.

팔라치는 필요하면 마치 단편소설을 쓰듯 기사를 작성했다. 피렌체에 있는 낡은 옛 수녀원 건물에 대한 글을 쓸 때는 수녀원 뜰의 벚나무를 주인공으로 내세웠다. 그는 그 벚나무의 역사를 거슬러 올라가면서 그 수녀원의 모습을 스케치했다.

앵글 잡기는 시간 순서 서술, 이른바 편년체 전개의 단조로움을 벗어나는 방법이다. 회사의 사사(社史)를 편찬하는 경우를 생각해보자. 분량 대부분을 시간 순서로 전개하면 독자의 관심을 끌지 못하기 십상이다. 시간 순서 서술, 이른바 편년체 전개는 기본적으로 필요하되, 상당 부분을 '앵글을 잡아서' 구성해야 한다. 예컨대 목차에 '글로벌 회사로의 변신' '유연하고 탄력적인 업무방식 도입' '사회에 공헌하는 기업 시민의 역할' 등을 넣고 각 장에 해당 주제에 적합한 기간의 역사를 각각 담을 수 있다.

편년체 서술, 또는 연대기적 전개가 얼마나 단조로운지는 '빅히스토리' 주제의 책을 비교해서 읽으면 절감할 수 있다. 빅히스토리란 역사의 기원을 우주 빅뱅으로 잡아 장구하고 광활한 우주의 역사 속에서 생명의 탄생과 진화, 인류의 발생과 번성을 서술하는 장르를 가리킨다. 빅히스토리 책의 상당수는 '앵글' 없이 그저 사건을 줄줄이 서술한다. 예를 들면 목차가 다음과 같다.

1장 처음 세 문턱: 우주, 별, 새로운 화학원소

[문턱 1] 빅뱅우주론과 우주의 기원/ [문턱 2] 은하와 별의 기원/ [문턱 3] 새로이 생성된 화학원소

2장 네 번째 문턱: 태양, 태양계, 지구의 출현

[문턱 4] 태양과 태양계의 출현/ 초기 지구 지표면 형성

3장 다섯 번째 문턱: 생명의 출현

생명의 변화와 자연선택/

[문턱 5] 지구 생명의 출현 지구 생명의 역사/

4장 여섯 번째 문턱: 사람아과, 사람, 구석기시대

사람아과의 진화(800만~20만 년 전)/ [문턱 6] 호모사피엔스의 출현/ 구석기시대(20만~1만 년 전) (하략)

이 목차가 호기심을 자극하고 흥미를 유발하나? 나는 그렇지 않다

고 본다. 예를 들어 다음 의문을 목차에 반영해야 한다고 생각한다.

> 우리는 왜 별에서 온 존재인가/ 태양계가 특별한 이유/ 지구는 어떻게 '살기 좋은' 행성이 됐을까?/ 인간이 유별난 특징: 두 발 달리기, 언어, 학습과 지식, 도구, 불/ 침팬지는 수화를 배울 수 있을까?

앵글 또는 시점 잡기는 인물, 특히 자신을 소개하는 글을 주목받게 한다. 이어령 문화부 장관이 쓴 글 '호모 에두칸두스 HOMO EDUCANDUS', 즉 '공부하는 인간'이 좋은 사례를 제시한다. 이 글은 홍진기 중앙일보 회장 전기 《이 사람아, 공부해》의 서문에 해당한다. 모든 인물은 다면적이고, 홍진기는 특히 다방면에서 활동했다. 이어령은 그런 홍진기를 '공부'라는 각도에서 바라봤다.

홍진기가 그냥 공부하는 인간이 아니었다는 점을 부각하기 위해 이어령은 다음과 같이 '반물질'을 거론하며 글을 시작한다.

호모 에두칸두스(HOMO EDUCANDUS)

2011년 6월 6일, 영국의 과학지 〈네이처 피직스〉 전자판에서 반물질을 1000초 동안 잡아 두는 데 성공했다는 기사를 읽었다. '드디어 반물질 시대가 왔구나'라는 생각이 드는 순간 제일 먼저 떠오른 얼굴이 유민 홍진기 선생님이셨다. 왜 하필 생소한 과학 기사를 보고 물리학자도 아닌, 그것도 작고하신 지 벌써 30년이 지난 고인을 생각하게 되는가? 아닌 밤중에 홍두깨라고 말할지 모르겠다. 그러나 사실이다. 이번만이 아니라 언제 어디에서나 '반물질'이라는 말만 들으면 조건반사처럼 유민 선생님의 모습과 그 생생한 음성이 들려온다.

이어령은 중앙일보 창간 무렵 홍 회장이 일을 맡겨 단평인 '분수대'를 쓰게 된다. 그는 당시 홍 회장이 주재하는 논설위원 회의에서 각계 최고 지식인들이 나누는 지적 대화에 감탄한다. 무엇보다도 "부싯돌처럼 그의 가슴을 불꽃 튀게 한 것은 그 중심에 북극성처럼 앉아 있는" 홍진기 회장이었다.

그럼에도 자신의 지적 콧대는 꺾이지 않는다고 자부했으나, 홍 회장의 '반물질'에는 그만 콧대 붕괴를 고백한다.

> 하지만 그날만은 달랐다. 선생께서 논설회의 도중에 '반물질'에 관한 낯선 화두를 던진 것이다. 빅뱅으로 처음 우주가 생겨났을 때에는 물질과 그것과는 정반대의 성질을 가진 반물질로 되어 있었다고 한다. 그런데 이 반물질이 물질과 부딪힐 때 엄청난 에너지의 빛으로 전화하면서 소멸해버렸다는 것이다. (하략)

그는 그 새로운 지식의 세계에 놀랐다는 감상을 들려준 다음 "선생님의 반물질 이야기는 이미 금가고 있던 내 지식의 벽이 무너지는 소리이기도 했다"고 말했다. 자신의 지성에 대한 오만이 홍 회장의 광대무변한 지식에 무너져버렸다는 것이었다.

그는 다음 몇 문단에서 반물질 이야기를 더 펼쳐 보인 뒤 홍 회장을 호모 에두칸두스라고 규정한다. 그리고 인간을 동물과 구별하는 명칭을 열거한 뒤 "인간을 인간이게끔 하는 가장 중요한 특성은 교육의 동물, 평생을 배우는 동물이라는 데 있다"고 말한다. 홍 회장이야말로 그런 인물이었다는 뜻이다.

이어령은 글을 이렇게 끝맺는다. 여기에 담긴 글쓰기 전략이 무엇인지 생각하며 읽어보자.

> 사람들은 모른다. 법에 대하여, 행정에 대하여, 정치와 기업에 대하여 말하고 행동하는 유민은 알아도, 반물질에 대하여, 그 빛과 허무에 대하여 생각하고 상상하고 배우는 유민은 잘 모른다. 그래서 한순간이나마 선생님 곁에서 몰래 훔쳐본 유민의 생각과 창조적 상상력의 속살, 그리고 그 끊임없는 탐구의 정신이 무엇인가를 언젠가 꼭 남겨야 한다고 벼르다가 이번에 유민 평전 《이 사람아, 공부해》가 나온다기에 그 옥의 티가 될 각오를 하면서 이 발문을 부치는 것이다.
>
> 출처: 이어령, 《이 사람아 공부해》 중 '호모 에두칸두스', 민음사, 2011, 9~15쪽

내 사례로도 설명할 수 있다. 나는 경제와 주식, 마라톤, 우리말 등 영역에서 책을 썼고, 인공지능과 가상현실 등 분야의 책을 번역했다. 책마다 저자나 역자 소개가 달라야 한다고 생각했다. 소개할 대상은 동일 인물이되 책의 주제에 따라 사실을 취사선택해야 한다고 봤다. 내 이름이 들어간 책 중 몇 권의 저자 또는 역자 소개를 소개한다. 두 번째로 번역한 책의 역자는 나로 동일하지만, 이미 한 권을 번역한 경력자이므로 역자 소개는 달라야 한다고 생각했다.

《단어의 사연들》 저자 소개

어떤 영역에 관심을 둘 경우 대개 보통 수준을 넘어선다. 특출함을 지향하지만, 다른 사람에겐 그 경지가 특이함으로 여겨질 때가 있다. 단적인 예로, 마라톤을 즐기는데 맨발로 즐긴다. 자신의 특이함은 그러나 근본에 접근해 깊이 파고드는 태도와 습성의 결과라고 자평한다. 아울러 자신의 특이함이 특출함을 배제하지 않는다고 생각한다.

이 책 역시 다른 사람들이 아직 다루지 않은 특유의 콘텐츠를 담고 있다. 단어를 실마리로 우리가 생각하는 방식을, 생각을 소리에 실어내는 방식을 포착해 풀었다. 또 주로 영어와 비교해 우리말의 고유한 특성을 이야기했다. 사람은 언어로 생각한다는 사실을 전제로, 언어에 대한 생각은 사고에 대한 생각이며 언어 공부가 사유의 조직화·구조화의 기초라고 본다.

단어는 오래된 관심사였다. 국어사전을 한 장 한 장 읽으면서 우리말을 궁리했다. 20여 년 동안 주로 활자 매체에서 기사를 썼다.

요즘 글쓰기 강사로 일한다. 수십 년간 길러온 글쓰기 노하우를 사람들에게 전해주는 일이다. 영어 책을 우리말로 옮기는 일도 한다. 《맥스 테그마크의 라이프 3.0》을 번역했다. 글쓰기 분야 책 《일하는 문장들》, 《백우진의 글쓰기 도구상자》, 《글은 논리다》를 썼다.

《나는 달린다, 맨발로》 저자 소개

달리면서 알게 된 몸에 대한 지식을 실천하면서 숙면과 쾌변 효과를 얻었고, 디스크 증상에서도 완전히 벗어났다. 마라톤 입문 10여 년 만에 이제야 달리기가 무엇인지를 하나씩 깨치고 있다. 그러면서 주법 가다듬기와 달리면서 명상 효과 얻기에 관심을 기울이고 있다. 마라톤 풀코스를 30

여 회 완주했다. 개인기록은 3시간 37분이다. 서울대 경제학과와 같은 학과 대학원을 졸업했고, 〈아시아경제〉 디지털뉴스룸 선임기자로 일하고 있다.

첫 번역서《맥스 테그마크의 라이프 3.0》역자 소개

서울대학교 경제학과와 대학원을 졸업한 뒤 동아일보, 중앙일보 포브스코리아·이코노미스트, 재정경제부, 한화투자증권 등에서 기사를 쓰고 자료를 작성하고 교열·편집했다. 포브스코리아에서 근무하는 동안에는 영어 번역 기사를 감수하는 일도 했다. 그러면서 영어 텍스트를 문맥에 따라 정확하게, 적절하고 이해하기 쉬운 우리말 단어와 문장으로 옮기는 경험을 쌓았다.

《백우진의 글쓰기 도구상자》,《일하는 문장들》,《그 때 알았으면 좋았을 주식투자법》,《안티 이코노믹스》등의 책을 썼다.

둘째 번역서《두렵지만 매력적인》역자 소개

번역자이자 저술가, 글쓰기 강사. 인공지능(AI)의 물리적 기초와 원리부터 AI가 인간과 사회에 던지는 과제, AI와 인류의 미래까지 망라해 설명하고 논의한 책《맥스 테그마크의 라이프 3.0》을 번역했다.

지은 책으로《백우진의 글쓰기 도구상자》,《일하는 문장들》이있다. 우리말 단어의 고유 무늬와 결을 탐구한《단어의 사연들》도 있다.《안티 이코노믹스》,《한국경제 실패학》,《슈퍼개미가 되기 위한 38가지 제언》,《나는 달린다, 맨발로》도 썼다. 동아일보, 중앙일보 이코노미스트 등 활자매체의 기자, 재정경제부 공무원, 한화투자증권 편집위원으로 활동했다.

주제가 동일하지 않다면 책의 저자 소개가 같을 수 없다. 그러나 연대기적인 저자 소개 글을 조금씩 다듬어 활용하는 경우가 더 많은 듯하다.

그래서 책에 따라 자신을 소개한 다음과 같은 글이 반갑다.

《달리기의 힘》 저자 소개

30년 기자로 살아왔다. 20년 넘게 달려왔다. 자칭 발로 뛰는 기자다. 마음 내키는 대로 혼자 달리는 걸 좋아한다. 마라톤 풀코스 최고기록은 3시간 25분. 길에서 흔히 볼 수 있는 평범한 아마추어 러너다. 철인 3종, 트레일러닝도 짬짬이 해 왔다. 풀코스마라톤부터 100km 울트라마라톤까지 공식대회에는 50여 회 참가했다. 50대 중반에 접어들었지만 여전히 더 빨리 달릴 수 있을 거라고 믿고 있다. 한반도 종단 횡단 오지마라톤도 버킷리스트에 담아두고 있다. 좀 살 수 있는 마지막 날까지 팔팔하게 뛰다가 눈을 잡는 게 소망이다.

1967년 광주에서 태어나 서울대학교 국제경제학과와 KDI 국제정책대학원을 졸업했다. 1992년 한국일보에 입사해 경제부 기자와 뉴욕특파원으로 일한 뒤 1999년 머니투데이의 창간 멤버로 참여했다. 증권부장 경제부장과 편집국장을 지녔으며 지금도 24시간 뉴스 현장을 지키고 있다. 지은 책으로는 《팔면 상한가 사면 하한가인 개미들에게》 《투자의 세계에 NG는 없다》 《공시 제대로 알아야 주식투자 성공한다》 《호모 이코노미쿠스의 경제적 세상읽기》 《한국의 정치보도》 등이 있다.

《호모 이코노미쿠스의 경제적 세상읽기》 저자 소개

서울대학교 국제경제학과를 졸업하고 한국일보에 입사하여 경제부, 사회부, 국제부 기자를 거쳐 뉴욕특파원을 지냈으며, 증권·금융·정책 분야를 주로 취재했다. 1999년 머니투데이 창간 멤버로 참여하여, 재테크뉴스 부장을 거쳐 현재는 온라인뉴스 총괄부장으로 근무하고 있다. 그는 한국일보에서는 '김준형 기자의 증시 읽기' 김준형 기자의 투자이야기, 머니투데이로 옮긴 후에는 '김준형 기자의 스톡 톡스' '김준형의 돈으로 본 세상' '공시읽기' 등 자신의 이름을 건 경제 칼럼을 연재해 왔다. 이 책은 2004년 7월 20일부터 머니투데이에 연재돼온 '김준형의 돈으로 본 세상'을 추려 책으로 묶은 것이다. 세상사의 뒤편을 경제논리로 들여다보는 이 칼럼은 때론 거침없이 날카로운 비판으로 온라인을 뜨겁게 달궜으며, 때론 세상에 대한 따뜻한 시선으로 감동을 안긴 머니투데이 최고 인기 칼럼이다. 지은 책으로《앞으로 10년, 부자될 기회는 주식에 있다》《투자의 세계에 NG는 없다》와《공시, 제대로 알아야 주식투자 성공한다》《팔면 상한가, 사면 하한가인 개미들에게》 등이 있다.

오로지 책 주제에만 집중하고 개인 정보는 밝히지 않는, 다음과 같은 저자 소개도 좋다.

《우아하고 호쾌한 여자 축구》 저자 소개

오랜 시간 축구를 보며 천국과 지옥을 오가다가 한번 직접 해 볼까? 싶어 덜컥 축구를 시작하는 바람에 지금은 축구를 하며 천국과 지옥을 오가고 있다. 오랜 시간 온갖 주제로 잡다한 글들을 쓰다가 한번 제일 좋아하는 것을 써 볼까? 싶어 덜컥 축구 일기를 쓰기 시작하는 바람에 여기까지 오고 말았다. 빠른 것 하나로 버티는 축구하는 사람이자 마감 잘 지키는 것 하나로 버티는 글 쓰는 사람. 계속 축구하고 글 쓰고 축구 보고 글 읽으며 살고 싶다.

《아무튼 술》 저자 소개

내 인생의 삼원색은 책 술 축구인데, 축구에 이어 술로도 책을 쓰니 세상의 모든 색깔을 다 가진 기분이다.《우아하고 호쾌한 여자 축구》를 썼다.

《전국축제자랑》 저자 소개

못 견디게 쓰고 싶은 글들만을 천천히 오래 쓰고 싶다.《우아하고 호쾌한 여자 축구》,《아무튼 술》을 썼다.

《다정소감》 저자 소개

여전히 백지 앞에서 낯을 많이 가린다. 조금이라도 더 친해지고 싶어서 자꾸 그 위에 뭘 쓰는 것 같다.《우아하고 호쾌한 여자 축구》《아무튼 술》《전국축제자랑》을 썼다.

누구나 글로 자신을 소개해야 할 때가 있다. 또 시간에 따라 전개된 이야기를 서술해야 할 때를 마주친다. 그럴 때면 시점 또는 앵글부터 떠올리라. 컵도 보는 방향에 따라 원이 되기도 하고 직사각형이 되기도 한다. 그중 어느 모습을 부각할지 먼저 정하라. 서술할 내용은 그에 따라 취사선택하면 된다.

한편 다음 두 페이지에 마주보도록 편집한 원문과 대안은 '부정을 반박하는 긍정' 앵글과 '강한 긍정' 앵글을 비교하도록 준비했다. 두 예문의 '앵글'을 나타내는 단어로는 '관점'이 더 적합할지도 모르겠다.

[원문] 우주 공간에 거대한 거울을 쏘아올리는 이유

(전략) **그런데** 인간이 어떻게 감히 우주를 이해한다고 나설까? 크게 볼 때 지구는 정말 조그마한 돌덩이에 불과하다. 태양에 비하면 티끌같은 규모이다. 그런데 태양과 같은 별이 우리 은하계에 천억 개 이상이 있으며, 전 우주에는 은하계가 적어도 천억 개 이상이 있다. 정말 우주란 상상하기도 힘들게 광대하다. 그러니 이 미천한 티끌같은 지구의 표면에 붙어서 사는 우리 인간들이 우주의 본질이 어떻다고 왈가왈부하는 것 자체가 우습지 않은가. **그러나** 자신의 한계를 벗어나려 끊임없이 노력하는 것은 인간의 본성의 중요한 측면이다. 우주에 대하여 조금이라도 더 알기 위해 인간은 갈릴레이가 400년 전 변변치 않은 망원경을 하늘에 들이대본 이후 온갖 관측 기기를 발명하고 개선해 왔다. (중략) 이런 끈질긴 탐구를 통해 정말 많은 것을 알게 되었다. (중략) 세상사가 따분하고 짜증 날 때 광대하고 신비로운 우주에 대한 생각을 해 보는 것도 아주 쓸모없는 일은 아니리라.

출처: 〈중앙일보〉, 2022.02.13.

광대무변한 우주에 비해 인간은 티끌 같은 존재라고 대비한 후, 인간의 우주 탐구를 우습게 여기는 일부 인식을 서술했다. 다음 문단에서 반박할 대상으로 쓴 대목이지만, 반대로 '미미한 존재인 인간이 광대무변한 우주를 탐구하다니 참으로 놀랍지 않은가'라는 시각으로 쓸 수도 있다. 오른쪽 대안에서처럼.

이 문장은 '우주 탐구는 쓸모없는 일이야'라는 일부 인식을 반박하기 위해 쓰인 듯한 인상을 준다. 더 긍정적인 시각으로 서술할 수 있다.

[대안] 우주 공간에 거대한 거울을 쏘아올리는 이유

<u>진리를</u> 향한 탐구는 인간만이 가진 속성이다. 인간은 지식의 경계를 확장하고자 한다. 그 지식의 대상은 오래 전부터 우주 만물이었고, 우주 자체도 포함했다. 우주에 대해 조금이라도 더 알기 위해 인간은 갈릴레이가 400년 전 변변치 않은 망원경으로 하늘을 본 이후 다양한 관측기기를 발명하고 개선해 왔다. (중략) 이런 끈질긴 탐구를 통해 정말 많은 것을 알게 되었다.

<u>경이롭지</u> 않은가! 광대한 우주로 범위를 넓히면 인간은 티끌에도 미치지 못한다. 지구는 태양에 비하면 아주 작은 행성이고 우리 은하계는 태양과 같은 별을 적어도 천억 개 이상 포함한 규모인데, 우주에는 우리 은하계 같은 단위가 어마어마하게 많이 분포한다. 그토록 광대무변한 우주의 비밀을 이토록 미미한 존재인 인간이 규명해내고 있다니, 우주적인 차원으로 놀랍고 대단하지 않은가!

세상사가 심드렁해질 때가 있다. 그럴 때면 생각하자. 우리는 자랑스런 인간이다. 우주에서 유일하게 우주의 진리를 규명해나가는 인간의 일원이다. 자부심을 가져도 되고, 그와 함께 걸맞은 사명감을 품으면 더 좋다.

인간의 진리 탐구 열망을 긍정하는 문장들로 문단을 열었다. 굵은 글자는 내가 추가했다는 표시이다. 이어 우주 탐구의 성취를 담은 대목을 앞당겨 배치했다.

이 문장을 추가했다. 이 문장은 우주 탐구에 대한 경이로울 정도로 긍정적인 시각으로 문단을 연다. 이어 우주 속 인간을 대비한 뒤, 그동안 탐구의 성취에 긍지를 느끼자고 호소하는 문장을 추가했다.

앵글 잡고, 사실은 그에 따라 취사선택

적절한 프레임은 글의 격을 높인다

프레임, 씌우지 말고 짜자.

'틀'을 뜻하는 '프레임'은 '씌우다'와 결합하면 부정적인 의미가 된다. 어떤 일에 특정한 프레임을 씌우면 그 일이 실제와 달리 그 프레임 안에서 곡해될 수 있다.

프레임 씌우기는 지양해야 할 행태인 반면, '프레임 짜기'는 적절히 활용할 기법이다. 잘 짠 프레임에 알맞은 사례를 담은 산문은 이야기를 다른 차원에서 흥미롭게 들려준다.

프레임 짜기는 '설정 잡기'라고 설명할 수 있다. 설정은 넓게 보면 은유에 해당한다.

내가 접한 과감한 설정 글로 〈워싱턴포스트〉에 실린 버트 랜스(1931~2013) 소개 기사가 있다. 랜스는 지미 카터 대통령의 친구였고 카터 행정부에서 예산국장으로 일했다.

당신은 버트 랜스를 전에 본 적이 있다. 어디서 봤더라? 처음에는 기억나지 않는다. 그러다 떠오른다. 중동 어디인지 시장통에서였다. 그는 중동 전통의상에 터번을 두르고 좌판 뒤에 서 있었다. 그는 당신에게 낙타를 팔려고 한다. "싸게 드릴게." 당신은 낙타 값을 놓고 그와 흥정하고 있다가, '참 나는 낙타가 필요 없지' 하고 깨닫게 된다. 그래서 대신 깔개를 사게 된다. "정말 싸요. 이거 밑지고 파는 건데. 너무 싸게 주네. 이제 가난한 집구석에 가면 가족이 굶게 생겼어." 그의 눈동자가 춤추고, 그는 절망한 시늉을 하며 손을 비빈다. 실은 당신은 그 깔개에 가치보다 훨씬 더 많은 돈을 치렀다. 그는 활짝 웃으며 떠나는 당신을 축복해준다. 이상하게도 당신은 기분이 좋다. 비록 당신이 그에게 넘어갔음을 알면서도.

출처: 오디오북, Ben Bradlee, 《A Good Life》, Simon & Schuster, 1995

교보문고 광화문점이 2022년 개점 42주년을 맞아 기획한 소책자가 있다. 《우리 사이의 순간들》이다. 소설가, 시인, 수필가 등 27인이 '책과 나'를 주제로 쓴 산문이 이 소책자로 엮였다.

산문들 중 김훈 작가의 '네거리의 사랑'과 은희경 작가의 '나와 책의 순간들'은 프레임 짜서 쓰기를 보여준다. 먼저 김훈 산문의 프레임과 내용을 살펴보자.

네거리의 사랑
세종로 네거리는 내 고향 서울의 한복판이다. (중략) 나는 내 고향 이 네거리의 시야를 사랑하고 자랑한다.
북한산-북악산-경복궁-서울광장-숭례문을 잇는 이 지리적 라인은 조선 개국의 엘리트들이 설정한 왕국의 물리적 뼈대이고 정신의 축선이었다. 그 너머에서 한강은 신생하는 시간의 새로움으로 출렁거리고 있다. 이 네거리에서 공간의 축선과 시간의 축선이 교차하고 있다.

20세기 초, (중략) 이 거리에서 한국인은 신민(臣民)에서 시민(民)으로 진화했다.

이 네거리의 지하 광장에 대형 서점이 들어서서 40년 넘게 시민들에게 책을 보급해 왔다. 나는 이 네거리에 이 서점이 자리잡게 된 필연성을 역사의 순리라고 생각한다. 이 공론장의 네거리에서 책은 의문을 제기하는 시민과 해결을 모색하는 시민들을 길러냈다. 그리고 전국의 농어촌 중소도시의 작은 서점들도 모두 시대의 중심부를 이루고 있다. (중략)

숲 속의 새들이 날마다 새롭게 지저귀듯이 사람의 세상에는 날마다 새로운 시와 책과 노래가 태어난다. 변하지 않는 것들은 대부분이 바래어지고, 날마다 변하는 것들이 영원하다. 이 네거리에서 책은 변화와 불변을 모두 끌어안고, 날마다 태어난다

출처: 김훈, 교보문고 42주년 숏북《우리 사이의 순간들》중, 2022

김훈 작가의 프레임은 거창하나 공허

김훈의 산문 중 시공간의 프레임은 그 자체로 사개가 들어맞지 않는다. (사개란 상자 등에 서로 맞춰지는 모서리를 가리킨다.) 김훈은 광화문을 끼고 북에서 남으로 이어지는 선은 '공간의 축선'이고 한강은 '시간의 축선'이며 광화문 네거리에서 두 축선이 교차한다는 프레임을 짰다. 한강도 흐르고 시간도 흐르고, 그래서 '한강은 시간의 축선'이라는 말은 그럴싸하다. 그러나 아무런 의미도 없는 말이다. 시간은 한강뿐 아니라 지구 어느 공간에서나 흐른다. 광화문 네거리가 공간의 축선과 시간의 축선이 교차하는 곳이라는 프레임이자 의미 부여는 그래서 공허하다.

그는 이어 광화문에 공론장의 네거리가 있다고 서술했다. 이 작은

프레임은, 앞의 '공간의 축선과 시간의 축선이 교차하는 곳'이라는 거창한 프레임 어디에도 속하지 않는다. 왜냐하면 앞의 큰 프레임은 현실과 동떨어진 관념일 뿐이기 때문이다. 다만 이 작은 프레임은 과거에 광화문을 중심으로 한 '사대문' 안에 주요 정부 부처와 활자매체가 자리잡았다는 사실에 비추어 과장은 아니다.

그는 다음 단계로 서술 대상에 초점을 맞추고, 지하 교보문고 광화문점의 책은 "의문을 제기하는 시민과 해결을 모색하는 시민들을 길러냈다"고 의미를 부여한다. (이 구절은 교보문고가 내건 문장인 '사람은 책을 만들고 책은 사람을 만든다'를 떠올리게 한다.) 이 구절은 독자에게 구체적으로 전해지지 않는다. 개별 사례를 하나도 들지 않았기 때문이다. 글은 '일반'과 '개별'을 적절히 조합했을 때 내용을 효과적으로 전한다.

'책은 의문을 제기하는 시민과 해결을 모색하는 시민들을 길러냈다'는 문장은 '책은 시민들에게 의문을 제기했고 해결을 모색하도록 했다'는 의미일 듯하다. 그런 역할은 한 책으로는 무엇이 있을까? 나는 《전태일 평전》, 《난장이가 쏘아올린 작은 공》이 떠오른다.

교보문고 광화문점이 유통한 책들은, 광화문을 중심으로 분포한 언론사들과 함께 공론장의 역할을 수행했다. 그러나 그 역할의 주요 배역은 책과 저자, 출판사들이 맡았다. 유통자 교보문고는 조연이었다. (이는 저자 및 출판사, 서점의 역할 분담을 서술한 문장이고, 교보문고의 기여를 깎아내리려는 의미는 없다.)

책은 친구요 독서는 저금이라는 설정

은희경 작가는 '나와 책의 순간들'에서 책은 친구이고, 책과 독서의 관계는 돈과 예금의 관계라고 프레임을 짰다. 독서는 독자에게 우정어린 보상을 주고, 독서한 콘텐츠는 예금처럼 언젠가, 또는 언제나 꺼내서 활용할 수 있다는 내용을 그 프레임 속에 담았다.

나와 책의 순간들

(전략) 함께 나눈 시간을 우리의 머리와 가슴속 어딘가의 계좌에 입금해두었다가, 살아가는 내내 조금씩 인출하도록 만드는 것이 책이 우정을 변제하는 방식이다. (중략)

나는 먼저 읽고 그 다음에 생각하고 그러고 나서야 쓴다. 책의 은행은 결코 부도를 내지 않으므로 일단은 입금부터 하는 것이다.

출처: 은희경, 교보문고 42주년 숏북 〈우리 사이의 순간들〉 중, 2022

이 프레임 속에 그는 자신이 경험한 개별을 넣었다. 초등학생 때 책은 그가 보여준 충성도 높은 독서에 대해 국어 점수 향상이라는 작은 보상과 이해라는 큰 보상을 돌려줬다. 장편소설을 집필하는 동안 짬짬이 들춰 읽은 책은 그의 생각과 감각의 날을 벼려주었다.

사진은 사각의 프레임을 어떻게 잡느냐에 따라 달라진다. 산문의 프레임은 사진의 프레임보다 역할이 크다. 동일한 내용을 잘 짠 프레임에 담으면 글의 격이 높아진다.

인용으로 풍부함을, 위트로 윤기를

인용은 글을 쓸 때 기본적으로 염두에 둬야 할 기법이다. 내가 첨삭 글쓰기 과정을 진행하면서 알게 된 사실은 인용을 전혀 하지 않는 필자가 적지 않다는 것이다. 인용은 글을 풍부하게 한다. 적절한 인용, 독자가 미처 생각하지 못한 두 재료를 엮는 인용은 생각을 자극하고 읽는 재미를 준다.

클레오파트라의 코와 핀치의 부리

견강부회가 아니라면, 독자가 예상하지 못한 인용은 효과가 크다. 진화론을 교향곡처럼 장대하고도 아름답게 서술한 책《핀치의 부리》는 인용의 묘미를 곳곳에서 보여준다. 그 중 '클레오파트라의 코'를 인용한 대목을 소개한다. 이 책 11장 '보이지 않는 해안'은《팡세》의 유명한 문장인 '클레오파트라의 코가 조금만 낮았다면 세상이 완전히 달라졌을 것이다'를 인용하며 시작한다. (이 책은 각 챕터를 인용으로 연다.) 클레오파트라의 코 모양이 조금만 달랐다면 카이사르도 안토니우스도 그녀와 사랑에 빠지지 않았을 테고, 알렉산드리아 전쟁도 악티움 해전도 일어나지 않았을 것이라는 말이다.

이 책은 클레오파트라의 코와 갈라파고스섬의 새 핀치의 부리를 어떻게 연결하나? '클레오파트라의 코'에 해당하는 핀치의 신체 부위는 부리라고 설명한다. "구혼할 때 핀치는 상대방의 부리를 뚫어져라 쳐다보는 것이다"라고. 그러면서 종분화는 "아주 사소한 일로 시작될 수 있다"고 설명한다.

이 장은 다윈의 코 이야기로 해당 대목을 마무리한다. 다윈이 피츠로이 선장을 만나 면접시험을 치를 때 선장은 다윈의 코를 못마땅해했다. "게으름뱅이의 코"라고 평가했다. 피츠로이 선장이 다윈을 퇴짜 놓았다면 어떻게 됐을까?

"우리는 《종의 기원》이나 《인간의 기원》을 구경하지 못했을 것이다. 다윈의 부리가 하마터면 인간의 사유 전체를 바꿀 뻔했다."

중간 진행 발언. 이 글은, 나아가 이 책은 수사법은 다루지 않는다. 수사법은 읽는 재미에 더해 호소력을 키운다. 그러나 수사법은 너무 방대하다. 여기서는 '클레오파트라의 코'의 은유를 감상하는 활동만 안내한다.

17세기 프랑스 학자 블레즈 파스칼이 《팡세》에 남긴 말은 앞의 인용문과 달랐다. 인용문의 번역은 원문의 묘미를 전하지 않는다. 원문을 충실히 번역한 문장은 다음 정도가 된다.

"만약 클레오파트라의 코가 조금만 짧았더라면 세계의 얼굴은 전면적으로 바뀌었을 것이다."

[영어 번역] "Cleopatra's nose, had it been shorter, the whole face of the world would have been changed."

[원문] Le nez de Cléopâtre: s'il eût été plus court, toute la face de la terre aurait changé.

국가 간 세력 판도를 나타내는 은유 문구로 '세계의 얼굴'을 썼다. 이 표현은 클레오파트라의 코와 조응한다.

이 참에 《팡세》의 해당 문단을 읽어보는 것도 나쁘지 않으리.

"인간의 허무함을 충분히 알고자 한다면 연애의 원인과 결과를 살펴보는 것으로 충분하다. 연애의 원인은 코르네이유가 말하는 '무엇인지 알 수 없는 것'인데, 그렇지만 그 결과는 엄청난 것이다. 이 '무엇인지 알 수 없는 것'은 분별할 수 없을 만큼 미미한 것이지만 전 지구를, 황제들을, 군대들을, 전 세계를 진동시킨다. 만약 클레오파트라의 코가 조금만 낮았다면 세계의 얼굴이 달라졌을 것이다."

노회찬 '촌철' 인용과 인트로의 관계는?

추가 사례. 노회찬 의원의 어록을 인트로와 연결한 다음 인용과 전개를 읽어보자.

#1. "거꾸로 타는 보일러가 있다는 얘기는 들었지만, 복지 공약이 왜 이렇게 자꾸만 거꾸로 축소되는지 제가 듣고 싶은 심정입니다."

#2. "복지정책은 지난 20년 동안 취약계층보다는 중산층에게 더 유리하

게 바뀌어왔고, 결국 20년 전에 비해 크게 역진적으로 개악되었습니다."
첫 문장은 노회찬 의원의 말이고, 둘째 문장은 비교를 위해 내가 지어낸 문장이다. 어느 쪽이 청중이나 독자의 이목을 끌까? 이 글을 읽는 독자의 대다수가 전자를 선택하리라고 본다.

(중략) 그 인터뷰에서 노회찬 의원은 자신의 어록이 나오게 된 제약을 다음과 같이 들려줬다.

"생존 때문에 그렇게 했어요. 노동운동 할 때, 노동자들이 신참인 내 말을 듣기나 하나요. 정당을 만들고도, 심혈을 기울여 만든 정책을 길거리에서 설명할 때 30초도 길어요. 그 이상은 안 들어. 그런 상황을 나는 오래 겪은 사람이에요. 〈100분 토론〉에 나가도 소수 정당이니까, 독한 얘기를 하니까, 다른 사람은 안 끊지만 나는 중간에 끊죠. 그러니까 더 줄여야 했고요."

이 '30초 이내'가 노회찬 어록을 낳은 제약이었다. 이 '30초'는 말을 하다가 강조하는 대목이 아니다. 마무리하면서 힘을 주는 대목도 아니다. 첫머리 30초다. 따라서 노회찬 의원의 고민은 달리 표현하면 인트로를 어떻게 잡을까 하는 고민이었다. 말을 시작하자마자 청중의 관심을 끌면서 메시지를 도달시켜야 한다는 고민은 어필하는 글의 인트로를 무엇으로 잡을까 하는 궁리와 다르지 않다.

출처: 〈더 리더〉, 노회찬 의원, '촌철'을 제약에서 벼려내다, 2021년 11월호

나는 이 글에서 글의 인트로를 궁리할 때에는 노회찬 의원 같은 제약에 처했다고 상상하라고 조언했다. "당신의 글에 독자들이 관심을 기울이는 시간이 30초도 채 안 된다고 생각하자"면서 "30초 이내에 독자의 눈을 끌어들여야 한다"고 설명했다.

다시 인용으로 돌아온다. 인용은 글의 주제와 정렬되고 흥미를 끄는 종류라면 글이 인트로에 배치될 수 있다. 노회찬의 '촌철' 처럼.

위트란 무엇이며, 유머와는 어떻게 다른가. 위트에는 재치가 있고, 유머는 대개 농담(이야기) 형식을 취하나? 웃음을 자아내는 두 유형에 대해 국어사전도 명확히 정의하지 않는다. 아니, 정의하지 못한다는 서술이 더 적절하겠다.

웃음을 주는 글의 요소를 조리 있게 설명할 수 있는 사람은, 내가 알기로는, 없다. 천하의 아이작 아시모프는 설명 대신 소설을 썼다. 그의 단편 〈익살꾼〉에서는 주인공이 슈퍼컴퓨터와 대화한다. 주인공은 슈퍼컴퓨터에 자신이 아는 유머를 입력한다. 많은 유머를 종합적으로 분석하면 유머가 어디에서 나왔는지, 슈퍼컴퓨터가 대답해주리라고, 그는 기대한다. 슈퍼컴퓨터는 아래와 같은 설명을 내놓는다.

"외계의 어떤 지성체가 농담을 모두 만들어서 아무도 알아채지 못하게, 선택된 인간의 마음 속에 집어넣은 것이다. 모든 농담은 이 원형을 약간씩 바꾸고 다듬은 것이다. 외계의 지성체가 그렇게 한 이유는 인간 심리 연구다. 우리가 생쥐를 미로에 넣어두고 연구하는 것이나 본질적으로 비슷하다."

아시모프는 이처럼 '농담 외계 주입설'을 제기한 뒤, 자신의 분석을 살짝 얹는다. 그는 유머가 웃음을 주는 이유는 갑작스레 깨닫게 되는 부조리, 긴장으로부터의 해방감, 사건의 급격한 재조명 등이라고 설명한다.

위트를 생각하게 하는 몇 가지 사례

여하튼, 무엇이 글을 재미지게 하는지를 설명하기란 어렵다. 나는 다만 몇 가지 사례를 제시할 뿐이다.

맨발 달리기를 말할 때 내가 하고 싶은 이야기

이탈리아 남자를 만나서는 축구 얘기를 꺼내지 말라고 한다. 당신은 본론을 꺼내지도 못한 채 앉은 시간 내내 축구의 이론과 실제를 주제로 한 강연을 듣게 될 공산이 크다. 마라톤을 좋아하는 사람에게 달리기를 물어보는 일도 삼갈 일이다. 그 단조로운 운동에서 그토록 많은 이야기가 비롯된다는 사실에 당신은 놀랄 것이다.

아마추어 마라토너의 말을 다 듣고 헤어진 다음 집으로 돌아오는 길에 당신은 불현듯 깨닫게 될지 모른다. 무라카미 하루키가 왜 그 책을 썼는지. 『달리기를 말할 때 내가 하고 싶은 이야기』 말이다.

무라카미는 오래 달리기를 좋아한다. 그리고 예의 바른 사람이다. 그 책을 쓴 사실로도 그의 됨됨이를 짐작할 수 있다. 무라카미는 주위 사람들에게 달리기 얘기를 몹시 하고 싶어졌다.

그러나 세상은 두 부류의 인간으로 나뉜다. 달리는 사람과 달리지 않는 사람. 후자의 뇌는 달리기 화제가 10분 이상 이어지면 가수면 상태에 접어든다. 사람 좋은 무라카미는 그 상황을 피하고 싶었다. 그런데 달리기에 대해 하고 싶은 얘기는 계속 쌓여만 갔다. 이 책은 그래서 나오게 됐다, 고 나는 추측한다.

맨발 달리기에는 당연히 마라톤보다 훨씬 많은 얘기가 담겨 있다. 그러니 당신은 맨발로 달리는 사람을 조심해야 한다. 그를 만나 이야기를 나누게 되더라도, 예의상이라도 맨발 달리기에 대한 관심을 드러내서는 안 된다. 당신이 얘기를 들으려는 자세를 취하자마자 그는 이야기 보따리를 하나씩 풀어놓을 것이다. 후회는 때늦다. 당신은 한 시간 이상 맨발 달리기 강연을 들을 것이다. 시간 제약이 없다면 그는 세 시간까지 말을 이어갈지도 모른다. 풀코스를 달리는 체력으로…

따라서 당신은 나 같은 '맨발의 아베베' 추종자를 만나게 되면, 정중하되 단호하게 말해야 한다. "감사하지만 그 얘기는 다음에 듣겠습니다. 다음에 말씀해 주시면 잘 듣겠습니다."

나는 2011년 광복절부터 맨발로 달리기 시작했다.

새는 날고 물고기는 헤엄치고 사람은 달린다. 사람은 원래 맨발로 달렸다. 당신은 물어볼 것이다. "처음엔 옷도 안 입었잖아? 좋은 신발을 왜 벗어야지?"

"아예 옷도 다 벗고 뛰시지?"

당신은 벌써 낚였다. 맨발 달리기에 비판적이지만 아무튼 관심을 드러냈으니 말이다. (하략)

출처: 《나는 달린다, 맨발로》, 필맥, 2015, 14~16쪽

양복과 함께 들어온 단어

(전략) 옷감과 함께 낱말이 흘러 들어왔고, 문화가 자리 잡았다. 라사와 함께 양복점(洋服店)이 생겨났다. 양복점과 함께 일본말도 들어왔다. 양복의 안감은 '우라(うら·裏)'라고 불린다. 얼마 전 오래 입은 양복의 안감

이 여러 군데 터져 수선점에 가져갔더니, 옷 수선하는 분이 "우라를 많이 손봐야겠네요"라고 한다. 일제 잔재이지만, 아직도 숨 쉬고 있는 '우라'라는 말이 반가웠다. 내가 '우라'를 반가워한 건 기자로 일하면서 '우라까이'라는 말을 숱하게 들었기 때문이리라. 우라까이는 '베껴 쓰다'라는 의미로 쓰이는 언론계 은어. 언론계에서도 일본이 원산지인 것으로 추정되는 말이 많이 쓰인다.

우라까이는 '우라가에스(裏反す)'에서 유래된 것으로 추정되고 있다. '우라가에스'는 '뒤집다' '계획을 변경하다'라는 뜻이다. 뒤집거나 계획을 바꾼다는 '우라가에스'가 어떻게 기사를 베끼다는 뜻으로 쓰이게 됐을까. 여기서 우리는 다시 양복점으로 돌아온다. 옷감이 귀하던 시절에는 헌 양복을 뜯어 옷감을 뒤집어서 다시 지어 입는 사람이 많았다. 오래 입어 옷감이 빛바랜 경우 그렇게 하면 헌 옷의 느낌이 덜했다고 한다. 헌 양복을 뜯고 뒤집어 새 양복으로 짓는 것을 '우라까이'라고 했다고 한다.

초짜이거나 손이 맵지 않은 기자는 보고 베끼는 우라까이도 제대로 하지 못한다. 틀린 기사를 우라까이하거나 고유명사나 사실관계를 틀리게 받아쓰는 경우가 보인다. 우라까이도 훈련이 필요하다. 우라까이를 잘하면 베낀 결과가 원작보다 그럴듯해 보일 수도 있다. '언론계에서 기사를 가장 잘 베끼는 기자의 이름은?'이라는 우스개가 있다. 답은 '우라까이 하루키'다.

덤. 그럼 우라까이 하루키가 좋아하는 노가리 안주 맥줏집의 이름은 뭘까? '노가리의 숲'

출처: 《단어의 사연들》, 웨일북, 2018, 133~134쪽

재미가 없었거나 부족했다면, 사과한다. 위트와 유머는 노력해도 잘 향상되지 않는 기량이다. 그러나 관심을 갖고 자료를 수집하고 응용하다 보면 중간 정도에는 도달할 수 있다.

그 과정에서 '이차원 독서'가 도움이 된다. 일차원 독서는 글의 내용을 이해하고 받아들이고 나아가 기억하는 활동이라면, 이차원 독서는 필자로서 참고하는 활동이다. 나중에 활용하거나 응용함직한 구절이 나오면 눈여겨 보거나 메모해두자. 이런 이차원 독서를 오래 축적하면 내 글에 자연스레 흘러나온다.

마무리(아우트로)를 잘 매조지자

'인트로'는 도입부고, '아우트로'는 종결부다.

아우트로는 순서나 우선순위가 인트로 다음이다. 인트로가 독자의 눈길을 붙들어야 아우트로도 읽힐 수 있다. 독자가 인트로만 읽고 떠나 버리면, 아우트로는 헛되이 쓰인 부분이 되고 만다.

그러나 아우트로도 중요하다. 마지막 인상이 독자에게 오래 남는다는 점에서 그렇다. 그 인상을 어떤 종류로 줄까?

이 절의 제목처럼 '매조질' 수도 있다. '매조지다'는 '일의 끝을 단단히 마무리하다'는 뜻이다. 칼럼의 끝을 주장을 강조하는 방식으로 쓴다면, 매조지한 아우트로가 되겠다. 반전을 줄 수도 있고, 여운을 남길 수도 있다. 경구를 던지는 방식의 아우트로도 가능하다. 독자와 함께 두고두고 생각할 문제를 제기할 수도 있다. 수미상관 기법도 종종 쓰인다. 글을 쓴 계기로 마무리하는 방법도 있다. 계기로 시작하면 독자는 심드렁해하지만, 끝에 알려주면 고개를 끄덕인다. 풍경을 묘사하면서 빠져나오는 방식도 괜찮다. 요약하면, 아우트로도 인트로처럼 창의력이 발휘되는 부분이고 유형을 정리해 제시하기 어려운 영역이다. 글을 많이 읽으면서 인트로는 물론 아우트로도 유심히, 필자의 눈으로 챙겨

보자.

　인트로는 글을 쓰기 전 플롯과 함께 궁리해야 한다. 인트로는 마감을 앞두고 앉아서 고심하면 잘 안 풀린다. 그보다는 마감 며칠 전부터 '화두'로 염두에 던져두는 방법을 권한다. 여러 후보를 버리는 과정을 거쳐 인트로를 확정하면, 그때 앉아서 글을 쓰면 된다.

　이와 달리 아우트로는 사전에 걱정하지 않아도 된다. 아우트로 후보는 글을 쓰는 과정에서 계속 떠오른다. 여러 발상들을 즐기면 된다. 느긋하게 글을 전개하다가 그중 하나를 낙점하면 된다.

글을 마칠 때 피해야 할 유형들

　이 꼭지에서는 내가 글쓰기 강사로 활동하면서 접한, 피해야 할 마무리 유형을 몇 가지 짚어본 뒤, 따라할 만한 아우트로를 몇 건 소개한다.

　우선 마무리가 없는 글이다. 매듭은 꼭 지어야 한다. 글도 다르지 않다. 그러나 마무리하지 않은 채 마친 글이 간혹 보인다.

> 넷째, 대학이 이런 변화의 통로를 스스로 뚫고 찾아 나갈 수 있는 자기 발전과 혁신의 기회와 시간을 주었으면 좋겠다. 신뢰와 자율이라는 원칙들은 쉽사리 포기하기에는 너무나 본질적이며 지금 대학이 가야 할 길은 아무도 걸어본 적 없는 길이기 때문이다.
>
> 　　　　　출처: 〈중앙일보〉, 대학과 사회의 아름다운 공존을 위해, 2019.10.11.

　이 글은 '대학과 사회의 아름다운 공존'을 위한 제언 넷을 열거한 뒤 끝난다. 필자는 열거 전, "마무리를 대신하여 이곳에서는 대학과 사회가 아름다운 공존을 유지하기 위해 고려해야 할 몇 가지 원칙을 적어보고자 한다"고 했지만, 이 문장이 마무리를 대신하지는 못한다. 글의 끝에는 기본적으로 아우트로가 필요하다.

아우트로 형식, 즉 별도 문단을 주지 않은 채 마무리 문장이나 문장들을 앞 문단에 슬그머니 붙이는 유형이 있다. 인트로도 한 문장으로 쓸 수 있고, 아우트로도 한 문장으로 작성할 수 있다. 한 문장이 글을 마치기에 충분하지 않다는 '형식주의'는 벗어나야 한다.

내가 쓴 글 중 한 문장으로 마친 사례를 하나 소개한다.

> 벼리를 잡아 공부했으되 새로 생겨나고 축적되는 사실과 현상과 지식을 받아들이지 않는 사람은 화석이 된다. 새로운 지식을 왕성하게 섭취하지만 벼리가 없는 채로 그렇게 하는 사람은 지식체계와 사유의 줄기를 세우지 못한다.
>
> 우리는 결의를 버리고 벼리를 잡아 준비를 해나가면 벼르던 기회에서 좋은 성과를 거둘 수 있다.
>
> 출처: 《단어의 사연들》, 웨일북, 2018, 48쪽

이 아우트로는 수사법 측면에서는 언어유희 기법으로 작성됐다.

셋째, 글의 일부에 대해서만 매듭을 짓는 경우도 간혹 보인다. 아우트로는 글의 전체를 놓고 작성해야 한다. 이 유형에 대해서는 사례를 들지 않는다.

넷째, 수필의 경우 '~할 것이다' '~하지 않아야겠다' '~하기로 마음 먹었다' '하기로 결심했다'는 등 반성형이나 각오형으로 마친 글을 종

종 마주친다. 일기도 수필은 될 수 있지만, 수필을 일기로 쓰지는 않기를 권한다. 무슨 말이냐면, 수필집에 실린 여러 글에 이런 유형을 여러 번 활용하지는 말자는 의미이다.

나는 《백우진의 글쓰기 도구상자》에서 아우트로의 여러 유형에 해당하는 사례를 소개한 바 있다. 아우트로의 유형은 그보다 더 많다. 이 꼭지에서는 내가 쓴 다음 사례만 하나 공유한다.

우주 주권·참여권, 자력으로 확보하다
한국이 독자적으로 만든 우주발사체 누리호가 지난 6월 21일 2차 발사에서 임무를 성공적으로 완수했다. 성능검증위성을 분리해 목표 궤도에 안착시켰다. 이로써 한국은 1톤 이상 중량의 실용급 인공위성을 궤도에 올리는 능력을 확보한 세계 일곱째 국가로 올라섰다. 우주 주권을 확보하고, 미국과 러시아, 유럽연합(EU), 중국, 일본, 인도와 우주에서 어깨를 나란히 할 수 있게 됐다.
누리호 성공의 실질적인 '세계 랭킹'은 더 높다. 중국과 일본, 인도는 각각 러시아와 미국, EU로부터 기술을 지원받고 엔진을 도입해 우주발사체를 개발했다. 이들 3개국을 제외하면 우리나라는 단숨에 세계에서 네 번째로 우주발사체 보유 국가의 반열에 올랐다. (중략)
「대한민국헌법」 제3조는 '대한민국의 영토는 한반도와 그 부속도서로 한다'고 규정한다. 우리나라의 주권이 미치는 영역은 영토 외에 영해와 영공으로 구성된다. 영공은 영토와 영해선으로부터 상공을 향해 수직으로 그은 선 안의 범위이다.
그러나 우주에는 국경이 없다. 대한민국이 누릴 수 있는 우주의 영역은 우리가 하기에 달렸다. 우주 주권을 확보한 항우연과 관련 업체들의 향후 활약을 기대하는 이유다.

출처: 〈MIT Technology Review〉, 우주 주권·참여권, 자력으로 확보하다, 2022. Sep/Oct

하나로는 당연히 부족하다. 그러나 "사례가 하나뿐이라고?"라며 불만을 터뜨리실 일은 아니다. 이 글에는 절이 수십 꼭지이고, 각 꼭지에는 대부분 마무리가 있다. 각 절이 어떤 기법으로 마무리됐는지를 생각하면서 이차원 독서를 해볼 수 있다. 많은 절의 아우트로는 글 내용을 정리하는 역할을 한다. 추신 격으로 작성된 아우트로도 있다. 다른 유형도 찾을 수 있다.

- 2장 -

짜임새 있고 두서 있게

글 구성 단위는 문장 아니라 문단

글을 쓰는 기본 단위는 문단이다. 서구에서는 글을 문단 단위로 구성하는 방식이 오래 전에 자리잡았고 가다듬어졌다. 한자권 글에는 근대에 이르기까지 문단이 없었다. 그 근거는 멀리 '제갈량의 출사표'부터 조선시대 말 위정척사파의 긴 상소문 등까지에서 두루 찾을 수 있다.

물려받은 토대는 얕고 글쓰기가 알차게 가르쳐지지도 논의되지도 않다 보니, 국내 필자의 글은 문단 측면에서 아쉬운 경우가 많다. 특히 활자매체조차 문단을 경시한다. 활자매체의 칼럼이나 수필을 보면 병합되거나 분할된 것으로 추정되는 단락이 간혹 눈에 띈다. 소셜미디어에서는 문단을 구성하지 않고 문장을 낱개로 열거해놓은 글이 자주 보인다. 심지어 문단을 해체한 그런 유형의 글을 새로운 트렌드로 받아들인다는 내용을 포함한 글쓰기 책도 나왔다.

글은 단락 단위로 써야 한다. 이는 내 개인적인 주장이 아니다. 근거와 사례를 얼마든지 댈 수 있다. 지면 제약상 하나만 제시하면, 스티븐 킹의 조언이다. 영화 〈쇼생크 탈출〉을 비롯해 다수의 작품이 영화로 제작된 세계적인 작가 킹이 말했다. "문장이 아니라 단락이 글쓰기의 기본 단위"라고. 책 《유혹하는 글쓰기 On Writing》에서 그는 문단을

"일관성이 시작되고 단어들이 단순한 단어들 이상이 될 가능성을 얻는 곳"이라고 묘사했다.

한 문단에 하나씩 가지런하게

문단을 묶고 전개하는 방법은 '한 단락에 한 가지씩'이다. 동일한 범주에 속하는 문장들, 또는 비슷한 역할을 하는 문장들을 모아서 한 단락으로 구성하는 것이다.

'범주'를 '일반'이라고 달리 표현하면, 문단 구성은 '일반'에 적합한 '개별'을 모으고, '개별'을 그 개별이 속하는 '일반'에 찾아서 배치하는 작업이다. '일반'과 '개별' 대신 '추상'과 '구체', 또는 '관념'과 '경험'이라고 생각해도 된다.

각 문장을 적합한 일반에 배치하고, 반대로 범주를 잡은 뒤 그에 해당하는 문장들을 서술하는 일에는 상당한 훈련이 필요하다. 그 훈련은 문단 구성 외에도 글 전체의 짜임새를 갖추는 데 필수적이다. 이에 대해서는 이 장의 2절과 4~6절에서 깊게 논의한다.

'한 문단에 하나씩'의 딸림(하위) 지침은 '문단 간 중첩 없이'이다. A문단에 a와 a'를 쓴 뒤 B문단에 b와 a'를 쓴 경우 두 곳의 a'가 중첩된 부분이다. 이렇게 구성하면 '한 문단에 하나'가 아니라 '한 문단에 이것저것'이 된다.

예외가 규칙을 드러낸다. 오답 노트를 통해 실수를 피할 수 있다. '문단 단위 서술'이라는 짧은 규칙에는 수많은 예외가 있다. 그 예외를 살펴봄으로써 이 규칙을 뚜렷하게 새길 수 있다.

다음 두 문단 중, '한 문단에 하나씩' 측면에서 위치를 바꾸면 더 나을 문장을 하나 찾아보자.

> 현대의 기상 예보는 대부분의 나라들이 수치예보모델에 의존하고 있다. 자체적으로 모델을 개발해 사용하는 나라는 전 세계 국가 중 9개국에 불과하다. 우리나라도 지난 20여 년간 영국·일본의 모델을 도입해 사용해 왔다. 그러나 동아시아 대륙의 끝에 위치하는 우리나라는 공기의 흐름 변화에 따른 다양한 변수를 예측해야 하는 어려움 때문에 외국 모델을 그대로 적용하는 데 한계가 있었다. 이를 극복하기 위해 2011년부터 9년 동안 자체 기술을 이용한 '한국형 수치예보모델(KIM)'을 개발했다. 한국은 세계에서 아홉 번째로 수치예보모델을 보유한 국가가 됐다.
> 그러나 정확한 날씨 예보를 위해서는 우수한 수치예보모델만으로는 부족하다. 모델에 입력하는 정확한 기상 관측 자료가 있어야 하며 수치예보모델의 결과를 해석하는 예보관의 역량이 무엇보다 중요하다. 모델이 산출한 결과를 날씨 예측에 활용하기 위해서는 최종적으로 인간의 분석과 판단이 개입돼야 한다. 과거 유사한 기상 사례와 비교하고 모델의 특성을 잘 이해해 그 결과를 올바르게 해석하는 예보관의 능력이 날씨 예보의 완성도를 좌우하게 된다. 전 세계적으로 날씨 예측에 있어서 모델의 중요성이 점점 커지고 있다.
>
> 출처: 〈서울경제〉, 미래를 앞서 보는 예측의 기술, 2021.07.01.

첫째 문단은 해당 국가 자체의 수치예보모델이 중요함을 서술한다. 둘째 문단은 수치예보모델의 결과를 해석하는 예보관의 역량도 중요하다고 말한다. 이에 비추어 자리를 옮겨야 하는 문장은 '전 세계적으로 날씨 예측에 있어서 모델의 중요성이 점점 커지고 있다'이다. 이 문장은 첫째 문단의 첫 문장 정도 자리에 재배치할 수 있다.

다음 두 문단에서도 자리를 옮기면 더 좋을 한 문장을 찾아보자.

> 트윈시티에 있는 미네소타대는 밥 딜런을 포함, 29명의 노벨상 수상자를 배출한 명문이다. 특히 서울대와 인연이 깊다. 서울대는 1955~62년 미네소타대로부터 '미네소타 프로젝트'를 통해 의학, 보건학, 농학, 공학 등 분야에서 혁신적 성장을 이루는 기초가 된 큰 지원을 받았다. 6·25전쟁 직후인 1955년 9월 12인의 서울의대 교수가 미네소타행 비행기에 오른 이후 1년 단기연수부터 정규 박사과정에 이르기까지 프로젝트에 참여한 서울대 교수가 모두 226명이다.
> 재원을 지원한 미국 정부가 미네소타대를 선정한 이유는 한국에서 전사한 미군 중 미네소타 출신들의 비율이 가장 높고 전쟁고아 입양도 가장 많을 정도로 미네소타가 한국과 인연이 깊어서였다. 1958년에는 서울대 미대에서 두 학교간 교환 미술전까지 열렸다.
>
> 출처: 〈머니투데이〉, 서울대생들 다시 미네소타에 가다, 2019.02.19.

관련 자료를 검색하면 서울대학교기록관의 다음 내용이 나온다.

> 미네소타 프로젝트가 진행되는 동안 서울대와 미네소타대는 자매결연의 상징으로 미술작품 교류 전시회를 개최했다.
> 1957년 1월, 서울대 미대에서 보낸 작품들이 미네소타대 미술관에 전시되어 호평을 받았다. 한국 학생의 미술작품이 해외에 소개된 것은 이번이

처음이라고 한다. 그에 대한 답례로 이듬해인 1958년 미네소타대측에서 작품 80여점을 보내오자, 서울대는 5월 23일부터 31일까지 '미네소타대학 교환 미술전'을 열었다.

출처: https://archives.snu.ac.kr/DAS/H/H3/3/H3_3_02_P01.do?colidx=447&colnumber=COL-2019-0010

이로부터 서울대-미네소타대 교환 미술전은 미네소타 프로젝트의 문화 행사로 열렸음을 알 수 있다. 따라서 인용된 두 문단 중 마지막 문장인 '1958년에는 서울대 미대에서 두 학교간 교환 미술전까지 열렸다'의 더 알맞은 자리는 앞 문단의 끝이다.

[원문] 트윈시티에 있는 미네소타대는 밥 딜런을 포함, 29명의 노벨상 수상자를 배출한 명문이다. 특히 서울대와 인연이 깊다. 서울대는 1955~62년 미네소타대로부터 '미네소타 프로젝트'를 통해 의학, 보건학, 농학, 공학 등 분야에서 혁신적 성장을 이루는 기초가 된 큰 지원을 받았다. 6·25전쟁 직후인 1955년 9월 12인의 서울의대 교수가 미네소타행 비행기에 오른 이후 1년 단기연수부터 정규 박사과정에 이르기까지

[대안] 트윈시티에 있는 미네소타대는 밥 딜런을 포함, 29명의 노벨상 수상자를 배출한 명문이다.

특히 서울대와 인연이 깊다. 서울대는 1955~62년 미네소타대로부터 '미네소타 프로젝트'를 통해 의학, 보건학, 농학, 공학 등 분야에서 혁신적 성장을 이루는 기초가 된 큰 지원을 받았다. 6·25전쟁 직후인 1955년 9월 12인의 서울의대 교수가 미네소타행 비행기에 오른 이후 1년 단기연수부터 정규 박사과정에 이르기까지 프로

프로젝트에 참여한 서울대 교수가 모두 226명이다.	젝트에 참여한 서울대 교수가 모두 226명이다. **1958년에는 서울대 미대에서 두 학교간 교환 미술전까지 열렸다.**
재원을 지원한 미국 정부가 미네소타대를 선정한 이유는 한국에서 전사한 미군 중 미네소타 출신들의 비율이 가장 높고 전쟁고아 입양도 가장 많을 정도로 미네소타가 한국과 인연이 깊어서였다. **1958년에는 서울대 미대에서 두 학교간 교환 미술전까지 열렸다.**	재원을 지원한 미국 정부가 미네소타대를 선정한 이유는 한국에서 전사한 미군 중 미네소타 출신들의 비율이 가장 높고 전쟁고아 입양도 가장 많을 정도로 미네소타가 한국과 인연이 깊어서였다.

한 문장으로도 한 문단 구성 가능

오른쪽 대안은 원문보다 문단을 더 나눴다. 대안은 첫 문단처럼 한 문장도 한 문단을 구성할 수 있음을 보여준다. 한 문장도 한 문단이 될 수 있다. 한 문구나 한 단어 문단도 가능하다.

그러나 이 지침을 모르거나 '한 문장은 한 문단이 될 수 없다'고 배운 사람은 한 문장으로 마칠 문단에 군더더기 문장을 붙이거나 다른 문단에 넣을 문장을 가져오게 된다. 틀린 지침의 원천은 《글쓰기의 기초 The Elements of Style》의 초기 편집본이 제공했다고 나는 추측한다.

영어 글쓰기 지침서의 고전인 이 책의 초기 편집본은 문단 서술 기법을 설명한 대목에서 "한 문장은 문단으로 쓰이거나 인쇄되면 안 된다"고 금지했다. 그러나 이 지침은 이후에 삭제됐고, "결속력이 있는 한, 문단은 짧은 한 문장부터 매우 긴 문단까지 어느 길이도 가능하다"

로 대체됐다.

다음은 시인 김수영이 통념과 달리 민족의식보다는 코스모폴리타니즘이 강했다는 글의 앞부분이다. 인용된 부분의 원문은 두 문단인데 대안은 세 문단이다. 대안의 첫 문단은 전체를 아우르는 내용으로 구성됐다. 둘째 문단은 김수영이 영어와 일본어에 뛰어났고 영시와 일본시를 탐독했다고 전한다. 시기를 건너뛴 포로수용소와 번역 이야기의 위치는 이 문단의 뒤로 돌렸다. 셋째 문단부터 '시인 김수영'을 다룬다.

[원문] 1921년생인 김수영은 일제 식민 시대에 태어났다. 이 시대의 청년학생이라면 누구나 식민치하에 대한 울분과 독립 투쟁 정신으로 가득 차 있을 것이라고 상상하기 쉽지만, 그에게는 애초부터 그런 민족의식이 없었다. 그는 **일본 유학을 떠나기 전에 다녔던 선린상업학교 시절부터 영어와 일본어에 뛰어났다.** 김수영의 출중한 어학 능력은 훗날 그를 두 군데의 사지(인천 포로수용소와 거제도 포로수용소)로부터 구출해 주었고, 번역으로 입에 풀칠을 할 수 있도록 해주었다.
짧은 일본 유학 시절, 김수영은 엘리

[대안] 1921년생인 김수영은 일제 식민 시대에 태어났다. 이 시대의 청년학생이라면 누구나 식민치하에 대한 울분과 독립 투쟁 정신으로 가득 차 있을 것이라고 상상하기 쉽지만, 그에게는 애초부터 그런 민족의식이 없었다.
그는 일본 유학을 떠나기 전에 다녔던 선린상업학교 시절부터 영어와 일본어에 뛰어났다. 짧은 일본 유학 시절, 김수영은 엘리엇·오든·스펜서 등의 영미 시인과 니시와키 준사부로·미요시 다쓰지·무라노 시로 등의 일본 시인을 탐독했다. 김수영의 출중한 어학 능력은 훗날 그를 두 군데

엇·오든·스펜서 등의 영미 시인과 니시와키 준사부로·미요시 다쓰지·무라노 시로 등의 일본 시인을 탐독했다. ~~그러나 연극에 빠져있었던~~ **그가 시를 쓰게 된 것은 해방이 되고 난 후부터다.** 일제시대에 태어나고 자란 대부분의 지식인 남성이 그랬듯이 그도 한국어를 일상어로 썼지만, 지식 습득이나 추상적인 사고 활동은 일본어로 하는 이중언어 사용자였다. 그런 탓에 그는 일본어로 먼저 구상을 하고 한국어로 번역을 하는 방식으로 시를 쓰거나, 아예 초고를 일본어로 썼다. 그와 연배가 비슷한 소설가·시인들이 국어에 익숙해지면서 일본어는 물론 일본 문학으로부터 점점 자립적이 되어간 반면, 김수영은 그런 시대 변화에 의식적으로 그리고 극렬하게 저항했다.

출처: 〈한국일보〉, 일어나지 못한 사건- 김수영1, 2019.02.21.

의 사지(인천 포로수용소와 거제도 포로수용소)로부터 구출해 주었고, 번역으로 입에 풀칠을 할 수 있도록 해주었다.

그가 시를 쓰게 된 것은 해방이 되고 난 후부터다. 일제시대에 태어나고 자란 대부분의 지식인 남성이 그랬듯이 그도 한국어를 일상어로 썼지만, 지식 습득이나 추상적인 사고 활동은 일본어로 하는 이중언어 사용자였다. 그런 탓에 그는 일본어로 먼저 구상을 하고 한국어로 번역을 하는 방식으로 시를 쓰거나, 아예 초고를 일본어로 썼다. 그와 연배가 비슷한 소설가·시인들이 국어에 익숙해지면서 일본어는 물론 일본 문학으로부터 점점 자립적이 되어간 반면, 김수영은 그런 시대 변화에 의식적으로 그리고 극렬하게 저항했다.

이른바 개조식 보고서도 문단 단위로 써야 한다. 반복하면, 문단 단위 서술의 기본 지침은 '한 문단에 하나씩'이다. 이 지침에서 비롯된 딸림 지침은 '문단 간 중첩 없이'이다.

문단 간 중첩을 해소하라

문재인정부의 '국정운영 5개년 계획' 자료 중 다음 세 문단을 놓고 이를 검토한다. 다음 인용문은 원 자료에 비해 몇 군데 행이 늘었고 굵은 글자 표시가 없다. 같은 범주에 넣을 내용에 밑줄을 그었다. 중첩된 부분은 기울임체로 표시했다.

[원문] 1. 국정운영 5개년 계획의 필요성

□ 문재인정부 국정운영의 나침반

○ 국정운영 5개년 계획은 문재인정부의 목표인 나라다운 나라, 새로운 대한민국 건설의 방향을 설정하고 흔들림 없이 추진되도록 하는 지침

○ 정책의 우선순위를 설정하고 정책 간의 연계성을 확보하여 한정된 국가 자원을 효율적으로 배치하고 운용하는 지도

○ <u>정책 집행 단계에서 목표와의 정합성과 일관성을 유지하고, 새롭게 수립되는 정책들이 문재인정부의 지향에 부합하도록 하여 국정운영의 연속성을 확보하는 수단</u>

□ 국정운영의 설계도

○ 국정운영 5개년 계획은 정책의 주체와 객체, 그리고 모든 국민들에게 공개함으로써 국정운영의 정당성과 효과성을 높이는 설계도

○ 주권자인 국민과 정책 수립 및 시행의 주체인 국회·행정부, 그리고 기

업과 단체 등 각 주체에 국정운영 계획을 투명하고 명확하게 제시함으로써 국가 전체 운영의 예측 가능성 증대
○ 5년간의 국정운영 계획을 공유함으로써 국민들에게 국가운영 방향에 대한 정보를 제공하고 국민과 정부 간 소통 기반을 확대

□ **국정운영의 평가기준**
○ 부문별 정책들이 국가목표와 국정목표에 따라 일관되고 합리적·효율적·통합적으로 수행되고 있는지를 평가하는 기준
○ <u>환경의 변화에 따른 국정운영 방향 전환 필요시 변화의 방향과 수준을 결정하고 평가기준의 전환을 돕는 시방서</u>
- <u>국정 여건 변화에 따른 정책 수정의 필요성의 정도와 각 정책들의 연계 수준에 따른 정책 수정의 범위를 산정하는 기반</u>

문단 간 중첩을 해소해 두 문단으로 간추린 대안을 원문과 비교해보자. 대안은 문단을 '(대내적) 문재인정부 국정운영의 설계도'와 '(대외적) 국정운영의 안내도·평가기준'으로 재구성하고, 평가기준 목차 아래 있던 시방서 문장을 첫 문단으로 옮겼다.

[대안] 1. 국정운영 5개년 계획의 필요성
□ **(대내적) 문재인정부 국정운영의 설계도**
○ 국정운영 5개년 계획은 문재인정부의 목표인 나라다운 나라, 새로운 대한민국 건설의 방향을 설정하고 흔들림 없이 추진되도록 하는 지도
○ 정책의 우선순위를 설정하고 정책 간의 연계성을 확보하여 한정된 국가 자원을 효율적으로 배치하고 운용하는 지침

○ 정책 집행 단계에서 부문별 정책들의 목표와의 정합성과 일관성을 유지하고, 새롭게 수립되는 정책들이 문재인정부의 지향에 부합하도록 하여 국정운영의 연속성을 확보하는 수단
　　○ 환경의 변화에 따른 국정운영 방향 전환 필요시 변화의 방향과 수준을 결정하고 평가기준의 전환을 돕는 시방서
　□ **(대외적) 국정운영의 안내도·평가기준**
　　○ 국정운영 5개년 계획은 정책의 주체와 객체, 그리고 모든 국민들에게 공개함으로써 국민과 소통하면서 국정운영의 정당성과 효과성을 높이는 청사진
　　○ 주권자인 국민과 정책 수립 및 시행의 주체인 국회·행정부, 그리고 기업과 단체 등 각 주체의 국가 전체 운영에 대한 예측 가능성 증대
　　○ 각 주체가 부문별 정책들이 국가목표와 국정목표에 따라 일관되고 합리적·효율적·통합적으로 수행되고 있는지를 평가하는 기준

　원문 중 첫째 문단의 셋째 ○는 '새롭게 수립되는 정책들'에 대해 서술하고, 셋째 문단의 둘째 ○는 '국정운영 방향 전환'에 대해 서술한다. '국정운영 방향 전환'은 '새롭게 수립되는 정책들'에 이어, 그보다 큰 변화를 다루는 내용이므로, 두 항목은 동일한 단락에 배치해야 한다. '국정운영 방향 전환'은 원문의 '□국정운영의 평가기준' 범주에는 속하지 않는다.
　중첩 해소는 더 간단하다. 원문의 '*국정운영 5개년 계획은 정책의 주체와 객체, 그리고 모든 국민들에게 **공개**'와 '5년간의 국정운영 계획을 공유함으로써 국민들에게 국가운영 방향에 대한 정보를 **제공**'을 대

안은 '국정운영 5개년 계획은 정책의 주체와 객체, 그리고 모든 국민들에게 공개'로 정리했다.

국내에서는 문단이 간과되고, 활자매체가 오히려 문단을 망친다. 원고의 한 문단을 여럿으로 나누거나 여러 문단을 한 문단으로 합친다. 여기서는 합친 사례만 전한다.

활자매체는 왜 여러 문단을 합치나

셰프 박찬일은 글을 잘 다룬다. 그가 기고해 일간지에 실린 글 중에 '식빵의 추억'(경향신문, 2019.05.16.)이 있다. 원고 분량은 약 1500자인데, 이 중 60%인 약 900자가 첫 문단이다. 이 문단이 이후 세 문단을 합한 약 600자보다 더 길다. 가분수다. 내 생각에 박찬일이 다섯 문단으로 나눠 쓴 해당 부분을 신문사 편집기자가 이어 붙여 한 문단으로 통합했다. 그 결과 첫 문단은 시각적으로도 답답하고 읽기에도 뻑뻑해졌다.

문단 분할이나 병합은 활자매체 내부 필자의 기사·칼럼보다는 이 사례에서처럼 외부 기고자가 쓰는, 지면에 일정한 공간이 할당된 고정 칼럼·에세이에서 주로 보인다. 왜 그럴까. 이 글 독자 중에 활자매체 종사자들은 대부분 아는 내용이지만, 사정은 이렇다.

외부 원고는 분량이 정해진 지면에 맞지 않을 경우 조정에 드는 시간이 내부 원고에 비해 더 오래 걸린다. 외부 원고 필자에게 연락하고, 글을 얼마나 추가하거나 제외하는지 알려주고, 기고자로부터 첨삭 사항을 듣고 반영해 양을 맞춰봐야 한다. 분량이 들어맞지 않으면 다시 같은 과정을 반복해야 한다. 활자매체에서 시간이 더 소요되면 마감을 넘기는 상황으로 이어질 수 있고, 데드라인을 지키지 못하면 제작과 배

송과 판매에 큰 차질이 빚어진다. 그래서 활자매체는 외고의 '문단' 보다는 '마감'을 지킨다. 분량이 부족하면 원고의 문단을 갈라서 행 수를 늘리고, 원고량이 넘치면 문단을 이어붙여 행 수를 줄이는 것이다.

"문단에서 글의 일관성이 시작된다"

스티븐 킹은 글을 문단 단위로 쓰라고 조언하면서 "글은 정제된 생각"이라고 말했다. 자신이 글로 풀어낸 생각이 정제되었는지 점검할 중요한 측면이 단락이다. 단락 구성은 글쓰기의 처음이자 마지막이다. 글을 준비하는 단계는 물론 퇴고에서도 가장 중요하다.

두괄식 아니면 산만하다

글을 짜임새 있게 쓰는 방법, 구조화하는 방법은 무엇인가. 첫째 문단 단위로 정리하고, 둘째 문단 내 문장들을 짜임새 있게 구성해야 한다. 이때 많이 쓰이는 문단 구성법이 두괄식이다.

스티븐 킹은 작가로 인정받기 전 대학에서 글쓰기를 가르치기도 했다. 킹은 당시 학생들에게 경수필도 두괄식으로 쓰라고 강조했다. 그는 두괄식을 '주제 문장 다음에 뒷받침하거나 묘사하는 문장을 배치하는 방식'이라고 풀어서 설명했다. 그는 《유혹하는 글쓰기 On Writing》에서 이렇게 회고한 뒤, "두괄식으로 쓰지 않으면 독자는 주제로부터 벗어나 헤매게 된다"고 말했다. 경수필뿐 아니라 그보다 더 무거운 모든 글, 즉 중수필과 칼럼, 보고서, 논문의 문단도 가급적 두괄식으로 구성해야 한다.

두괄식 개념을 모르는 사람은 적다. 그러나 두괄식에는 생각보다 유형이 많다. 결과나 결론을 앞세우는 유형이 있고, 핵심을 첫 문장에 담는 유형이 있다. 전체 그림을 먼저 보여주는 유형도 있다. 이를 영어에서는 '큰 그림부터 big picture first'라고 설명한다. 내용을 요약하는 첫 문장도 두괄식에 포함된다. 글쓰기 강습에서 나는 다년간 두괄식을 강조하고 가르쳐왔지만 두괄식이 몇 가지 유형으로 구분되는지 아직 정리하지 못했다.

또 지식은 실행과 차이가 나는 경우가 많다. 두괄식으로 쓴 모범 문단 하나에 그 모범에서 벗어난 '오답'이 수십 가지 존재한다.

'일반'은 문단 첫 문장에 모시자

그래서 두괄식을 활용하면 더 좋을 자리에 그렇게 하지 않은 글이 종종 눈에 띈다.

반복해서 말하게 되는데, 기술 분야에서는 '예외가 규칙을 드러낸다'. 규칙을 알려줘도 실습해보면 규칙에서 벗어난 예외가 다수 나온다. 규칙을 뚜렷하게 익히려면 각 예외가 어째서 예외인지 하나하나 짚어봐야 한다. 오답노트를 통해 정답을 다질 수 있다.

이 꼭지에서는 두괄식 문단 쓰기를 두 가지 사례로 살펴본다. 첫째 원문과 대안은 다음과 같다.

| [원문] '당신에게 말을 거는 북한 사람은 모두 고도의 훈련을 받은 대남 공작 요원들이요, 당신이 하는 말과 행동은 모두 상부로 보고될 것'이라는 교육을 단단히 받고 간 터였기 때문에 2007년 11월 마지막 일곱 번째 평양 방문 취재까지 '큰일'을 당하지 않고 이어갈 수 있었다. **하지만 정말** | [대안] '당신에게 말을 거는 북한 사람은 모두 고도의 훈련을 받은 대남 공작 요원들이요, 당신이 하는 말과 행동은 모두 상부로 보고될 것'이라는 교육을 단단히 받고 간 터였기 때문에 2007년 11월 마지막 일곱 번째 평양 방문 취재까지 '큰일'을 당하지 않고 이어갈 수 있었다. |

관광하듯 북한 땅을 찾은 일행 중에는 각종 리스크에 노출되어 어려움에 처하는 경우도 적지 않았다.	하지만 정말 관광하듯 북한 땅을 찾은 일행 중에는 각종 리스크에 노출되어 어려움에 처하는 경우도 적지 않았다.
북한 당국자들에게 김씨 세습 독재 체제를 비판하다 쫓겨날 뻔한 인사들이 대표적이다. 1960년대산 러시아제 고려항공 여객기가 기류를 만나 급전직하하고, 인민대학습당의 낡은 엘리베이터가 내려앉는 장면도 목격했다. 겨울에 무리하게 백두산에 오르던 버스가 벼랑길을 뒷걸음칠 때의 오싹함이란. 2008년 7월 11일 북한군의 총탄에 사망한 박왕자 씨 사건은 가장 심각한 경우였다.	북한 당국자들에게 김씨 세습 독재 체제를 비판하다 쫓겨날 뻔한 인사들이 대표적이다. 1960년대산 러시아제 고려항공 여객기가 기류를 만나 급전직하하고, 인민대학습당의 낡은 엘리베이터가 내려앉는 장면도 목격했다. 겨울에 무리하게 백두산에 오르던 버스가 벼랑길을 뒷걸음칠 때의 오싹함이란. 2008년 7월 11일 북한군의 총탄에 사망한 박왕자 씨 사건은 가장 심각한 경우였다.
(후략)	(후략)

출처: 〈동아일보〉, 북한 관광, 그 아찔했던 순간들, 2020.01.24.

앞 절에서 문단 구성은 '일반'에 '개별'을 배치하는 일이라고 설명했다. 일반 문장이 문단의 첫 문장이면 그 문단은 두괄식으로 구성된 것이다. 이 설명은 추상적인가? 그렇다면 원문과 대안에서 옮겨진 문장을 보자. '각종 리스크에 노출' 문장이 바로 '일반'이다. 이 '일반'에 속하는 '개별'은 비판과 여객기 급전직하, 엘리베이터 고장 등이다. 일반 문장은 대안처럼 문단을 시작하면서 자신에 속하는 개별 문장을 거느려야 한다. 그래야 문단이 두괄식으로 구성되면서 내용이 잘 전달된다.

개별만 열거하면 친절하지 않아

이 사례가 문단을 열어야 할 일반 문장이 남의 문단 끝에 배치된 경우라면, 다음 사례는 일반 문장이 없는 경우다. 개별만 열거된 사례다. 오른쪽 대안은 문단의 개별을 아우르는 일반 문장을 원문에서 뽑아냈다. 원문 중 두괄식 첫 문장에 알맞은 단어는 굵은 글자로 표시했다.

[원문] 그런데 최근 **대전시**가 정무부시장을 없애고 과학부시장 자리를 만들었다. 그리고 그 자리에 **대덕특구**에 있는 정부출연연구원의 원장을 지낸 분을 임명했다. 현재 17개 광역자치단체에는 대부분 정무와 행정부시장(부지사)만 직제에 규정돼 있다. 대전시가 이번에 **지역 발전**을 고려한 과감한 **조직**과 **인적** 혁신을 시도한 것이다. 지난 9월 중순에는 대전과학산업진흥원을 설립하고 초대 원장에 역시 대덕특구 출신 책임연구원을 발탁·임명했다. 진흥원의 설립 취지는 지역 주도의 도전과 혁신을

[대안] **대전시가 지역발전을 위해 대덕특구와의 인적·조직적 교류와 협업에 나섰다.** 먼저 대전시는 정무부시장을 없애고 과학부시장 자리를 만들었다. 그리고 그 자리에 대덕특구에 있는 정부출연연구원의 원장을 지낸 분을 임명했다. 현재 17개 광역자치단체에는 대부분 정무와 행정부시장(부지사)만 직제에 규정돼 있다. 대전시가 이번에 지역 발전을 고려한 과감한 조직과 인적 혁신을 시도한 것이다. 지난 9월 중순에는 대전과학산업진흥원을 설립하고 초대 원장에 역시 대덕특구 출신 책임연구

통해 과학기술로 잘사는 시민을 만드는 것과 국가가 50년 이상 육성해 온 대덕특구의 연구개발 역량을 대전의 발전으로 연계하기 위한 것이라고 한다. 앞으로 대전시와 대덕특구 간에 전문인력 교류와 협업의 새로운 물꼬가 트일 전망이다. 또한 대전시는 융합연구혁신센터를 조성해 대덕특구의 과학기술 역량을 기반으로 새로운 부가가치 창출 플랫폼을 만들기 위한 계획을 추진 중이라고 한다.

출처: 〈서울신문〉, 학국의 과학 수도, 대전의 변화를 주목하라, 2020.10.08.

원을 발탁·임명했다. 진흥원의 설립 취지는 지역 주도의 도전과 혁신을 통해 과학기술로 잘사는 시민을 만드는 것과 국가가 50년 이상 육성해 온 대덕특구의 연구개발 역량을 대전의 발전으로 연계하기 위한 것이라고 한다. 앞으로 대전시와 대덕특구 간에 전문인력 교류와 협업의 새로운 물꼬가 트일 전망이다. 또한 대전시는 융합연구혁신센터를 조성해 대덕특구의 과학기술 역량을 기반으로 새로운 부가가치 창출 플랫폼을 만들기 위한 계획을 추진 중이라고 한다.

이제 문단 나누고 각 문단을 두괄식으로 고치는 방법을 검토한다. 다음은 《모두 거짓말을 한다》에 심리학자 스티븐 핑커가 쓴 서문의 한 문단이다. 핑커는 하버드대학교 심리학과 교수다.

하지만 지금껏 어느 방법도 사람의 생각을 훤히 보여주지는 못했다. 문제는 가차없는 상쇄에 있다. 인간의 생각은 대단히 복잡한 명제다. 《전쟁과 평화》를 속독했다는 우디 앨런과 달리, 우리는 이 책을 그저 '러시아 사람들의 이야기다'라고 말하고 치워버릴 수가 없다. 얽히고설킨 다차원적

명제를 과학자가 분석하기란 대단히 어렵다. 사람들이 속마음을 털어놓는 모습을 보면 의식의 흐름이 굉장히 다채롭다는 것을 알 수 있지만 독백은 가설을 시험하는 데 이상적인 데이터세트가 아니다. 한편 단어에 대한 반응시간이나 그림에 대한 피부 반응처럼 쉽게 정량화할 수 있는 척도에만 집중하면 통계는 낼 수 있어도 인식의 복잡한 짜임새를 하나의 숫자로 뭉뚱그리는 우를 범하게 된다. 사고가 어떻게 이뤄지는지를 3차원적으로 보여주는 가장 세련되고 정교한 뇌영상법도 사고가 무엇으로 이뤄져 있는지는 알려주지 않는다.

핑커 교수의 논지가 손에 잡히는지? 아니라면 문단을 셋으로 나누고, 둘째 문단과 셋째 문단을 각각 두괄식으로 묶은 다음 대안을 읽어보자. 요점 문장은 굵은 글자로 표시했다.

하지만 지금껏 어느 방법도 사람의 생각을 훤히 보여주지는 못했다. 사람의 생각을 보여주는 방법들을 늘어놓으면 한 쪽은 생생하되 복잡하고, 다른 한 쪽은 간결하되 무의미하다. 문제는 가차없는 '상쇄'다. **사람의 생각을 생생하고도 간결하게 보여주는 방법은 없다.**
인간의 생각은 가까이 다가갈수록 더욱 복잡함을 드러낸다. 사람들이 속마음을 털어놓는 모습을 보면 의식의 흐름이 굉장히 다채롭다는 것을 알 수 있다. 인간사고의 얽히고설킨 양태를 접할 수 있는 장르가 장편소설이다. 예컨대 러시아 문호 도스토예프스키가 제시한 등장 인물들의 생각은 얼마나 복잡다단한가. 도스토예프스키 자신의 생각이 다차원적이었다.
반면 과학적인 분석을 위해 생각의 정보를 간결하게 처리하면 의미가 없

어진다. 예를 들어 단어에 대한 반응시간이나 그림에 대한 피부 반응처럼 쉽게 정량화할 수 있는 척도에만 집중하면 통계는 낼 수 있어도 인식의 복잡한 짜임새를 하나의 숫자로 뭉뚱그리는 우를 범하게 된다. 또 사고가 어떻게 이뤄지는지를 3차원적으로 보여주는 가장 세련되고 정교한 뇌영상법도 사고가 무엇으로 이뤄져 있는지는 알려주지 않는다.

인트로 직후에 두괄식으로 묶으라

글 전체로도 두괄식이 필요하다. 산문의 일부인 다음 글을 읽으면서 이를 생각해보자. 왼쪽은 시간순으로 서술했고, 오른쪽은 글 전체를 아우르는 내용을 앞세웠다. 둘 중 어느 쪽이 더 내용을 쉽게 파악하도록 하나?

[시간순] 캐서린 그레이엄은 20년 동안 가정주부로 지냈다. 남편은 캐서린의 부친이 키워놓은 신문사 워싱턴포스트를 경영했다. 그러다 1963년, 캐서린이 46세 때 조울증을 앓던 남편이 스스로 목숨을 끊었다. 캐서린은 갑자기 신문사 경영을 맡게 됐다. 그는 사업에 대해 아는 바가 거의 없었고 특히 회계는 기초지식도 없었다. 게다가 캐서린 앞에는 높고 두터운 장벽이 있었다. 장벽이란 여성의

[두괄식] 워런 버핏을 잘 아는 사람들도 그가 한 경영자를 지도한 '독선생'이었다는 사실은 잘 모른다. 그가 가르쳐 키워낸 경영자는 캐서린 그레이엄(워싱턴포스트 발행인)이었다. 워싱턴포스트 경영을 맡았을 때 캐서린은 높고 두터운 장벽 앞에 무력하게 서 있었다. 장벽이란 여성의 사회 진출과 활동을 크게 제약한 당시 미국 사회의 제도와 문화였다. 캐서린을 더욱 무력하게 한 것은 경영을

사회 진출과 활동을 크게 제약한 당시 미국 사회의 제도와 문화였다. **그랬던 캐서린에게 경영을 가르친 사람이 워런 버핏이다.**

전혀 모르는 채로 경영자가 됐다는 사실이다.

출처: 〈에너지경제〉, 탁월한 교육자 워런 버핏, 2018.05.08.

글 전체에 대해 두괄식으로 제시된 듯한 대목과 이후 내용이 불일치하는 사례. '신분제 조롱한 붓끝, 끝내 못다 핀 '하늘이 내린 괴물''(《중앙일보》, 2023.01.06.)이다.

이 글의 인트로 문단은 "허균은 역사에 다시 없는 '괴물'로 목이 잘리고 몸이 찢어진 주검이 되었지만, 유일하게 살아남을 딸에게 못다 한 꿈을 맡겼다"고 전한다. 허균의 당부는 자신과 누이 허난설헌의 글을 챙겨 훗날을 도모해달라는 것이었다. 인트로 문단은 "《홍길동전》의 저자로 알려진 허균이니만큼 그 죽음 또한 혁명과 반역을 넘나들며 소설 같은 여운을 남겼다"는 구절로 끝난다.

이 인트로 직후 문단에서 필자는 "허균은 양반의 적자이지만 서자의 설움을 알았고, 신분의 족쇄에 걸린 유능한 인재를 안타깝게 여겼다"면서 "자신에게 주어진 신분적 특권을 누리기보다 넘어서고자 했던 그를 사람들은 '하늘이 내린 괴물(天生一怪物)'이라 했다"고 전한다.

인트로에 이어 직후 문단에도 나오는 '괴물'이라는 단어와 혁명, 반역, 적자, 서자 등은 독자로 하여금 이 글이 조선시대의 적서차별과 그에 반기를 든 허균의 사상과 관련 저술, 그에 대한 탄압 등을 서술하리라고 예상하게 하는 근거다.

그러나 이 글은 이후 허균이 태어난 집안, 형제자매, 허균 집안이 교유한 집안, 정쟁과 가족애 등으로 전개된다. 왜 허균이 《홍길동전》의 저자로 여겨지는지, 적서차별을 허균은 어떻게 생각했는지, 허균은 자신은 적자이면서도 서자들과 교유하면서 그들의 아픔을 함께했는지, 이런 내용은 전혀 다루지 않는다.

두괄식은 만만치 않은 개념이다. 두괄식을 역설한 천하의 스티븐 킹조차 두괄식을 정확하게 설명하지 못했다. 앞서 전했듯이 그는 "두괄식으로 쓰지 않으면 독자는 주제로부터 벗어나 헤매게 된다"고 말했다. 이 꼭지에서 소개한 사례를 떠올려보자. 킹의 설명이 정확한가? 그렇지 않다. 두괄식이 아닌 글이나 문단을 읽는 독자는 '주제로부터 벗어나'는 게 아니라 '주제가 무엇인지 모른 채' 헤매게 된다.

두괄식 이외의 구성도 필요

"읽기 쉬운 논문의 문단은 대부분 두괄식이다. 논문이 두괄식 문단으로만 이뤄져 있으면 독자는 각 문단의 첫 문장만 이어 읽고도 논문 전체의 주된 내용을 파악할 수 있다. 미괄식 문단은 논문의 전체 문단 가운데 25~30%만 차지하게 배정하는 것이 좋다."

이는 《과학자를 위한 글쓰기》의 주요 지침 중 하나다. 전체 문단 가운데 미괄식은 25~30%만, 따라서 두괄식을 70~75% 활용하라는 말이다.

이 책의 저자는 캘리포니아대 산타 바바라 캠퍼스에서 토양 및 생태계 생태학을 연구하고 가르치는 조슈아 스키멜 교수다. 나는 글쓰기 강습 때 이 지침을 자주 인용한다. 그러면서 이 지침의 '논문'을 '보고서'로 바꿔도 동일하게 유효하다고 말한다.

문득 뇌리에서 의문이 제기될 때가 있다. 스키멜 교수는 글의 문단을 두괄식과 미괄식으로 양분했다. '과연 그런가?' 하는 의문이 몇 년 전에 들었다. 손에 잡히는 대로 글을 살펴본 결과, 두괄식과 미괄식 사이에는 '목차형 문단' 또는 '안내형 문단'이라고 할 유형이 있음을 알게 됐다.

예를 들어 살펴보자. 작가이자 편집자인 샌드라 거스가 쓴《첫 문장의 힘》중 문단을 여는 첫 문장 중 몇몇은 다음과 같다.

- 이제 이 책이 다루는 주제에 대해 좀 더 자세하게 살펴보도록 하자.
- 제 역할을 해내기 위해 격변의 사건은 몇 가지 필수 요소를 만족시킬 필요가 있다.
- 제 역할을 해내기 위해 되돌아가지 못하는 지점은 몇 가지 필수 요소를 만족시킬 필요가 있다.
- 그렇다면 책을 시작하고 얼마나 빨리 독자를 낚아야 하나?

이들 문장은 목차나 안내문 역할을 한다. '이제 ~하자'는 첫째 문장은 '진행자 멘트'라고 표현할 수 있다. '그렇다면 ~하나?'는 넷째 문장은 의문문 형식이 목차나 안내문 역할을 하는 문단 첫 문장으로 곧잘 활용됨을 보여준다. 진행자 멘트와 관련해서는 3장 3절 '중간에 넣은 글감, 따로 놀지 않나'에서 추가로 참고할 내용을 읽을 수 있다.

목차명과 첫 문장은 역할이 동일

이들 문장을 간략하게 정리하면 목차가 된다. 실제로《첫 문장의 힘》은 각 문장의 위에 목차를 붙였다. 목차와 첫 문장을 나란히, 행을 바꾸지 않고 옮긴다. 목차는 굵은 글자로 표시했다.

1막의 역할과 길이 이제 이 책이 다루는 주제에 대해 좀 더 자세하게 살펴보도록 하자. 바로 1막, 즉 이야기의 서두다. (이 경우 두 문장을 인용한다. 저자가 한 문장을 두 문장으로 나눴기 때문이다.)

격변의 시간이 갖추어야 할 필수 요소 제 역할을 해내기 위해 격변의 사건은 몇 가지 필수 요소를 만족시킬 필요가 있다.

되돌아가지 못하는 지점이 갖추어야 할 필수 요소 제 역할을 해내기 위해 되돌아가지 못하는 지점은 몇 가지 필수 요소를 만족시킬 필요가 있다.

독자를 낚아야 하는 시기 그렇다면 책을 시작하고 얼마나 빨리 독자를 낚아야 하나?

다른 사례로, 《AI는 양심이 없다》의 소목차와 그 아래 문단 첫 문장을 둘 인용한다.

버추얼 휴먼과 아바타
오로지, 이루이, 김래아, 우리나라의 보편적인 성을 따른 한국식이름이다.

인플루언서에 대한 국내외 인식
인식 조사 국내 기업인 엠브레인 트렌드 모니터는 '2021 SNS 이용 및 '인플루언서' 영향력 관련 인식 조사'를 시행한 결과를 발표했다.

이들 소목차는 그대로 두고 안내문 한두 문장을 추가해도 된다. 다음과 같이. 안내문은 기울임체로 표시했다.

버추얼 휴먼과 아바타
가상공간에서 활동하는 가상의 캐릭터가 속속 등장했고, 버추얼 휴먼과

아바타를 대표적인 사례로 들 수 있다.

오로지, 이루이, 김래아, 우리나라의 보편적인 성을 따른 한국식이름이다.

인플루언서에 대한 국내외 인식

인플루언서들은 사람들에게 실제로 영향을 미치고 있을까? 그렇다면 그 영향력은 어느 정도일까?

인식 조사 국내 기업인 엠브레인 트렌드 모니터는 '2021 SNS 이용 및 '인플루언서' 영향력 관련 인식 조사'를 시행한 결과를 발표했다.

소목차는 중간제목과 다르다. 중간제목은 가독성과 전달력을 높이고자 하는 취지에서 배치된다. 이 책 페이지에서 보시는 중간제목을 참고하시라. 그러면서 중간제목과 소제목의 차이를 확인하시길.

누가 보고서 목차를 대충 붙이나

이제 보고서의 목차로 넘어간다. (이 문장도 바로 문단을 여는 '안내문' 또는 '진행자 멘트'다.) 논문과 책에서 목차가 중요하듯이, 보고서에서도 목차가 중요하다. 목차명은 사무용 서랍의 라벨과 같은 역할을 하고, 해야 한다.

그러나 내가 본 개조식 보고서 중 상당수는 목차를 형식적으로 붙였다. '개조식'은 '서술식'에 대응하는 형식으로, 내용의 구조를 부호와 들여쓰기로 나타내는 방식이다. 공공부문에서는 부호로 □와 ○, - 등을 활용한다.

보고서 중에는 다른 사람이 작성한 보고서의 목차를 앞혀놓고 그 아래 생각나는 대로 자신이 준비한 내용을 채운 듯한 사례도 보였다. 어떤 보고서 작성자는 자신이 처음 기획해 시행하는 사업에 '기존 사업실적'이라는 목차명을 앉혔다. 기존 사업 실적이 있을 리가 없다. 그는 그 아래 내용에 다음 두 글자를 썼다. '없음'. 이런 경우 당연히 '기존 사업실적'이라는 목차명 자체가 불필요하다.

보고서의 목차명은 그 아래 담긴 내용에 대응해야 한다. 목차명 아래 다른 내용을 담아도 안 되고, 목차명이 내용 중 일부만 반영해도 안 된다. 드물지만 목차명을 달지 않은 채 내용만 서술하는 사례가 있는데, 그러면 안 된다.

다음 목차명은 무엇이 문제일까? 어느 단어를 어떻게 고쳐야 할까?

□ **추진성과 평가 및 환류**
  ○ (**시기**) 2022.12.
  ○ (**방법**) 평가지표에 따른 협업과제 추진실적 평가
  ○ (**내용**) 실행된 협업과제들에 대한 평가 및 참여 부서 평가
  ○ (**소요예산**) 490만 원
   - 과제별로 포상하고, 과제 참여 부서들에 대한 포상금액 배분은 기여도에 따라 차등

'환류'는 어려운 단어다. 사전 설명 중 첫째는 '물 또는 공기의 흐름이 방향을 바꾸어 되돌아 흐름. 또는 그런 현상.'이다. 이 의미를 '추진성과 평가 및 환류'에 적용해보자. 뜻이 통하나? 어렵다.

《이해하기 쉽게 쓴 행정학용어사전》에 따르면 행정에서는 '환류'를 피드백이라는 의미로 활용한다. 행정 행위로 발생한 결과를 다시 행정

에 반영한다는 의미로 쓴다는 말이겠다. 이 의미를 투입해보면, '추진성과 평가 및 환류'는 '성과를 평가하고 그 결과를 다시 업무에 반영한다'는 뜻이 된다. 이 또한 목차명 아래 내용과 대응하지 않는다.

대안 목차명은 '추진성과 평가 및 포상'이다. 이 목차명이어야 그 아래 담긴 내용에 대응한다. 이 보고서 작성자는 왜 하필 '환류'라는 어려운 단어가 들어간 목차명을 활용했을까? 다른 사람이 작성한 보고서의 목차명을 그대로 가져다 쓴 것이 아닐까?

'국정운영 5개년 계획' 목차명 검토

목차명, 쉽지 않다. 내가 이 장에서 역설하는 '일반'과 '개별' 사고가 원활하고 정확하게 이루어져야 적합한 목차명이 나온다. 이를 2장 1절 '글 구성 단위는 문장 아니라 문단'에서 인용한 '국정운영 5개년 계획' 중 일부를 놓고 살펴보자. 즉, 이 예문을 목차명 측면에서 검토해보자.

1. **국정운영 5개년 계획의 필요성**
   □ **문재인정부 국정운영의 나침반**
   (중략)
   ○ 정책 집행 단계에서 목표와의 정합성과 일관성을 유지하고, 새롭게 수립되는 정책들이 문재인정부의 지향에 부합하도록 하여 국정운영의 연속성을 확보하는 수단
   □ **국정운영의 설계도**
   (중략)
   □ **국정운영의 평가기준**

○ 부문별 정책들이 국가목표와 국정목표에 따라 일관되고 합리적·효율적·통합적으로 수행되고 있는지를 평가하는 기준
　　○ 환경의 변화에 따른 국정운영 방향 전환 필요시 변화의 방향과 수준을 결정하고 평가기준의 전환을 돕는 시방서
　　　- 국정 여건 변화에 따른 정책 수정의 필요성의 정도와 각 정책들의 연계 수준에 따른 정책 수정의 범위를 산정하는 기반

마지막 'ㅇ 환경의 변화에 따른~'은 '국정운영의 평가기준'이라는 목차명에 어울리지 않는다. 이 개별은 첫째 문단의 범주, 즉 '일반'에 속한다. 이 개별을 재배치하고, 둘째 문단의 목차명에 포함된 '설계도'를 첫째 문단으로 옮기자. 원문 둘째 문단의 내용은 '설계도'라기보다는 '안내도' 범주에 속한다. 수정한 다음 대안을 다시 읽어보자.

1. 국정운영 5개년 계획의 필요성
□ **(대내적) 문재인정부 국정운영의 설계도**
(중략)
　　○ 정책 집행 단계에서 부문별 정책들의 목표와의 정합성과 일관성을 유지하고, 새롭게 수립되는 정책들이 문재인정부의 지향에 부합하도록 하여 국정운영의 연속성을 확보하는 수단
　　○ 환경의 변화에 따른 국정운영 방향 전환 필요시 변화의 방향과 수준을 결정하고 평가기준의 전환을 돕는 시방서
□ **(대외적) 국정운영의 안내도·평가기준**
　　○ 국정운영 5개년 계획은 정책의 주체와 객체, 그리고 모든 국민들에게

공개함으로써 국민과 소통하면서 국정운영의 정당성과 효과성을 높이는 청사진
- 주권자인 국민과 정책 수립 및 시행의 주체인 국회·행정부, 그리고 기업과 단체 등 각 주체의 국가 전체 운영에 대한 예측 가능성 증대
- 각 주체가 부문별 정책들이 국가목표와 국정목표에 따라 일관되고 합리적·효율적·통합적으로 수행되고 있는지를 평가하는 기준

목차는 자료와 보고서의 안내도에 해당한다. 안내도를 소홀히 여기는 태도나 방식은 독자와의 소통할 수단을 활용하지 않거나, '정보'가 아닌 '소음'을 추가하는 결과로 나타난다.

미괄식도 제 역할이 있어

마지막으로, 미괄식도 꼭 필요한 자리가 있다. 읽는 사람이 반대할 공산이 크거나 선뜻 수용하기 어려운 방안이나 결과를 전할 때에는 미괄식이 적당하다. 내 사례를 들면, 실습 답안을 제출한 직장인이나 학생 수강생들에게 피드백할 때 미괄식을 활용한다. 모범 대안에 가까운 우수한 답안을 제출한 수강생에게는 두괄식으로 피드백을 주는 반면, 그러지 않은 수강행한테는 답안에서 칭찬할 부분부터 얘기한 뒤 종합적인 평가는 마지막에 붙인다.

미괄식을 극한까지 밀어붙인 인물이 찰스 다윈이다. 다윈은 진화론을 주창한 《종의 기원》을 미괄식으로 썼다. 이 책 전체를 통틀어 '진화' 단어는 단 한군데, 맨 끝 단어로 쓰였다. 참고로 이 책의 마지막 문장은 다음과 같다. 번역은 내가 했다.

몇몇 힘을 지닌 생명이 최초에 소수 또는 하나의 형태에 불어넣어졌고, 이 행성이 불변하는 중력의 법칙에 따라 회전하는 동안, 그토록 단순한 최초 존재로부터 가장 아름답고 가장 경이로운 행태가 끝없이 진화돼왔고 지금도 진화되고 있다는 견해에는 장엄함이 있다.

There is grandeur in this view of life, with its several powers, having been originally breathed into a few forms or into one; and that, whilst this planet has gone cycling on according to the fixed law of gravity, from so simple a beginning endless forms most beautiful and most wonderful have been, and are being, **evolved**.

당시 사회의 역풍을, 찬찬히 근거를 읽어보지도 않은 채 몰아칠 엄청난 반대를 고려한 서술 방식이었다.

'일반'과 '개별'을 적절히 배합하라

개별 없는 일반은 공허하고, 일반 없는 개별은 산만하다.

이는 글을 쓸 때 유념할 지침이다. 글에는 일반과 개별을 적절히 조합해 넣어야 한다는 말이다. 그러지 않을 경우 공허한 글이 되기도 하고 산만한 글이 되기도 한다. 이 지침에서 '일반'과 '개별'은 각각 '추상'과 '구체'로 바꿔 생각해도 된다. 또는 '관념'과 '경험'이라고 여겨도 좋다.

글을 구성하는 개별과 일반에 대한 한 학자의 설명을 들어보자. 일본 사회학자 시미즈 이쿠타로(清水 幾太郎)는 책《논문 잘 쓰는 법》에서 대학 1, 2학년생과 대학 3, 4학년생의 리포트는 차이가 있다고 말한다.

"1, 2학년생의 리포트는 주로 학생 자신의 경험을 꼼꼼히, 혹은 장황하게 기술한 것이 많다." "이와 반대로 3, 4학년생이 되면 자신의 경험에 대한 구체적인 기술이 급격히 감소해 버리고 그 대신 추상적 용어 사용이 눈에 띄게 증가한다."

요컨대 대학 1, 2학년생은 경험 위주로 쓰는 반면 대학 3, 4학년생은 관념 위주로 쓴다는 것이다. 전자에 대해 시미즈 교수는 "일반적으로 무척 지루하다" "장황하게 쓴 기술이 대부분이다"라고 평가한다. 후자에 대해 그는 "특정 인간의 경험에서 벗어난다"면서 "읽어봐도 내용이 무엇인지 좀처럼 파악하기 어렵다"고 말한다.

즉, 경험의 열거는 장황하고, 관념으로 일관하면 모호하다. 이는 서두에서 내가 제시한 '일반 없는 개별은 산만하고, 개별 없는 일반은 공허하다'는 경구와 비슷하다.

시미즈 교수는 "어려운 추상적 용어도 사용해야 한다"면서도 "그러나 우리는 추상적 용어에 담긴 관념 그 자체를 잘 응시하면서 그 관념과 경험이 어떤 형태로 이어져 있는지를 직접 조사할 필요가 있다"고 조언한다. 다소 추상적인 이 글쓰기 조언을 구체적으로 풀어내면, "글을 쓸 때에는 거론하는 추상과 관념에 담긴 구체와 경험을 예로 들라"가 되겠다. 또는 "일반적인 주장을 뒷받침하는 개별 사례를 제시하라"가 되겠다.

K신파가 출생률을 떨어뜨리나?

'그런 지침은 누구나 알고 따르지 않나?' 이렇게 반문하는 독자들도 계시리라. 그러나 지식과 실행은 별개임을 보여주는 글이 종종 눈에 띈다. 개별 없는 일반의 사례를 두 건 다룬다.

다음은 출생률을 주제로 한 칼럼의 끝 문단이다.

[관념 위주의 글] (전략) 대중 서사는 대중의 경험을 귀납적으로 재현한

'결과'이기도 하지만 그로부터 대중적 경험이 발생하는 '원인'이 되기도 한다. 예컨대 숱한 사랑의 서사는 실제 사랑들을 모델로 삼은 것이지만, 그 서사를 모방하며 사랑을 시작할 이들에게는 서사 자체가 모델이다. 부모 자식 관계를 재현하는 서사도 마찬가지다. 자식을 위한 희생이 부모의 운명임을 강조하는 K신파를 모델로 강요받는 일이 반복되면 청년 세대는 자신이 그런 부모가 될 능력이 없다는 사실을 겸허히 인정하는 쪽으로 더 나아가게 될 것이다. 부모는 자식을 '위해' 사는 것이 아니라 자식과 '함께' 사는 존재라는 점을 정당하게 강조하는 이야기가 많아져야 감히 부모가 되기로 마음먹는 이들도 늘어나리라. 그래서 오늘의 가설적 결론은 이것이다. 'K신파는 출생률을 떨어뜨린다.'

출처: 〈경향신문〉, K신파와 출생률의 상관성 가설, 2021.02.22.

이 칼럼의 가설은 'K신파가 출생률을 떨어뜨린다'이다. 그렇다면 'K신파를 구성하는 부모의 희생이라는 요소가 줄어들면 출생률이 높아진다'는 가설이 도출된다. 이 가설을 진지하게 받아들일 사람이 몇 명이나 될까?

글로서 이 칼럼의 취약점은 논의하거나 반박할 개별 사례가 전혀 없다는 것이다. 예컨대 '내가 최근 모임에서 만난 20대와 30대 몇 명이 결혼을 미루거나 출산을 포기하는 이유로 K신파를 들었다'와 같은 사례가 없다. 인용된 마지막 문단 밖의 부분에도 없다. (설령 이 칼럼이 그런 사례를 들었더라도 "극히 일부의 예를 일반화한 결론"이라는 반박이 가능하지만.)

결론. 이 칼럼은 경험이 없는 관념의 산물이다. 생생하지 않다. 설득력이 없다.

당신이 출생률을 높이는 방안을 주제로 칼럼을 쓴다고 하자. 먼저 낮은 출생률의 요인을 파악하기 위해 직간접적으로 실상을 조사해야 한다. 실상은 기존 사례나 설문조사를 통해 알아볼 수 있다. 실태를 보여주는 통계도 찾아보면 좋다. 보도된 기사와 칼럼을 검색하는 작업은 기본이다.

방안은 '관념' 아닌 '현실'에서 찾아야

기사로 보도된 다음 사례들과 설문조사는 결혼 전후의 경제적 부담, 육아 부담, 경력 단절 등이 낮은 출생률의 요인임을 보여준다. 칼럼을 쓸 때 이와 같은 개별 사례와 설문조사 결과를 든 뒤 출생률을 높이는 방안을 제시해야 주장이 내실을 갖춘다.

[사례1] 직장인 김모(31)씨는 "30대가 돼서야 어느 정도 안정적으로 생활할 수 있게 됐다. 하지만 지금 이 상태에서 결혼하게 되면 경제적 여유가 없어질 것 같다"며 "결혼할 만큼 모아둔 자금이 있는 것도 아니고, '결혼을 꼭 해야 한다'는 생각도 없어서 그냥 혼자 사는 지금이 편하다"고 했다.

(출처: 〈아시아경제〉,
"먹고살기 바쁜데 언제 결혼하고 애 낳냐" 출산 포기하는 20·30, 2021.02.27.)

[사례2] 두 딸을 키우는 A씨는 50대 후반이다. A씨는 맏딸이 아이를 낳으면 지금 다니던 직장을 그만두고 딸이 사는 동네로 이사 가서 육아를 전담해줄 생각이다. A씨는 "내 딸이 경력단절을 겪지 않으려면 고된 '황

혼 육아'라도 해줘야 하는 것 아니냐"며 씁쓸해했다.

(출처: 〈여성신문〉, "인구정책 아웃! 여성에게 책임 묻지 마라" 저출생 용어 사용 운동, 2017.02.08.)

[설문조사] 인구감소가 이대로 유지된다면 10년 후 몇 개의 학교가 남을 것인가. 우리나라 2020년 2분기 출생률이 0.84%라고 한다. 20~30대를 대상으로 한 어느 설문조사에서는 우리나라의 출생률 저조 이유로 "우리 아이가 나보다 못한 삶을 살까 봐"와 "아이 키우기 어려워서"가 이유로 꼽혔다. 정부가 가장 우선적으로 추진해야 할 정책은 무엇인지 알 수 있는 대목이다.

(출처: 〈경남일보〉, 현장교육을 고민할 때다, 2021.01.07.)

'개념 없는 직관은 맹목이고, 직관 없는 개념은 공허하다.' 철학자 임마누엘 칸트의 가르침이다. 구체적인 개별 사례(또는 경험)가 없는 추상적인 일반(또는 관념)은 공허하다.

추상만 열거한 채 구체로 들어가지 않은 사례를 하나 더 공유한다. 페이스북 내부고발자 프랜시스 하우건이 2021년 10월 7일 미국 의회 청문회에서 한 모두 발언이다.

하우건은 페이스북이 공개하지 않는 내부 알고리즘이 젊은 여성에게 자신의 몸을 혐오하게 하는 등 직접적인 해를 끼치고 사회의 분열을 조장해 민주주의를 위협한다며 경종을 울렸다. 그는 자신의 업무 중에는 가짜뉴스를 인지해 확산을 막는 일도 있었으나, (그렇게 하지 못했고) 페이스북에서 거짓말이 난무하게 됐다고 고백했다. 그는 "페이스북은 우리가 보고 듣는 정보를 고르고 통제한다"며 페이스북은 분열을 조장하는 극단적인 메시지의 확산을 방조하고 오히려 부추기고 있다고 폭로했다.

그는 페이스북을 흡연의 유해성을 은폐한 담배회사에 빗댔고, 진통제의 중독 유발 및 생명 위협 사실을 감춘 제약회사와 비교했다.

그러나 하우건은 알고리즘이 어떻게 작동하는지, 그래서 어떻게 젊은 여성이 자신의 몸을 혐오하게 하는지를 구체적인 예를 들어 설명하지 않았다. 혹시 지나치게 날씬한 여성의 모습 위주로 많이 노출되게 함으로써 대다수 여성이 자신의 몸을 혐오하게 하는 것일까? 여하튼 구체적인 사례를 통해 독자는 그 사안의 경중을 가늠할 수 있다. 그는 페이스북이 가짜뉴스를 인지했을 경우 노출을 줄이기는커녕 오히려 늘리는 알고리즘을 어떻게 가동하는지도 구체적으로 설명하지 않았다. 가장 막연한 주장은 '민주주의 위협'이다. 나는 이 주장이 페이스북 게시물의 어떤 유형으로부터 도출되었는지 상상하지 못한다.

관념 없는 경험들 나열 vs 관념 아래 엮은 경험들

이제 반대로 관념 없이 경험만 나열한 사례를 살펴보자. 그 다음에 관념을 묶어 제시한 이후에 경험을 들려주는 글과 비교해보자.

다음은 한 여행기에서 주요 문단의 첫 문장을 모아놓은 예문이다.

- 12년 만의 해외 나들이.
- 큰 목소리 하나 때문에 이른 새벽, 인천국제공항이 떠들썩해졌다.
- 비가 내렸다.

- 한데 뭔지 모르지만 딱 2% 부족했다.
- 부족한 2%를 채웠다.
- 천연 모래찜질을 즐길 수 있는 곳을 찾았다.
- 호텔 방에 작은 카페가 차려졌다.
- 다음 날 아침, 창문을 열어젖히니 바다 너머로 ○○섬이 보인다.
- 이번 여행길에서 가장 많이 들은 이름이 있다.
- 아쉬움을 뒤로 하고 다음 목적지를 향해 출발했다.
- 유월의 햇살이 무척 따갑다.
- 이번에도 좋은 사람들과 오래도록 기억에 남을 추억 하나 더 쌓았다.

다음은 내가 쓴 여행기의 도입부와 일부 문단이다. 위 여행기의 개별 경험은 각각 따로 논다. 무엇으로도 엮이지 않는다. 그에 비해 아래 여행기는 개별 경험을 아포리즘 투의 두 문장으로 요약하면서 시작했다. 이 여행기의 개별 경험은 이 두 문장의 관점에서 해석됐다.

'여행은 새로운 환경 속에서 사람의 진면목을 알게 되는 과정이다.'
'낯선 여행지에서 사람은 그동안 몰랐던 자신을 새로 발견한다.'
친구 찾아 간 '강남' 여행에서 얻은 작은 깨달음입니다.
(이하 존칭 생략)
K박사는 방문한 저희 세 사람을 유연하고 편하게 대하면서도 꼼꼼하게 챙기고 배려했습니다. 저희가 도착한 금요일에 숙소로 찾아오더니 상하이(上海)에서 손꼽히는 국제금융센터(IFC) 내 중식당으로 안내했습니다. (중략)

L총무는 여행에서도 최상이었습니다. 조건이 괜찮은 여행상품을 예약하고 지켜냈으며 취중에도 호텔에서 황푸강변에 이르는 길을, 글씨가 작아 읽을 수 없는 지도와 호텔에서 내려다본 야경을 대조하면서 찾아내고야 말았던 것이었습니다. (하략)

진주도 꿰어야 목걸이가 된다. 좋은 경험도 적합한 관념으로 꿰어야 이야기가 된다. 또는 글의 원재료는 밀가루에 비유할 수 있다. 밀가루는 물과 섞어 치대면서 반죽해야 한다. 글도 마찬가지로 그런 과정을 거치면서 개별 경험을 일반적인 관념으로 빚어야 한다.

철학자 임마누엘 칸트가 말했다. "개념 없는 직관은 맹목적이고, 직관 없는 개념은 공허하다." 재차 인용된 이 언명의 심오한 뜻은 몰라도 된다. 글을 쓸 때는 이 말을 패러디한 '일반 없는 개별은 산만하고, 개별 없는 일반은 공허하다'는 지침만 유념하면 된다.

'일반'을 어떤 '개별'로 뒷받침할까

일반과 개별을 오가는 사고는 글쓰기에서 기본 중의 기본이다. 이 사고에는 여러 개별에서 일반을 추출해내는 상향 방향과 일반에서 그에 알맞은 개별을 찾아내는 하향 방향이 있다. 이 글은 일반에 적합한 개별을 찾아 선택해야 함을 사례를 통해 살펴보고자 한다.

사일로 효과는 조직의 부서가 다른 부서들과 소통·협력하지 않고 자기 부서의 일만 챙기는 부서 이기주의를 가리킨다. 사일로(silo)는 원래 곡식 및 사료를 저장해 두는 굴뚝 모양의 창고를 가리키는 말이다. 사일로 효과는 부서 성과주의 아래 조직 내 각 부서가 사일로처럼 서로 차단된 데서 비롯된다. 사일로 효과는 '부서 간 칸막이'라는 용어로도 쓰인다.

이와 같은 용어 설명을 '일반'이라고 했을 때, 여기에 해당하는 적절한 '개별'로 무엇이 있을지 잠시 생각해보자. 즉, 사일로 효과의 예로 무엇을 들 수 있을지 생각해보자.

이제 다음 글의 개별은 적절한지 판단해보라.

부서 간 칸막이 제거가 가져오는 긍정적 변화는?

(전략) 부서 간 칸막이 제거란 행정업무를 처리할 때 각 부서별로 커뮤니케이션이 원활하지 않아 생기는 문제점을 해결하기 위한 방법이에요. 하나의 정책을 시행할 때는 주무 부서 외에도 타 부서 간 협력이 잘 이루어져야 정책이 원활하게 잘 진행될 수 있답니다. 더불어 부서 간 칸막이 제거는 정부뿐만 아니라 기업에서도 다양하게 시도되고 있는데요. 어떤 효과가 있는지 알려드리겠습니다. (중략)

일본 화장품 통신판매 회사 '사이순칸제약소'는 1932년 창업 이후 79년 1차 부도를 겪고 82년 각고의 노력 끝에 기사회생했습니다. 이후 회사는 승승장구했고 10년이 지나지 않아 매출액이 1백만 달러에서 1억 달러로 100배 성장했습니다. 전 일본이 놀란 경이적인 성장이었어요. 하지만 89년부터 회사의 제품에 대한 고객불만이 언론에 오르내리게 됩니다. 원인은 통신판매를 하는 과정에서 통신판매원들 간의 경쟁이었습니다. 성과에 대한 욕심으로 과도한 경쟁을 부추겨 고객의 불만이 묵살되거나 묻혀 쌓였던 것이었어요. 회사는 다양한 노력을 했지만 뾰족한 방법을 찾기 못했어요.

1993년 회사는 문제 극복을 위해 큰 결단을 내리게 됩니다. 칸막이를 걷고 1천명 모든 직원이 한 공간에서 일하는 혁신을 선택했습니다. 내부의 문제와 불만을 대표와 간부는 물론, 직원들이 한눈에 보기 위해서였어요. 회사의 사무실 내부에는 세 개의 기둥이 있는데 이 기둥이 일종의 경계를 나누는 역할을 합니다.

이 회사에서는 일을 하다가 북소리가 울리면 소리에 따라 사원들이 모이고 그 자리에서 회의를 진행을 합니다. 또한 조직 내 다양한 구성원과 함께 문제를 해결하는 방법도 공간의 힘을 빌리게 되는데요. 예를 들어 문제가 생기면 다른 부서의 담당자에게 즉시 달려가 그 자리에서 긴급회의를 여는 방식입니다. 이렇게 칸막이를 제거하고 한 공간에서 일하다 보니 다른 부서의 일 처리 방법도 모든 직원이 공유할 수 있게 됐고 보고서가 난무하지 않아도 공동의 목표를 갖고 같은 방향으로 나아갈 수 있게 됐습니다. 결국 이들의 혁신은 성공했고 2000년대 들어 2억 달러 이상의 매출을 자랑하고 있습니다. (하략)

출처: 〈위클리공감〉, 부서 간 칸막이 제거가 가져오는 긍정적 변화는?, 2013.08.06.

그 '칸막이'는 물리적 칸막이가 아니다

사일로 효과는 최근 만들어진 용어가 아니다. 이미 2006년에 이를 다룬 책이 출간되어 국내에 '사일로스'라는 제목으로 소개됐다. 이 책에서 제시한 가상의 사례는 A회사가 B회사에 합병된 이후 마케팅 부서에서 두 회사 출신이 제각각으로 일하는 모습을 보여준다. 옛 A회사에서 야심차게 새로운 소프트웨어 솔루션을 출시하고 매체 광고를 실었는데 옛 B회사도 동일한 매체에 값이 더 저렴한 기존 솔루션 광고를 집행했다. 이 가상 사건은 마케팅 부서에서 A회사 출신과 B회사 출신 사이에 칸막이가 제거되지 않아 소통과 협력이 이뤄지지 않았음을 보여준다. 여기서 사일로 효과의 부서 간 칸막이는 물리적인 칸막이가 아니다.

이 가상 사건에 비하면 위 글에서 든 개별은 적절하지 않다. 위 글은 과거에 정부 차원에서 추진된 '정부 3.0'을 설명하는 기사의 일부다. 정부 3.0은 정부 운영방식을 ①일방향적 서비스에서 양방향적 서비스로, ②일선 기관만의 대국민 접점에서 보다 다양한 대국민 접점으로, ③계층적·경쟁적 사일로에서 수평협력적 매트릭스로 전환하겠다는 계획이었다.

　이 맥락에서 보면 위 글의 '부서 간 칸막이'는 분명히 사일로 효과의 사일로를 가리킨다. 이런 비유적인 '칸막이'를 위 글은 물리적인 칸막이로 이해하고 그에 해당하는 개별을 찾아냈다. 그 결과 사례가 엉뚱해졌고, 위 글은 설득력도 잃게 됐다.

'통계 경영'에는 어떤 개별이 알맞을까?

　다음 글의 일반(주장)은 '경영에서 데이터와 통계가 중요해졌으니, 경영자는 이 분야를 알아야 한다'이다. 이 주장을 뒷받침하는 적절한 개별은 무엇일까?

　필자는 사회 전반에서의 통계 활용보다는 경영에서의 통계 활용을 주장한다. 그러나 '경영 통계'의 개별은 제시하지 않는다(원문 중 '뉴스 앵커가 읽어주는 평균, 오차, 신뢰도, 표본, 추론과 같은 용어' 부분은 '사회 전반에서 활용되는 통계에 대한 개별'들이다.) 하버드대학 경영학 교수 출신 게리 로브먼의 말을 인용한 아웃트로는 필자의 주장을 강조하는 아웃트로다. 개별이 아니다. 오른쪽 대안은 개별 사례를 담고 있다. 개별 사례는 밑줄로 표시됐다.

[원문] 통계 문맹(文盲)

(전략) 그런데 인공지능까지 들먹이지 않더라도 데이터를 이용한 통계 분석은 이미 경영에서 중요한 의사결정의 근거가 되었다. (중략)

기업의 경영자가 현실에서 직면하는 문제는 많은 경우 데이터로 표현된다. 이런 데이터를 분석한 결과와 어긋나는 전략을 펼친다면 '과학적 근거가 부족한' 의사결정을 하는 사람이 된다. 따라서 정밀한 데이터 분석은 통계학을 전공한 전문가에게 맡기더라도 경영자는 그 결과가 무슨 소리인지 알아듣고 소통해야 한다. 그러지 못하면 마치 눈앞에 펼쳐진 중요한 문서를 읽지 못하는 문맹(文盲)과 다름없다. 통계 분석의 기본 개념과 유의점을 숙지해서 최소한 통계 분석의 '까막눈'은 면해야 하는 이유다.

통계 분석의 기본 개념은 가깝게는 뉴스에 자주 등장하는 여론조사에도 있다. 뉴스 앵커가 읽어주는 평균, 오차, 신뢰도, 표본, 추론과 같은 용어가 무슨 소리인지 당신은 정확하게 이해하는가. 1980년대에 타자기를 다루지 못하고 1990년대에 컴퓨터를 모르면 직장에서 도태되었을 것이다. 이제는 통계 문맹에서 탈피해야 행세할 수 있는 세상이 되어간다.

경영자에게는 기본적인 회계 지식만큼이나 통계 분석 마인드가 중요해졌다. 하버드대학 경영학 교수를 하다가 유명 카지노 리조트 기업의 최고 경영자가 되었던 게리 로브먼은 통계 분석에 기초한 경영전략을 강조하면서 이런 말을 했다고 한다. "우리 회사에서 잘리는 길은 세 가지다. 물건 훔치기, 성희롱, 그리고 통계 분석을 거치지 않고 주장하기."

출처: 〈매일경제〉, 통계 문맹(文盲), 2021.08.13.

[대안] 통계 문맹(文盲)

(전략) 그런데 인공지능까지 들먹이지 않더라도 데이터를 이용한 통계 분석은 이미 경영에서 중요한 의사결정의 근거가 되었다. (중략)
기업의 경영자가 현실에서 직면하는 문제는 많은 경우 데이터로 표현된다. 이런 데이터를 분석한 결과와 어긋나는 전략을 펼친다면 '과학적 근거가 부족한' 의사결정을 하는 사람이 된다. 따라서 정밀한 데이터 분석은 통계학을 전공한 전문가에게 맡기더라도 경영자는 그 결과가 무슨 소리인지 알아듣고 소통해야 한다. 그러지 못하면 중요한 문서를 읽지 못하는 문맹(文盲)과 다름없다.

경영자는 통계 분석의 기본 개념과 유의점을 숙지해야 한다. 그래서 최소한 통계 분석의 '까막눈'은 면해야 한다. 통계 분석의 기본 개념은 가깝게는 뉴스에 자주 등장하는 여론조사에도 있다. 뉴스 앵커가 읽어주는 평균, 오차, 신뢰도, 표본, 추론과 같은 용어가 무슨 소리인지 당신은 정확하게 이해하는가.

경영자는 나아가 통계 활용 마인드를 갖추고 경영 의사결정을 내려야 한다. 통계 활용에 따라 기업의 성패가 갈린 사례가 많다. 대표적인 성공 사례를 카지노 리조트 기업 해러스가 보여줬다. 경쟁에서 뒤처지던 해러스는 1990년대 말 허버드대 경영학 교수 게리 러브먼 교수를 CEO로 영입했다. 러브먼은 데이터 기반 고객 만족 경영을 펼쳤고, 영업이익을 연간 27%씩 증가시켰다.

러브먼은 자신의 통계 경영에 대해 이렇게 말했다. "우리 회사에서 잘리는 길은 세 가지다. 물건 훔치기, 성희롱, 그리고 통계 분석을 거치지 않고 주장하기."

여기서부터 앞서 공유된 개별에 대한 반전을 펼쳐보인다. 책《사일로스》는 두 회사가 합병된 후 조직이 실질적으로 통합되지 않은 데서 비롯된 사건을 '사일로 효과'의 개별로 들었다.

그러나 합병 이후에도 따로 움직이거나 갈등하며 자리를 놓고 다투는 부서들의 문제는 '사일로 효과'와 다른 결에서 비롯된다. 그런 문제는 합병한 기업에서 기본적으로 발생한다. 그래서 합병후통합(PMI: post-merger integration)이라는 용어가 나왔다. 합병 이후 통합이 자연스럽게 이루어지지 않기 때문에 PMI가 추진되는 것이다. PMI는 조직의 비전, 경영자의 리더십, 가시적 성과, 기업문화, 소통, 리스크 관리 등에 대해 진행된다.

합병 이후 조직의 문제와 사일로 효과에서 얘기하는 조직의 문제는 계기가 다르다. 《사일로스》에서 제시한 개별은 PMI로 해결해야 할 문제의 일부다. 문제가 발생한 계기이자 문제 해결의 전제가 서로 다른 두 기업의 합병이다. 그에 비해 사일로 효과는 부서가 많이 세분됐고 사업장이 여러 곳에 분산된 큰 조직에서 발생한다. 사일로 효과는 대개 조직이 비대해지면서 생긴다고 볼 수 있다.

해법도 다르다. 《사일로스》에서 제시한 개별 상황의 해법은 마케팅부서 내 구성원들을 융합시키는 것이고, 사일로 효과를 해소하는 방안은 부서 간 소통과 협업에 인센티브를 부여하는 제도 등이 될 수 있다.

사일로 효과를 설명하기에 적합한 개별은?

사일로 효과를 설명하기에는 어떤 개별이 적합할까? 1990년대 초 IBM이 알맞지 않을까? 당시 IBM의 사업부들은 부서 이기주의에 갇혀 있었다. 영업직원들은 자기 사업부의 제품을 판매하는 데만 주력했다. 그러다 보니 고객 앞에서 다른 사업부 제품을 깎아내리기도 했다.

IBM은 사일로 효과를 제거하기 위해 어떤 방법을 취했나? 급여 책정의 근거에 부서 간에 얼마나 협력했는지, 회사에 얼마나 기여했는지를 추가했다. 내가 이해하기로는, 종전에는 한 고객사를 놓고 각 사업부가 저마다 매출을 극대화하려 했다면 이후에는 IBM의 고객사별 매출이 관리 대상이 됐다. 그래서 어느 고객사에 대한 IBM의 매출이 크게 늘었고 그 과정에 고객사 수요에 집중한 두 사업부의 협업이 있었다면, 예컨대 A사업부가 B사업부에 매출을 양보했다면, 그런 협업을 두 사업부 평가에 반영하는 식이었다. 이와 같은 방법은 사일로 효과를 없애고 IBM을 유기적으로 긴밀하게 움직이는 회사로 바꿔놓았다.

개별 없는 일반은 공허하다. 적절하지 않은 개별로 뒷받침된 일반은 호소력을 갖지 못한다.

대표성 있는 사례를 정선하라

일반을 어떤 개별로 설명하는가/설명해야 하는가 하는 문제는 문학과 학문에서 '전형성'이라는 개념으로 다뤄진다.

전형성을 《Basic 고교생을 위한 문학 용어사전》은 '특정한 역사적 단계에 처해 있는 어떤 특정한 사회의 성격과 내부적 모순을 가장 잘 드러내 보여주는 대표적인 성격들, 혹은 그러한 성격을 가지고 있는 요소들이 소설 속에 잘 반영된 경우를 지칭한다'고 설명한다. 전형성을 갖춘 소설은 개별 이야기를 담고 있지만 해당 사안에 관한 한 그 사회의 전반을 함축한다고 할 수 있다. 《실험심리학용어사전》은 전형성을 '어떤 범주의 한 구성원이 그 범주의 다른 구성원들을 대표하는 정도'라고 풀이한다.

전형성은 소설은 물론이고 논문 등 학술적인 글의 사례 선정에도 고려할 기준이다. 이를 학술적인 역사서에서 살펴보자. 다룰 책은 《한국 근대 형사재판제도사》이다. 이 책의 주요 내용 중에는 고종 전제군주정 시기에 정부는 과거로 회귀하며 형사재판 제도를 개악했고, 이후 일제가 진보적으로 개혁했다는 분석이 있다.

이 책은 근대적 형사재판제도가 도입된 과정을 갑오개혁 이전, 갑오개혁 및 독립협회 운동기(1894~1898), 전제군주정 시기(1899~1905), 일제의 한국 주권 침탈기(1905~1910) 등 네 시기로 구분한다. 고종은 1897년 대한제국을 선포했으나 실질적인 전제군주정은 1898년 말에 독립협회가 해산된 이후, 즉 1899년에 시작된다.

군수 등 지방관이 재판관도 겸하면서 처벌 위협으로 군민의 재산을 강탈하는 행위가 조선 사법제도의 가장 큰 문제였다. 일제 통감부는 1907년 한국 정부로 하여금 관련 법을 제정해, 군수 등 지방관이 판검사를 겸임하던 제도를 완전히 폐지하고 각급 재판소의 판검사를 전임 사업관으로 임명하게 했다. 통감부는 을사늑약 이듬해인 1906년에 이미 들어선 상태였다.

비교할 두 시기는 일제에 의해 사법개혁이 이루어지기 전, 갑오개혁 및 독립협회운동기(1894~1898)와 전제군주정 시기(1899~1905)다. 두 시기의 형사재판은 제도적으로는 비슷했다. 첫 시기 중인 1895년에 「재판소구성법」이 반포됐고 1897년 말에는 전국의 각급 재판소가 21곳으로 늘었으나, 법관 양성이 지지부진했고 지방관이 전과 같이 사법권을 관장했다. 둘째 시기인 1899년에 「재판소구성법」이 개정됐지만, 고등재판소가 평리원으로 개명됐을 뿐, 이후에도 상황은 동일했다. 법관양성소 졸업생은 1904년과 1906년에 각각 25명과 20명만 배출됐다.

독립협회, 관리의 수탈 일부 저지

따라서 둘째 시기의 형사재판이 개악된 요인은 제도라기보다는 다른 변수에서 찾아야 한다. 그 변수는 이 책의 저자가 첫 시기의 명칭에 반영한 독립협회의 인권보장운동이었다.

독립협회의 활동 중 개인의 재산권을 지켜낸 성과를 살펴보자.《한국민족문화대백과》의 독립협회 항목에 따르면 1898년 5월 법무대신 겸 고등재판소장 이유인이 판사 마준영을 시켜, 선비 홍재욱의 재산을 뺏으려는 사건이 발생했다. 이에 대응해 독립협회는 공개 재판을 요구했다. 재판이 열리자 독립협회는 재판이 공정하지 못하다고 비판·항의했다. 이어 판사 마준영을 부정재판자로 고발해 해직되게 했다. 또 이유인도 재판소장직에서 물러나게 했다.

한 사건을 추가로 전한다. 1898년 6월 경무사(경찰·감옥업무를 관장한 경무청(警務廳)의 장관직._저자 주) 신석희가 사주전범(私鑄錢犯)으로 투옥된 최학래의 재산을 몰수했다. 독립협회는 재산 몰수의 법적 근거를 요구했다. 신석희는 선례에 의한 것이라고 해명했다. 이에 대해 독립협회는 내부대신에게 "신법으로 보장된 재산권이 폐지된 구법으로 침해될 수 없다"고 항의했다. 결국 신석희는 강탈했던 재산을 돌려줬다.

두 사건은 사법제도의 이행 과정에서 자행된 충격적인 탐학을 보여준다. 지방관의 탐학이 횡행하는 가운데, 신설된 사법기관의 장과 고위 사법경찰마저 가렴주구에 나섰다는 점이다.

독립협회는 재산권 보호 외에 인권을 보장하기 위해 처벌은 법률에 의거해야 한다고 주장했고, 재판을 거치지 않은 채 구속된 사람들을 석방하게 하는 등의 성과를 거뒀다.

고종이 독립협회를 해산하고 전제군주로서 권력을 휘두르면서 열린 둘째 시기에 재판이 과거로 퇴행했고, 저지되지도 바로잡히지도 않았다.

이토가 비판한 한국 재판은 어떤 종류였을까?

그래서 이토 히로부미(伊藤 博文)는 1906년 초대 통감으로 부임한 이후 "한국에는 재판제도가 없다고 해도 과언이 아닐 정도로 재판제도가 불완전하다"라고 평가하고 재판제도 개혁을 최우선 과제로 삼았다고 출판사는 이 책 소개자료에서 전한다. 당연히 당시 국내 언론도 재판제도의 문제점을 비판했다.

책 소개자료는 한국 재판제도의 불완전성을 전하는 대목에서 사례 하나를 든다. 다섯 문단에 걸쳐 소개된 사례의 첫 문단은 다음과 같다.

> 특히 일사부재리 원칙 무시로 인해 재판을 받을 때마다 판결이 번복되는 일이 많아 상급 재판소로 상소하는 의미가 없을 정도였다. 대표적인 사례로 1899년부터 1906년까지 근 7년여에 걸친 이완용(李完用)-이승욱(李承旭) 재판을 들 수 있다. 전 시종 이승욱이 1898년경 전라도 어사로 임명되어 전라도 각 군 조세금을 관찰사 대신 징수했는데 그중 탁지부로 상납되지 않은 액수가 약 20만 냥이었다. 탁지부에서는 이승욱을 고등재판소로 잡아들여 조세금 납부를 독촉하니 이승욱은 20만 냥의 조세금은 모두 당시 관찰사 이완용이 포탈하고 허위보고하여 착오를 일으킨 것이지 자기 소관이 아니라고 했다. 이로부터 조세금 20만 냥을 납부하지 않은 책임이 누구에게 있는가를 둘러싸고 7년여에 걸친 재판이 진행되었다.

이제 이 꼭지의 본론에 들어간다. 이 사례가 과연 이토 히로부미와 국내 언론 공히 개탄한 '재판제도 부재'에 적합할까? 이 사례가 독립협회 해체 이후 전제군주정 시기의 사법 부재를 대표하는 개별일까? 이토 히로부미가 특히 이 사건을 계기로 재판제도 개혁을 결심하게 됐을까?

독립협회가 무위로 돌린 재산 강탈 시도 사건들과 비교해보자. 이완용-이승욱 사건은 재판제도의 후진성을 드러냈으나, 민생과는 거리가 있었다. 이토 히로부미는 친일파 이완용이 사법부의 비호를 받는 과정을 바로잡으려 나서지는 않았을 것이다.

이 책의 내용으로부터 내가 파악한 전제군주정 시기 재판제도의 퇴행은 무엇인가. 독립협회의 활동에 용기를 얻은 재판 피해자들이 1899년 이후 지방관 고소·고발에 적극 나섰으나(지방관의 불공정 재판과 재산 강탈에 대한 고소가 1899년 이후 봇물을 이루어 신문에 보도된 사건만으로도 한 달에 한 건 꼴로 발생했다.), 독립협회가 해산된 이후에는 거의 구제받지 못했다는 점이다. 구제는커녕 피해자들은 무고죄로 처벌받았다.

황해도민 수탈한 윤덕영 솜방망이 처벌

나라면 윤덕영 사건을 대표적인 사례로 들어 이 퇴행을 설명하겠다. 윤덕영(1873~1940)은 《한국민족문화대백과사전》에 따르면 일제강점기 일본제국의회 귀족원 칙선의원, 중추원부의장 등을 역임한 관료. 친일반민족행위자였다. 이 사전은 그의 지방관 경력에 대해 "1901년 1월 경기관찰사로 부임하면서 경기재판소 판사를 겸했고, 5월 황해도관찰사로 전임되면서 황해도재판소 판사를 겸했다"고만 서술했다.

생략된 중대 범죄가 있었다. 윤덕영은 지방관 재임 시기 많은 황해도민을 수탈했다. 책에 따르면 윤덕영이 단기간에 엄청난 재물을 강탈했고 1902년 3월 황해도민 이석무 등 27명이 상경해 그를 고소했다. 그러나 경위원(황궁 내외의 경비·수위·규찰(糾察)·체포 등의 일을 관장하기 위하여 설치되었던 궁내부 산하 관서_저자 주)은 오히려 이들을 무고죄로 체포했다. 윤덕영은 아무 조사도 받지 않다가 그해 12월에 이르러서야 고종의 조칙에 의해 평리원에 자진 출두해 조사를 받았다. 그러나 처벌은 태형 40대에 그쳤다. 민인들은 강탈된 재산을 되찾지 못했다.

윤덕영에 대한 처벌이 형식적이었음은 이후 40년 가까이 촘촘하게 채워진 그의 활약이 강력하게 방증한다. 몇 가지만 꼽아본다. 철도원 부총재, 지계아문(地契衙門) 부총재, 비서원경 겸 내장원 감독 겸 중앙은행 창설 사무위원, 의정부 참찬 겸 평리원 재판장, 의정부 찬정, 일성의숙(一成義塾) 숙장, 한성북부 관진방회(觀鎭坊會) 부회장, 일본 정부 자작, 조선식산은행 감사, 해동은행 사장, 경성방송국 취체역.

게다가 정부는 고소·고발에 대한 무고죄 처벌을 아예 각 재판소에 내린 훈령으로 공식화해버린다. 정부 훈령은 지방관을 고소·고발한 민인(民人)들을 무고죄로 처리하는 한편, 「대명률」과 「대전회통」의 소관 조항에 의거해 처벌하고 패소자는 승소자에게 소송 비용을 지급하도록 지시했다. 무고하는 민인도 없지 않았으나, 민인들 대부분이 지방관의 비리나 탐학을 폭로하기 위해 여러 명이 서울까지 와서 몇 개월씩 유숙하면서 상소 활동을 벌였다는 사실로 미루어, 무고는 드물었다고 판단된다.

책이 인용한 1904년 논설 중 일부를 재인용한다.

342개 군 수령을 논하면 탐하지 않고 불법한 행정을 하지 않는 자가 거의 몇 안 될 것이다.……그러니 탐학한 정치 아래 있는 인민이 불법한 침탈을 받고 도탄에 빠져 살아가기 힘들면 그 원망하고 미워하는 마음과 원통한 생각이 과연 어떠하겠는가. 관찰에게 호소하니 관찰사가 조사하지 않고 고등재판소에 호소해도 수리하지 않으며 각 부에 호소하고 의정부에 호소해도 무익하다. 무익뿐이랴 도리어 그 앙화를 받는다. 군수라는 자가 고소한 자를 찍어내서 직접 간접으로 그 세력의 정도에 따라 죄를 만들어 참담한 독을 더욱 가한다. 이러하니 아무리 침학을 받아도 호소할 곳이 없고 맺힌 원한이 하늘에 사무칠 뿐이다.

독자의 평가를 기다린다. 이완용-이승욱 사건의 판결 번복과 관찰사 윤덕영의 재산강탈 범죄에 대한 처리 가운데 어느 쪽이 전제군주정 시기 재판제도의 퇴행을 잘 전할까?

내용은 일반과 개별을 조합해 구성하면 더 잘 전해진다. 개별로 일반을 생생하게 전하고자 할 때, 어느 개별이 그 자리에 가장 알맞은지 비교해 정선해야 한다. 아무 개별이 아니라 적합한 개별이어야만 일반과 맞물리면서 설득력을 높인다.

- 3장 -

설계와 전개

아우트라인으로 설계하라

 겉으로 보이지 않지만 중요한 요소가 있다. 건물의 철골과 글의 아우트라인이 그런 요소다. 높은 건물은 철골을 뼈대로 올려졌기에 튼튼하게 유지된다. 아우트라인을 따라 지어진 글이 짜임새 있고 흐름도 좋다.
 아우트라인은 문단과 맞물려 있다. 각 문단의 핵심 또는 목차를 모아놓으면 아우트라인이 된다. 따라서 아우트라인 잡기는 문단 짜고 전개하기와 동일한 작업이다.
 아우트라인 잡기는 또한 서사 기법 구사와도 맞물려서 이루어진다. 이야기를 흥미롭게 전하려면 플롯을 어떻게 짜며 그 플롯에서 무엇을 인트로 앞세울지 정해야 한다. 그 결정은 곧바로 아우트라인의 일부로 반영된다. 칼럼을 쓸 경우 인트로 다음에 주제와 주장을 두괄식으로 제시해야 독자가 초점을 맞춘 가운데 이후 내용을 생각하면서 읽을 수 있다.
 본문 전개는 문단 단위 서술, 한 가지 내용을 여러 문단으로 전개할 경우 필요하면 앞에 두괄식 문단 배치, 진행자로서 독자에게 관련 정보나 배경 지식 문단 제공 등과 함께 진행된다.
 다음 글을 아우트라인에 관심을 두고 읽어보자. 전체 아우트라인의 일부가 될 문구는 굵은 글자로 추가됐다.

(전략) **[독해에 상식이 중요]** 글은 추상적이고 함축적으로 정보를 전달하는 도구다. 따라서 글을 이해하고 질문에 답하려면 글에 쓰여 있지 않은 내용까지 알아야 한다.

[상식으로 비교한 사람과 인공지능] 사람은 이미 상식적으로 알고 있는 배경 지식이 많다. 가령 앞선 질문에서 1980년 미국 대법관 중 최연장자를 찾으려면 '나이'가 무슨 뜻인지 알아야 한다. 사람은 너무도 당연히 알고 있는 개념이지만 인공지능은 그렇지 않다. 나이의 의미와 그 계산 방법을 따로 알려 주어야 한다.

그래서 연구자들은 인공지능이 글을 이해하려면 '상식'을 갖추어야 한다고 지적한다. **[인공지능한테 상식을 가르치기 어려움]** 하지만 인공지능에 상식을 알려 주는 일은 쉽지 않다. 우선 그 양이 워낙 많기 때문이다. 사람이 제대로 된 상식을 갖추려면 적어도 십수 년 이상의 교육과 경험이 필요하다.

오랜 기간 동안 인간이 학습하는 수많은 내용을 컴퓨터에 입력하기란 쉽지 않다. 게다가 상식은 많은 경우 암묵지(暗默知) 형태로 돼 있다는 문제도 있다. 암묵지란 명시지(明示知)와 달리 문서화나 형식화가 어려운 유형의 지식이다. 암묵지는 문화권마다도 달라서, 사람도 다른 문화권으로 옮기면 그곳의 암묵지를 새로 습득해야 한다.

[결과] 이제껏 몇몇 인공지능 연구자들이 인간의 상식을 모두 정리한 데이터베이스를 구축해보고자 시도했지만, 큰 성과를 내지 못했다. (후략)

출처: 〈중앙일보〉, 인공지능이 아직 글을 이해하지 못하는 이유, 2020.02.26.

이 사례에서는 문단과 아우트라인이 대응하지 않는다. 문단과 아우트라인이 대응하도록 정리한 다음 대안이 독자에게 더 잘 전달된다. 대안은 둘째 문단을 추가한 안내 문장으로 시작했다. 안내문에는 밑줄을 그었다.

(전략) [**독해에 상식이 중요**] 글은 추상적이고 함축적으로 정보를 전달하는 도구다. 따라서 글을 이해하고 질문에 답하려면 글에 쓰여 있지 않은 내용까지 알아야 한다.

[**상식 측면에서 비교한, 사람과 인공지능**] 글에 쓰여 있지 않은 상식에서 사람과 인공지능은 큰 차이가 있다. 사람은 이미 상식적으로 알고 있는 배경 지식이 많다. 가령 앞선 질문에서 1980년 미국 대법관 중 최연장자를 찾으려면 '나이'가 무슨 뜻인지 알아야 한다. 사람은 너무도 당연히 알고 있는 개념이지만 인공지능은 그렇지 않다. 나이의 의미와 그 계산 방법을 따로 알려 주어야 한다. 인공지능으로 하여금 글을 이해하도록 하려면 상식을 갖추도록 해야 하는 것이다.

[**인공지능한테 상식을 가르치기 어려움**] 하지만 인공지능에 상식을 알려 주는 일은 쉽지 않다. 우선 그 양이 워낙 많기 때문이다. 사람이 제대로 된 상식을 갖추려면 적어도 십수 년 이상의 교육과 경험이 필요하다. 오랜 기간 동안 인간이 학습하는 수많은 내용을 컴퓨터에 입력하기란 쉽지 않다. 게다가 상식은 많은 경우 암묵지(暗默知) 형태로 돼 있다는 문제도 있다. 암묵지란 명시지(明示知)와 달리 문서화나 형식화가 어려운 유형의 지식이다. 암묵지는 문화권마다도 달라서, 사람도 다른 문화권으로 옮기면 그곳의 암묵지를 새로 습득해야 한다.

[결과] 몇몇 인공지능 연구자들이 인간의 상식을 모두 정리한 데이터베이스를 구축해보고자 시도했지만, 이로 인해 아직 큰 성과를 내지 못했다. (후략)

예문과 아우트라인을 하나 더 공유한다.

[주장: 한국은 영리활동에 대한 반감이 강하다] 한국 사회는 이익과 영리활동에 대한 반감이 다른 사회에 비해 강한 듯하다.

[주장의 근거 사례들] 내가 이렇게 생각하게 된 사례를 세 가지만 든다. 우선 최근 2분기 실적을 발표한 주요 은행이 '서민을 대상으로 이자 놀이를 해 사상 최고 실적을 올렸다'는 이유로 몰매를 맞고 있다. 이재명 경기도지사는 지난달 말 도의 공공건설 공사 원가를 공개하겠다는 방침을 알리면서 그 취지를 이렇게 밝혔다. "누군가의 부당한 이익은 누군가의 부당한 손실입니다. 권력에 유착해 불로소득을 누릴 수 없도록 철저히 막고 도민의 삶을 바꿀 것입니다." 프랜차이즈 커피전문점이 폭리를 챙기고 있다는 비판은 잊힐 만하면 나오는 메뉴다.

[사례들에 대한 설명] 이들 사례는 각각 결이 조금씩 다르지만, 공통점은 이익을 곱지 않게 보는 시선이다. 성공한 영리활동에 대해 반감의 정도가 한국 사회는 심하다. 파이낸셜타임스와 월스트리트저널 같은 서구 매체는 어느 은행이 이익을 많이 올렸다는 이유로 비판하지 않는다. (이런 비교를 반박하는 주장이 나올 수 있다. 선진국 은행은 이익의 예대마진 의존도가 낮다는 주장이다. 이에 대해 나는 한국 금융회사는 수수료 이익에 대해서도 '수수료 장사'라는 욕을 듣는다는 반례를 든다.)

[논의를 역사로 확장] 사실 영리활동은 착하지 않다는 생각은 인간 사회에 오래 전 뿌리내려 이어져왔다. 영리활동에 떳떳함과 긍지, 나아가 소명 의식이 부여된 것은 근대의 일이다.

[철학1: 서구] 서구에서는 프로테스탄트 윤리가 영리활동에 종교적인 차원의 정당함을 부여했다고 여겨진다. 독일 사회과학자 막스 베버(1864~1920)에 따르면 종교개혁 이후 16, 17세기의 프로테스탄트 윤리 중에서 특히 칼뱅주의가 영리활동과 부의 증식을 '신을 위한 활동'이라는 등의 단서 아래 장려했다.

[철학2: 일본] 일본에선 '상인도(商人道)'라는 개념이 영리활동에 철학적인 기반을 제공했다. 사상가 이시다 바이간(石田梅岩·1685~1744)은 상인의 이윤 추구가 멸시의 대상이 될 이유가 없음을 당당히 선언했다. 나아가 무사에게 도(道)가 있는 것처럼 상인에게도 도가 있어야 한다고 요구했다. 즉, 무사가 충(忠)으로 주군을 섬기듯 상인도 성(誠)으로 고객을 섬겨야 한다며, 검약과 근면과 신용의 덕목을 실행하라고 가르쳤다. 그는 이런 도에 따라 정직하게 번 돈은 "후지산만큼 쌓이더라도 부끄럽지 않은 것"이라고 말했다.

[철학 부재: 한국] 한국 경제는 압축적이고 변칙적으로 성장했고, 그 과정에서 '영리의 철학'은 형성되지 않았다. 베스트셀러 역사소설 '상도'(2009년)는 끝없는 이윤 추구를 경계하는 한국 사회의 시선을 대변했다. 이 소설의 메시지를 나타내는 사물이 '계영배'다. 이 잔은 술을 팔 할쯤 채워야지 가득 채우면 다 없어져 버린다. 조선의 거상 임상옥은 계영배를 통해 스스로 만족하는 자족이야말로 최고의 상도임을 깨달았다고 소설은 전한다.

[영리 철학 실천 기업가 부재: 한국] 철학만으로는 충분하지 않다. 서구와 일본에서는 영리의 철학을 실천하는 기업가들이 속속 등장했다. 베버가 자본주의 정신의 뿌리로 '프로테스탄트 윤리'를 지목하게 된 역사적 배경에는 평생 종교적인 사명감으로 그 윤리를 실천한 많은 기업가가 있었을 것이다. 일본에는 '경영의 신'으로 추앙받는 마쓰시타 고노스케(1894~1989)가 있었고 현재 기업가 중엔 이나모리 가즈오가 널리 존경받고 있다. 한국에는 이윤추구를 철학의 차원으로 끌어올려 실행한 기업가가 드물다. 한국의 몇몇 기업가는 심지어 정치판에 뛰어듦으로써 자신의 '철학의 빈곤'을 드러냈다.

[기업하기 좋은 나라가 되려면] 이익과 영리활동을 보는 관점은 기업을 대하는 태도로 직결된다. 한국이 기업하기 좋은 나라가 되려면 이익과 영리활동에 대한 한국 사회의 날선 시선이 누그러져야 한다. 그렇게 바꾸는 것은 상당 부분 기업가들의 몫이다.

[마무리] 현재 한국의 시스템에서 사회 전반으로부터 존경받는 기업가가 나올 수 있을까? 나는 낙관하지 않는다. 내 판단이 틀렸음을 기업가들이 행동으로 보여주기를 기대한다.

출처: 〈에너지경제신문〉, '영리 철학'이 없는 한국 사회, 2018.08.03.

[아우트라인]

- ○ 한국 사회는 이익과 영리활동에 대한 반감이 강하다.
  - 주장의 근거 사례들
  - 사례들에 대한 설명

○ 논의를 역사로 확장

  - 철학1: 서구

  - 철학2: 일본

  - 철학 부재: 한국

○ 영리 철학 실천 기업가 부재: 한국

○ '기업하기 좋은 나라'와의 관계

○ 마무리

두괄식 기법은 문단 전개에도 유용하다. 대안에 추가된 두괄식 문장은 향후 내용의 지도 역할을 한다.

[원문] 고교 수학에서 벡터와 행렬이 빠지게 되었다. 고등학생들의 학업 부담을 줄이고 사교육을 완화하고자 하는 교육 당국의 고려가 있었을 것이다. 그렇지만 이 변화가 미칠 영향은 그냥 넘기기에는 너무 심각하다.
  비유를 하나 들어보자. 어린 시절에 피아노를 배우지 않은 사람이 어른이 되어 배우면 한계가 있다. (중략) 수학도 비슷하다. 수학은 체계적인 사고를 형성하는 데 도움이 되고, 과

[대안] [벡터와 행렬이 고교 수학에서 빠지면 안 되는 이유] 고교 수학에서 벡터와 행렬이 빠지게 되었다. 고등학생들의 학업 부담을 줄이고 사교육을 완화하고자 하는 교육 당국의 고려가 있었을 것이다. 그렇지만 이 변화가 미칠 영향은 그냥 넘기기에는 너무 심각하다. **세계적으로 코딩과 AI 교육이 강화되는 추세의 바탕에는 딥러닝이 있고, 딥러닝의 기초가 벡터와 행렬이기 때문이다.**

학 기술의 제1 도구다.

컴퓨터 코딩이 초·중·고에 의무적으로 포함되고 대학의 모든 전공에서 필수로 되어가는 것이 세계적 추세다. 좀 더 나간 국가도 있다. 일본은 문·이과를 가리지 않고 대부분의 고등학생이 데이터 과학과 AI에 관한 기초를 습득하도록 하는 교육혁신 목표를 수립했다. 이 부분에 가장 밀접한 수학적 주제가 벡터와 행렬이다.

최근의 AI 열풍을 불러일으킨 계기를 만든 것이 딥러닝이다. (중략) 딥러닝은 다양한 심층신경망을 통한 학습을 총칭한다. (중략)

딥러닝의 핵심 기초를 제공하는 것이 선형대수다. 선형대수는 한 마디로 벡터와 행렬에 관한 이야기다. (하략)

출처: 〈중앙일보〉, 고교 수학에서 '행렬' 삭제가 불러올 재앙, 2019.11.20.

[코딩과 AI 교육 세계적 열풍] 세계적으로 코딩에 더하여 AI까지 교육 열기가 뜨겁다. 컴퓨터 코딩은 초·중·고에 의무적으로 포함되고 대학의 모든 전공에서 필수가 되고 있다. 좀 더 나간 국가도 있다. 일본은 문·이과를 가리지 않고 대부분의 고등학생이 데이터 과학과 AI에 관한 기초를 습득하도록 하는 교육혁신 목표를 수립했다.

[AI의 계기가 딥러닝] 최근의 AI 열풍을 불러일으킨 계기를 만든 것이 딥러닝이다. (중략) 딥러닝은 다양한 심층신경망을 통한 학습을 총칭한다. (중략)

[벡터와 행렬이 딥러닝의 기초] 딥러닝의 핵심 기초를 제공하는 것이 선형대수이고, 선형대수는 한 마디로 벡터와 행렬에 관한 이야기다.

(하략)

글의 아웃라인은 건물의 설계도와 같다. 설계도 없이 빌딩을 올리려고 하는 건물주는 없다. 그런데 많은 필자가 아웃라인 없이 글을

짓는다. 발행된 글을 읽다 보면 그렇게 지었으리라고 추정되는 글이 다수 발견된다.

아우트라인 없이 의식의 흐름대로 쓰다 보면 문단이 엉클어지기 쉽다. 글을 쓰기 전에 아우트라인을 잘 짠 다음 그 아우트라인을 문단 형식으로 나타내야 한다.

문단 단위로 써야 독자는 글을 읽으면서 아우트라인을 뽑는 사고를 병행할 수 있다. 단락이 뒤죽박죽이고 단락의 흐름이 원활하지 않은 글을 읽는 독자는 아우트라인을 잡기 어렵다. 그런 글의 뼈대를 잡으려면 독자는 별도의 시간과 노력을 투입해 글을 재구성해야 한다. 상당히 번거로운 일이다. 독자한테 추가 노동을 요구하는 글은 친절하지 않다. 친절하지 않은 글을 쓴 필자는 자기만 손해다. 그런 글은 '뼈대 있는' 글에 비해 제 내용을 독자에게 전하지 못하기 때문이다.

'원문'과 '대안' 비교로 익히는 전개 방법

전개하는 방법을 익히는 데 도움이 되도록 원문과 대안을 다섯 벌 제시한다. 첫째 글은 '제갈량의 출사표' 중 일부다. 제갈량(182~234)은 설명이 필요 없는, 《삼국지》의 주인공 중 한 명이다. 출사표는 '군대를 일으키며 임금에게 올리는 글'을 뜻한다. '제갈량의 출사표'는 그가 유비의 유지를 받들어 위나라를 정벌하러 나가면서 촉한의 2대 황제 유선에게 올린 글이다. 이 글은 중국의 명문으로 꼽혀왔다.

둘째 글은 트로이 전쟁의 영웅 이도메네우스를 소개한다. 이도메네우스는 서사시 《일리아드》에서 가장 용맹을 떨친 영웅이다. 최고의 영웅은 아킬레우스이지만, 그는 총사령관 아가멤논과의 불화로 이 서사시가 그린 기간 중 대부분 전투에 나서지 않았다.

셋째 글은 니콜로 마키아벨리(1469~1527)가 쓴 《군주론》의 일부다. 《군주론》은 분량이 길지 않지만, '목적이 수단을 정당화한다'는 말로 단순하게 요약될 수는 없다. 마키아벨리는 이 책에서 '무조건적이 아니라' '필요하다면' "비행을 저지를 수 있어야 한다"고 말했다. 그는 나아가 "사악함으로는 진정한 영광을 얻을 수 없다"며 가급적이면 올바른 행동으로부터 벗어나지 말라고 조언했다.

넷째 글은 역사적인 명연설문으로 꼽히는 에이브러햄 링컨(1809~1865) 미국 대통령의 '게티즈버그 연설문'이다. 내가 인용한 원문은 미국 국무부에서 선정한 판본을 주한 미국대사관 공보과에서 번역한 것이다. 이 원문은 세 단락으로 구성되었다. 이 원문에 따르면 링컨 대통령은 단락 형식에는 소홀했다. 글의 단락 구분은 연설에서는 의도한 잠깐의 침묵이다. 그런 침묵이 연설의 전달력과 호소력을 높여준다. 한편 게티즈버그 연설은 짧기로도 유명하다. 이 연설은 영어 단어 272개로 구성되었다. 그런데도 이 연설에는 중첩된 부분이 있다. 대안에서 확인해보자.

다섯째 사례의 원문은 《역사란 무엇인가》에서 인용했다. 이 책은 영국 외교관이자 역사학자 E.H. 카(1892~1982)가 1961년에 케임브리지 대학교에서 한 강의를 묶은 것이다.

'제갈량의 출사표' 중

[원문] (전략) 폐하께선 실로 마음을 열고 뭇 신하들의 의견을 경청하시어 선제께서 남기신 덕을 빛내시고, 지사들의 기개를 발양시켜야 할 것입니다. 경망되이 스스로를 비하하거나 이치에 맞지 않는 말로 충성된 간언을 막아서는 안 될 것입니다. 왕궁과 승상부가 일체이어야 하니 잘못을 벌주고 훌륭한 일을 상줌에 있어 기준이 달라서는 아니 됩니다. 만약 간악하고 법을 어기는 자나 충성되고 선을 행하는 이가 있거든 마땅히 담당부서에 맡겨 벌과 상을 논의하게 하시어 폐하의 공명 정대한 통치 도리를 밝히셔야 합니다. 편벽되어 안과 밖의 법 적용이 달라서는 아니됩니다.

<u>시중 곽유지와 비의, 시랑인 동윤 등은 모두 선량하고 성실하며 생각이 충성되고 거짓이 없어 선제께서 발탁하시어 폐하께 남기신 신하들입니다. 우둔한 제 생각으로는, 궁중의 일은 대소를 막론하고 모두 그들에게 자문하시어 처리하신다면 반드시 빠지고 부족한 바를 보충하여 유익함이 크리라 사료됩니다.</u> 장군 상총은 성품과 행실이 선량하고 군사에 정통하여 전에 일을 맡겼을 때에 선제께서도 능력이 있다고 하셨으며, 많은 이들의 천거로 중부

> 밑줄 그은 부분은 문신, 여기서부터는 무신을 천거한다. 각각 별도 문단으로 전하는 편이 더 잘 읽힌다.

[대안] (전략) 폐하께선 실로 마음을 열고 뭇 신하들의 의견을 경청하시어 선제께서 남기신 덕을 빛내시고, 지사들의 기개를 발양시켜야 할 것입니다. 경망되이 스스로를 비하하거나 이치에 맞지 않는 말로 충성된 간언을 막아서는 안 될 것입니다. 왕궁과 승상부가 일체이어야 하니 잘못을 벌주고 훌륭한 일을 상줌에 있어 기준이 달라서는 아니 됩니다. 만약 간악하고 법을 어기는 자나 충성되고 선을 행하는 이가 있거든 마땅히 담당부서에 맡겨 벌과 상을 논의하게 하시어 폐하의 공명 정대한 통치 도리를 밝히셔야 합니다. 편벽되어 안과 밖의 법 적용이 달라서는 아니됩니다.

<mark>현명한</mark> 신하를 가까이하고 소인배를 멀리하십시오. 이것은 전한이 흥성했던 까닭입니다. 소인배를 가까이하고 현명한 신하를 멀리하는 것, 이것은 후한이 망한 까닭입니다. 선제께서는 생전에 저와 이 일을 논의하실 때마다 환제와 영제의 일로 애통해하며 탄식하지 않으신 적이 없었습니다.

> 인사에 대한 일반론에 이어 개별 인재를 천거하는 순서가 '일종의 두괄식' 전개에 부합한다.

<u>촉한의 현명한 신하로, <mark>문신은</mark> 시중 곽유지와 비의, 시랑 동윤 등이 있습니다. 이들은 모두 선량하고 성실하며 생각이 충성되고 거짓이 없어 선제께</u>

> 다음 문단과 구분되도록 '문신' 단어를 추가했다.

독이 됐습니다. 우둔한 제 생각에, 군영의 일을 대소를 막론하고 모두 그에게 맡기신다면 군영은 화목하고 각자가 능력의 우열에 따라 제자리를 찾으리라 생각합니다.

현명한 신하를 가까이하고 소인배를 멀리하십시오. 이것은 전한이 흥성했던 까닭입니다. 소인배를 가까이하고 현명한 신하를 멀리하는 것, 이것은 후한이 망한 까닭입니다. 선제께서는 생전에 저와 이 일을 논의하실 때마다 환제와 영제의 일로 애통해하며 탄식하지 않으신 적이 없었습니다. 시중·상서·장사·참군은 모두가 바르고 현명하며 죽음으로 절개를 지킬 신하이니 폐하께서 그들을 가까이하고 믿으신다면 한 왕실의 부흥은 머지않을 것입니다. (후략)

출처: 제갈량 저, 오수형 편역, 《제갈량 문집 난세를 건너는 법》,
문학과지성사, 1998.

이도메네우스

[원문] 크레타섬의 왕 미노스와 파시파에 사이에서 태어난 데우칼리온의 아들이다. 헬레네의 구혼자 가운데 하나로서 트로이전쟁에 참가하였으며, 오디세우스가 계획한 목마 속에 들어가 트로이를

서 발탁하시어 폐하께 남기신 신하들입니다. 우둔한 제 생각으로는, 궁중의 일은 대소를 막론하고 모두 그들에게 자문하시어 처리하신다면 반드시 빠지고 부족한 바를 보충하여 유익함이 크리라 사료됩니다.

장군 상총은 성품과 행실이 선량하고 군사에 정통하여 전에 일을 맡겼을 때에 선제께서도 능력이 있다고 하셨으며, 많은 이들의 천거로 중부독이 됐습니다. 우둔한 제 생각에, 군영의 일을 대소를 막론하고 모두 그에게 맡기신다면 군영은 화목하고 각자가 능력의 우열에 따라 제자리를 찾으리라 생각합니다.

곽유지와 비의, 동윤, 상총과 아울러 진진, 장예, 장완을 가까이 두십시오. 이들 또한 모두 바르고 현명하며 죽음으로 절개를 지킬 신하입니다. 폐하께서 제가 말씀드린 이들 신하들을 가까이하고 믿으신다면 한 왕실의 부흥은 머지않을 것입니다.

> 추가로 인재를 거명하는 대목이다. 앞 두 문단과 연결되도록 서술했다.

[대안] 크레타섬의 왕 미노스와 파시파에 사이에서 태어난 데우칼리온의 아들이다. 헬레네의 구혼자 가운데 하나로서 트로이전쟁에 참가하였으며, 오디세우스가 계획한 목마 속에 들어가 트로이를

함락시킨 40명의 용사 가운데 하나이다. 전쟁이 끝난 뒤에 무사히 귀국하여 나라를 평화롭게 다스렸다고도 하지만 다른 이야기도 전한다. 이도메네우스는 항해 도중 심한 폭풍을 만나자 해신 포세이돈에게 무사히 귀국하게 해 주면 처음 만나는 생명체를 제물로 바치겠다는 맹세를 하였는데, 그가 크레타섬에서 처음 만난 생명체는 바로 자신의 아들이었다. 그는 아들을 제물로 바쳐 맹세를 지켰으나, 다른 신들의 노여움을 사서 크레타섬에 전염병이 돌았고, 이로 인해 성난 민중들에게 쫓겨나 이탈리아로 피신하였다고 한다.

다른 이야기로는 트로이전쟁에서 누명을 쓰고 돌에 맞아 죽은 팔라메데스의 아버지 나우플리오스가 크레타 사람 레우코스를 부추겨 이도메네우스의 아내 메다를 범하게 하고, 반란을 일으켜 이도메네우스를 쫓아냈다고도 한다. 모차르트는 이 이야기를 오페라에 담아 《크레타의 왕 이도메네오》 남겼다. 여기서는 이도메네우스가 차마 자신의 아들을 죽이지 못하고 다시 크레타를 떠났는데, 포세이돈이 폭풍을 몰고 맹세를 지킬 것을 촉구하였다. 어쩔 수 없이 아들을 제물로 바치려고 할 때, 포세이돈은 이도메네우스로 하여금 아들에게 왕위를 물려주는 것으로 약속을 대신하도록 해 준다.

함락시킨 40명의 용사 가운데 하나이다.

<u>전쟁이</u> 끝난 뒤 이도메네우스의 행적에 대해서는 세 가지 이야기가 전해진다. 첫째는 무사히 크레타섬에 돌아와 나라를 평화롭게 다스렸다는 내용이다.

> 약한 두괄식 문장을 추가했다.

<u>둘째</u> 이야기에서 이도메네우스는 항해 도중 심한 폭풍을 만나자 해신 포세이돈에게 무사히 귀국하게 해 주면 처음 만나는 생명체를 제물로 바치겠다고 <u>맹세했다.</u> 그런 그가 크레타섬에서 처음 만난 생명체는 바로 자신의 아들이었다. 그는 아들을 제물로 바쳐 맹세를 지켰다. 그런데도 다른 신들의 노여움을 사서 크레타섬에 전염병이 돌았고, 이로 인해 성난 민중들에게 쫓겨나 이탈리아로 피신했다.

> 밑줄 그은 전설을 '둘째'로 매겼다. 이 전설은 모차르트 오페라의 바탕이 된다.

> 의미 단위로 문장을 분리했다. 이후 문장들도 같은 측면에서 잘라냈다.

그는 셋째 이야기에서는 반란으로 쫓겨난다. 반란은 트로이전쟁에서 누명을 쓰고 돌에 맞아 죽은 팔라메데스의 아버지 나우플리오스가 크레타 사람 레우코스를 부추겨 일으킨다. 레우코스는 이도메네우스의 아내 메다를 범하기도 한다.

<u>모차르트는 <mark>둘째 전설을</mark> 변형해 오페라《크레타의 왕 이도메네오》에 담았다. 이 오페라에서 이도메네우스는 차마 자신의 아들을 죽이지 못하고 다시 크레타를 떠났는데, 포세이돈이 폭풍을 몰고 맹세</u>

> 문단을 새로 시작했고, 원문의 '이 이야기'를 '둘째 전설'로 수정해 내용이 더 잘 전달되도록 했다.

출처: [네이버 지식백과] 이도메네우스 [Idomeneus]

(두산백과 두피디아, 두산백과)

《군주론》 중

원문 한 문단을 대안은 네 문단으로 나눴다.
이 문장을 밑줄 쳐진 아래 사례와 합치면, 안내 문장으로 시작하고 사례를 든 문단이 된다.

[원문] 일개 평민이었다가 오로지 운 덕분에 군주가 되는 이들은 거의 노력을 기울이지 않고도 그렇게 되지만, 많은 노력으로만 그 지위를 유지합니다. 집권하는 과정에는 아무런 장애에도 봉착하지 않는데, 왜냐하면 날아오르듯 권좌에 올라가기 때문입니다. 모든 시련은 그들이 군주가 된 이후에 발생합니다. 그들은 돈이 있거나 자신에게 호의적인 권력자의 승인을 받아서 국가 권력을 얻게 됩니다. 이런 예는 그리스에서 많이 볼 수 있는데, 다리우스 왕은 자신의 안전과 영광을 위해 이오니아와 헬레스폰토스의 여러 도시 국가들에 군주를 임명했습니다. 일개 시민이었다가 군대를 매수해 권력을 획득한 황제들의 사례도 비슷합니다. 이런 군주들의 지위는 두 가지 매우 불확실하고 불안정한 변수에 전적으로 달려 있는데, 그를 군주로 만든 자의 의지와 운입니다. 이런 인물들은 자신의 권력을 유지하는 법을 알지도 못하며, 유지할 능력을 가

불확실하고 불안정하게 하는 변수는 '의지'와 '운' 두 가지이지만, 그 이후 불안정하게 하는 요인을 추가로 열거하는 만큼, 이 문장에서 '두 가지'를 지우면 더 낫겠다.
또 이 문장에서 새 문단을 시작하면 가독성과 전달력이 더 좋아진다.

3장 / 설계와 전개

를 지킬 것을 촉구하였다. 어쩔 수 없이 아들을 제물로 바치려고 할 때, 포세이돈은 이도메네우스로 하여금 아들에게 왕위를 물려주는 것으로 약속을 대신하도록 해 준다.

[대안] 일개 평민이었다가 오로지 운 덕분에 군주가 되는 이들이 있습니다. 그들은 자신에게 호의적인 권력자의 승인을 받거나 돈을 써서 국가 권력을 얻게 됩니다. 이런 예는 그리스에서 많이 볼 수 있는데, 다리우스 왕은 자신의 안전과 영광을 위해 이오니아와 헬레스폰토스의 여러 도시 국가들에 군주를 임명했습니다. 일개 시민이었다가 군대를 매수해 권력을 획득한 황제들의 사례도 비슷합니다.

그들은 거의 노력을 기울이지 않고도 그렇게 되지만, 많은 노력으로만 그 지위를 유지할 수 있습니다. 집권하는 과정에는 아무런 장애에도 봉착하지 않는데, 왜냐하면 날아오르듯 권좌에 올라가기 때문입니다. 모든 시련은 그들이 군주가 된 이후에 발생합니다.

이들의 지위는 매우 불확실하고 불안정합니다. 우선 그들을 군주로 만든 자의 의지와 운에 전적으로

> 원문의 제목은 '타인의 무력과 호의로 얻게 된 신생 군주국'이다. 서술된 개별 내용에 부합하는 제목은 '타인의 호의와 자기 돈으로 얻게 된 신생 군주국'이다.

> 그들이 권력 장악 이후에 봉착하는 위기가 사례 다음으로 배치되자 내용 전개가 원활해졌다.

지고 있지도 못합니다. 대단한 지능과 역량을 가지고 있지 않는 한, 평민으로만 살아온 사람이 명령하고 통치하는 법을 알 것이라고 기대하기란 어렵습니다. 또한 이들은 권력을 유지할 능력도 결여하고 있는데, 왜냐하면 헌신적이고 충성스러운 세력을 보유하고 있지 않기 때문입니다. 게다가 태어나서 급속하게 성장한 모든 자연물들처럼, 빠르게 성장한 국가는 충분히 뿌리를 내리고 줄기와 가지를 뻗을 여유가 없었기 때문에, 최초로 맞이한 악천후와 같은 역경에 의해서 파괴되고 맙니다. 갑자기 군주가 된 자들이 운이 좋아 자기네한테 떨어진 것을 지키기 위한 조치를 즉각 취할 수 있는 역량을 가지고 있지 않으면, 그리고 다른 사람들이 군주가 되기 전에 쌓은 토대를 나중에라도 구축하지 않으면, 그러한 사태는 일어나게 마련입니다.

출처: Niccolo Machiavelli,《The Prince》, Oxford, 1998, 23쪽

> '게다가'는 필요하지 않다. 이 부분은 논거가 아니라 비유이기 때문이다.
> 논거가 아니라 비유라는 특성이 이 부분을 별도 문단으로 구성할 이유이기도 하다.

게티즈버그 연설문

[원문] 지금으로부터 87년 전 우리의 선조들은 이 대륙에서 자유 속에 잉태되고 만인은 모두 평등하게 창조되었다는 명제에 봉헌된 한 새로운 나라를 탄생시켰습니다. 우리는 지금 거대한 내전에 휩싸

> 원문의 첫 문단을 내용에 따라 대안처럼 두 문단으로 나눌 수 있다.

달려 있기 때문입니다. 더욱이 이런 인물들은 자신의 권력을 유지하는 법을 알지도 못하며, 유지할 능력을 가지고 있지도 못합니다. 대단한 지능과 역량을 가지고 있지 않는 한, 평민으로만 살아온 사람이 명령하고 통치하는 법을 알 것이라고 기대하기란 어렵습니다. 또한 이들은 권력을 유지할 능력도 결여하고 있는데, 왜냐하면 헌신적이고 충성스러운 세력을 보유하고 있지 않기 때문입니다.

태어나서 급속하게 성장한 모든 자연물들처럼, 빠르게 성장한 국가는 충분히 뿌리를 내리고 줄기와 가지를 뻗을 여유가 없었기 때문에, 최초로 맞이한 악천후와 같은 역경에 의해서 파괴되고 맙니다. 갑자기 군주가 된 자들이 운이 좋아 자기네한테 떨어진 것을 지키기 위한 조치를 즉각 취할 수 있는 역량을 가지고 있지 않으면, 그리고 다른 사람들이 군주가 되기 전에 쌓은 토대를 나중에라도 구축하지 않으면, 그러한 사태는 일어나게 마련입니다.

[대안] 지금으로부터 87년 전 우리의 선조들은 이 대륙에서 자유 속에 잉태되고 만인은 모두 평등하게 창조되었다는 명제에 봉헌된 한 새로운 나라를 탄생시켰습니다.

> 한 문장으로 이루어진 이 문단은 미국의 건국 이념을 환기한다.

여 있고 우리 선조들이 세운 나라가, 아니 그렇게 잉태되고 그렇게 봉헌된 한 나라가, 과연 이 지상에 오랫동안 존재할 수 있는지 없는지를 시험받고 있습니다. 오늘 우리가 모인 이 자리는 남군과 북군 사이에 큰 싸움이 벌어졌던 곳입니다. 우리는 이 나라를 살리기 위해 목숨을 바친 사람들에게 마지막 안식처가 될 수 있도록 그 싸움터의 땅 한 뙈기를 헌납하고자 여기 왔습니다. **우리의** 이 행위는 너무도 마땅하고 적절한 것입니다.

그러나 더 큰 의미에서, 이 땅을 봉헌하고 축성(祝聖)하며 신성하게 하는 자는 우리가 아닙니다. 여기 목숨 바쳐 싸웠던 그 용감한 사람들, 전사자 혹은 생존자들이, 이미 이곳을 신성한 땅으로 만들었기 때문에 우리로서는 거기 더 보태고 뺄 것이 없습니다. 세계는 오늘 우리가 여기 모여 무슨 말을 했는가를 별로 주목하지도, 오래 기억하지도 않을 것입니다. **그러나** 그 용감한 사람들이 여기서 수행한 일이 어떤 것이었던가는 결코 잊지 않을 것입니다. **그들이** 싸워서 그토록 고결하게 전진시킨, 그러나 미완(未完)으로 남긴 일을 수행하는 데 헌납되어야 하는 것은 오히려 **우리들**, 살아 있는 자들입니다.

우리 앞에 남겨진 그 미완(未完)의 큰 과업을 다 하

대안은 밑줄과 기울임체 부분을 각각 한 문단으로 구성한다. 그렇게 만들어진 두 문단은 모두 '그러나'를 활용해 부여하는 의미를 강조하는 형식을 취한다.

이 문장과 다음 문장은 같은 내용을 반복한다.
이 문장과 다음 문장을 각각 별도 문단에 배치한 구성은 가지런하지 않다.

'우리들'은 중첩 단어다.
'우리'가 정확하다.

우리는 **지금** 거대한 내전에 휩싸여 있고 우리 선조들이 세운 나라가, 아니 그렇게 잉태되고 그렇게 봉헌된 한 나라가, 과연 이 지상에 오랫동안 존재할 수 있는지 없는지를 시험받고 있습니다. 오늘 우리가 모인 이 **자리**는 남군과 북군 사이에 큰 싸움이 벌어졌던 곳입니다. 우리는 이 나라를 살리기 위해 목숨을 바친 사람들에게 마지막 안식처가 될 수 있도록 그 싸움터의 땅 한 뙈기를 헌납하고자 여기 왔습니다.

<u>우리의 이 행위는 너무도 마땅하고 적절한 것입니다.</u> **그러나** 더 큰 의미에서, 이 땅을 봉헌하고 축성(祝聖)하며 신성하게 하는 자는 우리가 아닙니다. 여기 목숨 바쳐 싸웠던 그 용감한 사람들, 전사자 혹은 생존자들이, 이미 이곳을 신성한 땅으로 만들었기 때문에 우리로서는 거기 더 보태고 뺄 것이 없습니다.

세계는 오늘 우리가 여기 모여 무슨 말을 했는가를 별로 주목하지도, 오래 기억하지도 않을 것입니다. **그러나** 그 용감한 사람들이 여기서 수행한 일이 어떤 것이었던가는 결코 잊지 않을 것입니다.
게티즈버그와 펜실베이니아의 시민 여러분! 그리고 다른 여러 주에서 이 자리에 모인 시민 여러분! 그들이 싸워서 그토록 고결하게 전진시킨, 그러나

> 이 문단은 내전의 의미와 이 장소의 의미를 짚어본다.

> 반복을 제거했다. 연설문다운 요소를 추가했다. 즉, 청중을 둘러보면서 호명하고 물어보는 구절을 넣었다.

기 위해 지금 여기 이곳에 바쳐져야 하는 것은 우리들 자신입니다. 우리는 그 명예롭게 죽어간 이들로부터 더 큰 헌신의 힘을 얻어 그들이 마지막 신명을 다 바쳐 지키고자 한 대의(大義)에 우리 자신을 봉헌하고, 그들이 헛되이 죽어가지 않았다는 것을 굳게 다짐합니다. **신의 가호 아래 이 나라는 새로운 자유의 탄생을 보게 될 것이며, 인민의, 인민에 의한, 인민을 위한 정부는 이 지상에서 결코 사라지지 않을 것입니다.**

> '우리들'은 중첩 단어다. '우리'가 정확하다.

출처: 네이버지식백과, 미국의 명연설, 저자/제공처 미국 국무부| 주한 미국대사관 공보과

《역사란 무엇인가》 중

[원서 요약본] 역사에 사실 자체란 존재하지 않는다. 역사학자들이 접하는 사실이란, 문서 기록에 담긴 종류이건 그렇지 않은 종류이건, 이미 취사선택을 거친 결과다.

사례를 통해 이를 살펴보자. 독일 외무 장관으로 6년 활동했고, 1929년 사망한 구스타프 슈트레제만은 300상자 분량의 기록을 남겼다. 그의 비서 베른하르트가 기록을 선별해 각 600쪽짜리 세 권으로 펴냈다. 베른하르트의 책만 전해지고, 슈트레제

> 이 문단은 잘 구성됐다. 이 문단의 역할은 인용된 글을 두괄하는, 즉 앞에서 묶는 것이다.

> 한 문단에 하나씩. 이 문단에서는 베른하르트 편집본만 서술하면 내용을 독자에게 더 잘 전할 수 있다. 이 가정은 이 문단에서 들어내, 글의 뒤에 배치하면 더 적절하게 활용할 수 있다. 대안의 둘째 페이지에서 설명한다.

미완(未完)으로 남은 일을 수행하기 위해 우리는 무엇을 해야 합니까?

우리는 우리를, 살아 있는 우리 자신을 바쳐야 합니다. 우리는 그 명예롭게 죽어간 이들로부터 더 큰 헌신의 힘을 얻어 그들이 마지막 신명을 다 바쳐 지키고자 한 대의(大義)에 우리 자신을 봉헌하고, 그들이 헛되이 죽어가지 않았다는 것을 굳게 다짐합니다.

신의 가호 아래 이 나라는 새로운 자유의 탄생을 보게 될 것이며, 인민의, 인민에 의한, 인민을 위한 정부는 이 지상에서 결코 사라지지 않을 것입니다.

> 이 한 문장은 별도 문단으로 구성해야 한다. 역사에 남은 구절을 말하기 전, 링컨 대통령은 잠시 뜸을 들였을 것이다. 그 잠시가 글에서는 문단으로 표현된다.

[대안] 역사에 사실 자체란 존재하지 않는다. 역사학자들이 접하는 사실이란, 문서 기록에 담긴 종류이건 그렇지 않은 종류이건, 이미 취사선택을 거친 결과다.

문헌 사례를 통해 이를 살펴보자. 독일 외무 장관으로 6년 활동했고, 1929년 사망한 구스타프 슈트레제만은 300상자 분량의 기록을 남겼다. 그의 비서 베른하르트가 기록을 선별해 각 600쪽짜리 세 권으로 펴냈다. 베른하르트 책에서 독일의 국제연

만의 상자는 유실되었다고 해도 이상한 일이 아닐 것이다. 슈트레제만의 상자는 1945년에 극적으로 영국과 미국 정부의 손에 들어갔고, 모든 문서는 복사돼 영국과 미국에서 각각 열람이 가능해졌다. 베른하르트 책에서 독일의 국제연맹 가입 등 서방정책이 큰 비중을 차지하는 데 비해 동방정책, 즉 소련과의 외교 관계는 덜 다뤄졌다. 서방정책이 성공적이었고 동방정책은 별반 성과가 없었다는 사실에 비추어 자연스러운 편집이라고 볼 수 있다. 원본과 편집본을 비교하면, 슈트레제만은 서방정책에 비해 소련과의 관계에 훨씬 더 지속적이고 지대한 관심을 쏟아부었고 동방정책은 그의 외교 정책에서 훨씬 중요한 비중을 차지했음을 알 수 있다. 그러나 일반적인 역사학자들이 암묵적으로 의존하는 출간된 기록 중 다수는 베른하스트 선집과 비슷하리라고 나는 생각한다.

출처: E.H. Carr, What is History?, 저자가 요약·번역

같은 맥락에서 이 문장이 전하는 '원본' 이야기 역시 이 문장에는 쓰지 않는 편이 더 낫다.

여기서 새 문단을 시작하면 더 좋다.
새 문단의 앞에 '원본'에 대한 정보, 즉 위에 쓴 '슈트레제만의 상자~' 문장을 배치하자.

맹 가입 등 서방정책이 큰 비중을 차지하는 데 비해 동방정책, 즉 소련과의 외교 관계는 덜 다뤄졌다. 서방정책이 성공적이었고 동방정책은 별반 성과가 없었다는 사실에 비추어 자연스러운 편집이라고 볼 수 있다.

<u>슈트레제만의</u> 상자는 1945년에 극적으로 영국과 미국 정부의 손에 들어갔고, 모든 문서는 복사돼 영국과 미국에서 각각 열람이 가능해졌다. <u>나를</u> 포함한 양국의 역사학자들은 슈트레제만의 원본과 베른하르트의 편집본을 비교할 수 있게 됐다. 그 결과 슈트레제만은 서방정책에 비해 소련과의 관계에 훨씬 더 지속적이고 지대한 관심을 쏟아부었고 동방정책은 그의 외교 정책에서 훨씬 중요한 비중을 차지했음이 드러났다.

<u>만약 베른하르트의 책만 전해지고, 슈트레제만의 상자는 유실되었다고 해도 이상한 일이 아닐 것이다. 그렇게 됐다면 역사학자들은 베른하르트 선집을 통해서만 슈트레제만의 외교 정책을 연구했을 것이다. 그래서 슈트레제만의 동방정책은 실제보다 간과됐을 것이다.</u>

<u>일반적인</u> 역사학자들이 암묵적으로 의존하는 출간된 기록 중 다수는 베른하르트 선집과 비슷하리라고, 즉 **취사선택된 결과**라고 나는 생각한다.

> 셋째 문단은 '원본'이 전하는 실제 외교 스탠스에 대해 서술한다.

> 이 문장은 설명을 위해 추가됐다.

> '만약'을 추가한 가정 문장을 이 자리로 옮겼다. 굵은 글자는 원문에 없고 대안에 추가됐다는 표시다. 이 문장은 그 가정이 어떤 결과로 이어졌을지를 서술한다.

> 이 한 문장을 별도 문단으로 구성함으로써 양괄식 형식을 갖추게 된다. 그럼으로써 논지를 독자에게 더 잘 전할 수 있다.

관련 사실을 어디에서 어떻게 설명하나?

플래시백은 영화나 드라마에서 보통 과거를 회상하는 기법을 가리킨다. 이 기법은 가상 사건을 묘사하는 소설은 물론, 실제 벌어진 사건을 서술하는 전기와 기사에도 활용된다.

이 기법은 독자가 해당 상황이나 사건의 흐름에 집중하도록 하는 효과가 있다. 이에 비해 관련된 사실을 모두 들려준 다음에 독자를 해당 상황이나 사건의 흐름으로 데려가는 전개에서는 독자의 관심이 이리저리 흩어진다.

플래시백 기법이 소설보다 더 훌륭하게 구사된 글을 소개한다. 김충식 가천대 특임부총장이 쓴 김옥균 약전 〈풍운아 김옥균, 일본 망명 10년의 궤적〉이다.

플래시백 기교는 문예적이지만, 이를 활용해 과거의 사실을 배치하는 방식은 조리가 있거나 자연스러워야 한다. 필자는 과거의 사실을 어디에서 어떻게 독자에게 전할지 알맞은 선택을 놓고 궁리해야 한다. 이런 측면에서 글쓰기 공부가 되는 사례 둘을 공유한다. 하나는 벽초 홍명희의 《임꺽정》 중 한 대목이다. 다른 하나는 이민진의 《파친코2》에서 인용한다.

풍운아 김옥균, 일본 망명 10년의 궤적

1894년 2월, 봄이라기에는 아직 음산하고 찬 날씨였다. 김옥균은 도쿄에서 멀지 않은 유명한 온천휴양지 하코네의 토노자와 온천에서 후쿠자와 유키치(1835~1901)를 만난다. 후쿠자와는 누구인가. 일본 메이지 시대를 대표하는 계몽사상가요, 교육자, 저술가다. 일본 최고의 명문 사립대인 게이오대를 창립한 그의 얼굴은 일화 1만엔 권의 주인공이기도 하다. (중략)

"상하이에 가지 마시오, 절대로. 위험하오."

옥균이 중국에 간다고 하자 후쿠자와는 만류했다. 그러나 이날의 만남은 결국 두 사람의 '영결' 의식이 되고 만다. 기이한 인연이었다. 10년 전 옥균이 갑신정변을 일으켰다가 실패해 인천에서 치도세호를 타고 일본으로 도망쳐왔을 때, 처음 머문 곳이 지금 도쿄의 게이오대 일대인 미타에 있던 후쿠자와의 집이었다. 첫 유숙지를 내준 사람과 최후의 작별인사. 운명의 수미일관이라고 해야 할까.

(중략)

김옥균의 중국행을 만류한 사람이 또 있다. 당시 외무성 차관 하야시 타다스다. 옥균이 하야시를 만난 날은 중국과 조선의 음력설이던 2월 9일.

(중략)

이 글은 갑신정변을 주도한 개화파 김옥균(1851~1894)의 최후 약 두 달간 행적을 따라간다. 즉, 1894년 2월 도쿄부터 3월 28일 상하이까지 김옥균의 발자취를 밟으면서 그의 구상과 그에 대한 지인들의 만류를 들려준다.

그러면서 군데군데 실마리를 잡아, 과거 갑신정변 삼일천하와 일본 내에서의 두 차례 유배, 조선에서 보낸 자객의 암살 시도 등을 전한다.

이 곳에는 갑신정변 이전 김옥균에 대한 후쿠자와 유키치의 영향을 서술했다.

그러나 옥균의 심정은 10년 유랑 끝에 이판사판이었다. 돈도 건강도 동나고, 너구리 같은 일본 정객의 지원도 더는 기대할 수 없었다. 중국이 정치적 '지렛대'로서 자신의 필요성을 느낄 것이라 보았다. 현지에 가서 세 치 혀를 놀려 마지막 담판을 벌이면 승산이 있을 듯싶었다. 설득 수완이라면 자신이 있었다. 중국의 이경방과 그의 양부 이홍장(1823~1901)을 협력자로 돌려 세울 수 있다고 과신했다. (중략)

박영효(1861~1939)도 상하이에 가지 말라고 옥균을 말렸다. 10년 전 갑신정변의 동지로 옥균과 한 배를 타고 도망쳐온 박영효다. 그러나 두 사람은 성격도 사는 방식도 달랐다. 개화혁명을 위해 손잡은 것 말고는 어딘지 잘 맞지 않는, 서로 다른 인간형이었다. 그래서 같은 도쿄 하늘 아래서도 남처럼 지냈다. 조선 정치인들의 불화와 분열은 예나 지금이나 '죽음에 이르는 병'일까. 시리도록 외로운 망명객의 처지에도, 서로 손잡고 기대지 않고 각개약진으로 일관했다. (중략)

김옥균은 분명 재기발랄한 수재였다. 스물한 살 때 임금 앞에서 치르는 과거 시험, 즉 알성 문과에 장원을 한 청년이다. 그렇다고 벼슬자리에 안주하고 영달에 연연하는 속물은 아니었다. 환재 박규수

> 박영효의 상하이행 만류로 문단을 연 다음에, 혁명 동지 박영효와 김옥균의 비교, 박영효의 김옥균 평가 등을 전한다.

> 갑신정변 이전, 개화파 김옥균으로 거슬러 올라간다. 다음 다음 문단 이후 네 문단에 걸쳐 갑신정변을 요약한다.

(1807~1877), 역매 오경석(1831~1879), 대치 유홍기(1831~?) 같은 개화사상가를 찾아다니며 서양 문물과 세계 정세에 관해 듣고 배웠다.

옥균은 머리가 트인 개화 청년들, 박영효, 서광범, 서재필, 홍영식 등과 교유하며 국가개혁 방안을 논의하곤 했다. 1879년에는 부산 범어사의 승려 이동인(1849~1881)을 일본으로 몰래 보내 일본어를 배워 일본 사정을 정탐하고 공부하게 했다. 이동인을 통해 얻은 정보를 바탕으로, 옥균은 부국강병의 기세를 떨치고 있는 일본을 이용하고자 했다.

(하략)

출처: 김충식,《슬픈 열도》, 효형출판, 2006, 19~23쪽

《임꺽정》 중 한 대목

유복은 임꺽정의 의형제 아우고, 오주는 유복의 의형제 아우이며, 오가는 유복의 양부다. 이 대목은 이들이 다른 산적패로부터 공격받아 벌인 싸움을 묘사한다.

[원문] 오주가 또 유복이의 뒤를 이어서 차례로 한 마디씩 말한 뒤에 오주 다음에 오가, 오가 다음에 유복이로 세 사람이 줄로 서서 대문 밖으로 나왔다. 아랫방 모퉁이 담 옆에 세 사람이 몰려가 있는데 한 사람은 눈을 부둥키고 주저앉았고 두 사람은 각각 손목들을 주무르며 서 있었다. 여기 세 사람이 대문 밖에 나서는 것을 보고 섰던 사람들은 앞서 달아나고 앉았던 사람은 뒤에 달아났다. 뒤의 한 사람은 얼마 못 가서 오가의 칼에 꺼꾸러지고 앞에 두 사람은 유복이와 오주에게 쫓겼다.

세 놈이 왜 이렇게 다쳤는지 설명이 없다. 찬찬히 읽는 독자는 답답해한다. 오른쪽 대안처럼 원문의 나중에 나오는 설명(굵은 글자로 표시)을 이 문장 다음에 붙여야 한다.

유복이가 얼마 쫓아가다가
"너의 두 눔은 살어 가거라."
하고 걸음을 멈추고 오주는
"저 두 눔도 살려 보내지 맙시다."
하고 더 쫓아가려고 하는 것을 유복이가 붙들고
"그까지 눔들 내빼게 내버려 두자."
하고 곧 오주와 같이 돌아섰다.

이 설명이 제자리로 옮겨져야 한다.

유복이가 표창 세 개를 던져서 활 가진 사람은 한편 눈을 멀게 하고 창 가진 사람들은 손목만 상해 놓았는데, 눈먼 사람은 칼 맞아 꺼꾸러졌고 손목 상한 사람들은 살아 내뺀 것이었다.

[대안] 오주가 또 유복이의 뒤를 이어서 차례로 한 마디씩 말한 뒤에 오주 다음에 오가, 오가 다음에 유복이로 세 사람이 줄로 서서 대문 밖으로 나왔다. 아랫방 모퉁이 담 옆에 세 놈이 몰려가 있는데 한 놈은 눈을 부둥키고 주저앉았고 두 놈은 각각 손목들을 주무르며 서 있었다. **유복이가 표창 세 개를 던져서 활 가진 놈은 한편 눈을 멀게 하고 창 가진 놈들은 손목만 상해 놓은 것이었다.**

여기 세 사람이 대문 밖에 나서는 것을 보고, 섰던 두 놈은 앞서 달아나고 앉았던 놈은 뒤에 달아났다. 뒤의 한 놈은 얼마 못 가서 오가의 칼에 꺼꾸러지고 앞에 두 놈은 유복이와 오주에게 쫓겼다.

유복이가 얼마 쫓아가다가
"너의 두 눔은 살어 가거라."
하고 걸음을 멈추고 오주는
"저 두 눔도 살려 보내지 맙시다."
하고 더 쫓아가려고 하는 것을 유복이가 붙들고
"그까지 눔들 내빼게 내버려 두자."
하고 곧 오주와 같이 돌아섰다.
결국 눈먼 놈은 칼 맞아 꺼꾸러졌고, 손목 상한 두 놈은 살아 내뺄 수 있었다.

> 유복이 패거리도 세 명이고 공격해온 패거리도 세 명이어서 헷갈린다. 공격해온 패거리는 '사람' 대신 '놈'이라고 지칭하는 대안이 있다.

> 문단을 재구성했다. 이 문단이 원문의 해당 부분들보다 내용 전달력이 높음을 확인할 수 있다.

> 여기에 이 문장만 쓸 때에는 이처럼 '결국'으로 시작하면 이 문장의 역할이 분명해진다. '결국'을 넣으면 '~것이다'는 불필요해진다.

유복이가 오주와 오가에게 이야기하며 들어와서 셋이 벗어붙이고 일을 하여 두 송장을 한 구덩이에 끌어 묻고 대문간의 피 자취까지 없이 한 뒤에 오가는 안식구들을 데리고 작은 잔치 준비를 차리었다.

출처: 홍명희, 《임꺽정 의형제편1》, 사계절, 1985, 219~220쪽

《파친코》 중 한 대목

경희의 남편 요셉은 회복할 가망이 없이 와병 중이고, 경희를 창호가 짝사랑한다.
이 장면 직전 요셉은 창호에게 자신에게 일이 생기면 경희를 부탁한다고 말한다.

관찰자 시점 서술의 일관성을 유지하는 편이 낫다.

[원문] 경희는 교회에서 집 쪽으로 걸어가다가 구멍가게 앞 의자에 앉아 있는 창호를 발견했다. 창호는 신문을 읽으면서 음료수를 마시고 있었다. (중략)
"여기 있었네요?" 경희가 말했다. 경희는 창호를 만나서 행복했다. "그이는 괜찮아요? 갇혀 있는 게 쉽지 않죠? 그이를 돌봐줘서 정말 고마워요. 제가 들어가 보는 게 좋겠어요. 창호 씨는 여기 계세요."
"형님은 괜찮아요. 전 방금 나왔어요. 형님이 잠들기 전에 읽을 신문을 좀 사다달라고 했거든요. 일어나서 본다고. 제가 바람을 좀 쐬고 오기를 바랐나 봐요."
경희가 고개를 끄덕이고는 집에 가려고 돌아섰다.
"누님, 누님과 이야기를 하고 싶어요."
"그래요? 그럼, 집으로 돌아가요. 저녁을 만드는

유복이가 오주와 오가에게 이야기하며 들어와서 셋이 벗어붙이고 일을 하여 두 송장을 한 구덩이에 끌어 묻고 대문간의 피 자취까지 없이 한 뒤에 오가는 안식구들을 데리고 작은 잔치 준비를 차리었다.

[대안] 경희는 교회에서 집 쪽으로 걸어가다가 구멍가게 앞 의자에 앉아 있는 창호를 발견했다. 창호는 신문을 읽으면서 음료수를 마시고 있었다. (중략)
"여기 있었네요?" 경희가 반가운 어투로 말을 건넸다. "그이는 괜찮아요? 갇혀 있는 게 쉽지 않죠? 그이를 돌봐줘서 정말 고마워요. 제가 들어가 보는 게 좋겠어요. 창호 씨는 여기 계세요."
"형님은 괜찮아요. 전 방금 나왔어요. 형님이 잠들기 전에 읽을 신문을 좀 사다달라고 했거든요. 일어나서 본다고. 제가 바람을 좀 쐬고 오기를 바랐나 봐요."
경희가 고개를 끄덕이고는 집에 가려고 돌아섰다.
"누님, 누님과 이야기를 하고 싶어요."
"그래요? 그럼, 집으로 돌아가요. 저녁을 짓는 게

> 원문을 삼인칭 관찰자 시점 서술로 바꿨다.

게 좋겠어요. 그이가 배가 고플 거예요."
"잠깐만요. 저랑 좀 앉으실래요? 가게에서 음료수 하나 사다드릴까요?"
"아뇨 괜찮아요" 경희가 창호에게 미소 짓고는 자리에 앉아 양손을 무릎 위에 포갰다. 경희는 남색 드레스 위에 겨울 코트를 걸치고 예쁜 구두를 신고 있었다.

창호는 주저하지 않고 경희의 남편이 했던 말을 거의 토씨 하나 빼놓지 않고 그대로 전했다. 불안했지만 지금 이 말을 해야 한다는 걸 알았다.
"누님은 저와 함께 갈 수 있어요. 다음 주에 첫 배가 떠나지만 나중에 갈 수도 있어요. 조선에는 나라를 재건할 에너지가 있는 사람들이 많이 필요해요. 우리 두 사람의 집에 최신 가전제품들을 가득 채워 넣고 우리나라에서 사는 거예요 하루에 세 번 흰쌀밥을 먹고요. 형님의 유골을 조선에 가져갈 수 있고, 누님 부모님의 산소에 가볼 수도 있죠. 적절하게 제사도 지내고요. 고국에 돌아갈 수 있어요. 누님은 제 아내가 될 수 있어요."
경희는 깜짝 놀라서 아무 말도 하지 못했다.
요셉이 자신을 창호에게 주려고 했다는 걸 상상할 수가 없었다. 하지만 창호가 거짓말을 할 리도 없었다. 요셉이 자신을 너무 걱정해서 그런 계획을

> 불친절하다. 이 말을 듣기 전 경희의 심리 상태를 독자는 전혀 모른다.
> 다른 문제는 개연성이다. 작가는 창호가 요셉의 말을 그대로 전했다고 서술했지만, 다음 문단에서 창호는 경희에게 북한에 함께 가자고 제안한다. 요셉은 창호에게 경희를 부탁하지만 북한에는 절대 데려가지 말라고 당부했다.

> 이 전개는 놀람- 그전의 슬픔 순서다. 이처럼 감정을 역순으로 거슬러 올라가면, 독자는 경희 감정의 흐름을 따라가지 못한다.

좋겠어요. 그이가 배가 고플 거예요."

"잠깐만요. 저랑 좀 앉으실래요? 가게에서 음료수 하나 사다드릴까요?"

"아뇨 괜찮아요" 경희가 창호에게 미소 짓고는 자리에 앉아 양손을 무릎 위에 포갰다. 경희는 남색 드레스 위에 겨울 코트를 걸치고 예쁜 구두를 신고 있었다.

> 추가한 문장.

<mark>일주일</mark> 전 바로 이 자리에서였다. <mark>창호는</mark> 경희에게 떠난다는 이야기를 했다. <mark>경희는</mark> 그가 떠난다고 생각하니 힘들고 슬펐다. 하지만 그게 옳은 일이었다. 창호는 훌륭한 나라를 건설해야 한다고 믿는 젊은이였다. 경희는 창호가 평양에 꼭 가야 하는 게 아닌데도 가려고 하기 때문에 그를 존경했다. 평양은 그의 고향도 아니었다. 창호는 경상도 출신이었고 북쪽에서 온 사람은 오히려 경희였다. 창호에게는 좋은 일자리와 친구들이 있었다.

> 경희가 일주일 전 창호가 북한으로 가기로 했다는 말을 들었다는 사실을 독자에게 알려줘야 한다. 그래야 경희 심리가 슬픔에서 놀람으로 바뀌는 흐름을 독자가 따라간다.

> 이후 서술은 전지적 작가 시점이다.

교회에서 모임이 끝난 후에 경희는 목사님에게 창호의 여행과 평양에서의 행복을 위해 기도를 해달라고 부탁했다. 창호는 하나님이나 기독교를 믿지 않았지만 경희가 그를 위해서 해줄 수 있는 유일한 것이 기도였다. 하나님께서 창호를 보살펴주신다면 경희가 걱정하지 않아도 될 터였다.

<mark>창호의</mark> 얼굴에는 일주일 전과 다른 열기가 있었다.

> 추가한 문장.

이 부분은 별도 문단으로 분리돼야 한다.

앞 부분과 기울임체로 표시된 이 부분의 시점은 각각 오늘과 일주일 전이다. 일주일 전에서 오늘로 내려오는 편이 순조롭다.

세웠다는 것이 경희가 이해할 수 있는 유일한 이유였다. 교회에서 모임이 끝난 후에 경희는 목사님에게 창호의 여행과 평양에서의 행복을 위해 기도를 해달라고 부탁했다. 창호는 하나님이나 기독교를 믿지 않았지만 경희가 그를 위해서 해줄 수 있는 유일한 것이 기도였다. 하나님께서 창호를 보살펴 주신다면 경희가 걱정하지 않아도 될 터였다.

일주일 전에 창호는 경희에게 떠난다는 이야기를 했다. 경희는 그가 떠난다고 생각하니 힘들고 슬펐다. 하지만 그게 옳은 일이었다. 창호는 훌륭한 나라를 건설해야 한다고 믿는 젊은이였다. 경희는 창호가 평양에 꼭 가야 하는 게 아닌데도 가려고 하기 때문에 그를 존경했다. 창호에게는 좋은 일자리와 친구들이 있었다. 평양은 그의 고향도 아니었다. 창호는 경상도 출신이었고 북쪽에서 온 사람은 오히려 경희였다.

"제 뜻을 따라줄 수 있나요?" 창호가 물었다.

"하지만 창호 씨는 떠나고 싶다고 했잖아요. 조선에 가면 창호 씨가 누군가와 결혼할 거라고 생각했는데요."

출처: 파친코2, 《문학사상》, 2018, 62~64쪽

창호는 주저하지 않고 경희의 남편이 했던 말을 거의 토씨 하나 빼놓지 않고 그대로 전했다. 불안했지만 지금 이 말을 해야 한다는 걸 알았다.
"누님은 저와 함께 갈 수 있어요. 다음 주에 첫 배가 떠나지만 나중에 갈 수도 있어요. 조선에는 나라를 재건할 에너지가 있는 사람들이 많이 필요해요. 우리 두 사람의 집에 최신 가전제품들을 가득 채워 넣고 우리나라에서 사는 거예요. 하루에 세 번 흰쌀밥을 먹고요. 형님의 유골을 조선에 가져갈 수 있고, 누님 부모님의 산소에 가볼 수도 있죠. 적절하게 제사도 지내고요. 고국에 돌아갈 수 있어요. 누님은 제 아내가 될 수 있어요."
경희는 깜짝 놀라서 아무 말도 하지 못했다. (중략)
==하지만== 창호가 거짓말을 할 리도 없었다.

> 창호는 그러나 부분적으로 거짓말을 했다.

"제 뜻을 따라줄 수 있나요?" 창호가 물었다.
"하지만 창호 씨는 떠나고 싶다고 했잖아요. 조선에 가면 창호 씨가 누군가와 결혼할 거라고 생각했는데요."

'뒤늦은 설명' 유형의 사례는 《파친코1》에도 나온다. 오사카의 재일교포 장로교회는 압력에 못 이겨 신사참배에 따르기로 결정한다. 그러나 교회 일을 돕는 중국인 후가 신사참배 도중에 주기도문을 외웠고, 이 일로 인해 중국인 후는 물론이고, 류 목사와 선자 남편 백이삭 목사도 잡혀간다.

《파친코1》은 232쪽에서 신도의 말로 이 사건을 전한다. 다음 쪽에서는 가족이 백이삭 목사를 면회할 수 없었다는 이후 시간으로 넘어간다.

그 장로교회의 신사참배 결정에 대한 설명은 사건이 발생한 뒤 10쪽이 지난 242쪽에서야 다음과 같이 나온다.

> **장로교회 의사 결정권자들은 엄청난 압력에 못 이겨서 의무적인 신사참배를 천황을 위한 종교적인 의식이 아니라 시민의 의무로 받아들였다.** 국교의 우두머리인 천황을 살아 있는 신으로 떠받들고 있는 것이 분명한데도 말이다. 신실하고 실용적인 류 목사는 신사참배가 이교도적인 의식이라고 믿고 있었다. 그럼에도 불구하고 이삭과 후, 신도들에게 더 위대한 선을 위해서 신사참배에 참석하라고 했다. 기독교를 믿기 시작한 신도들이 억울하게 희생되지 않기를 바랐기 때문이다. (하략)

뒤처진 설명이다. 이 문단은 사건 직후에 배치했어야 한다.

한편 설명하는 방식에도 고칠 부분이 있다. 신사참배를 받아들였다는 사실은 이미 서술된 바 있다. 따라서 이 설명 문단의 첫 문장은 '장로교회 의사 결정권자들이 신사참배를 받아들인 것은 기독교를 믿기 시작한 신도들이 억울하게 희생되지 않기를 바랐기 때문이다'라고 하는 편이 낫다. 그 이후 이 문단의 내용 재구성은 각자 실습해보기 바란다.

적절한 실마리를 잡아 관련된 과거를 설명하는 방법이 있다. 그런 플래시백 기법은 알맞은 자리에 구사돼야 한다. 지체된 설명은 독자의 이해를 오히려 방해한다. 독자가 스토리 라인을 따라가도록 하려면 미리 관련 정보를 제공해야 한다.

중간에 넣은 글감, 따로 놀지 않나

글을 읽다 보면 '진행자 멘트'를 자주 마주친다.

가장 간단한 예로, 일반화를 제시한 다음 그것을 사례로 뒷받침하는 경우를 들 수 있다. 그런 경우 필자는 '진행자'로서 '예를 들면'이라는 구절로 문장을 시작한다.

진행자 멘트는 안내 문장이라고 표현할 수도 있다. '주요 구성 항목과 그 비중이 어떻게 변해왔는지 알아보자'는 문장도 안내 역할을 한다. 안내 문장은 목차와 비슷한 역할을 한다.

안내 문장을 의문문 형식으로 표현하는 기법도 자주 활용된다. 위 안내 문장을 '주요 구성 항목은 무엇이고, 그 비중은 어떻게 변해왔을까?'라고 쓸 수 있다. 의문문 형식 안내 문장은 독자의 관심을 환기하는 효과가 있다.

글을 읽다 보면 가끔 안내 문장이 들어갔으면 더 좋았겠다 싶은 대목이 눈에 띈다. 그런 사례를 하나 살펴보자.

우리 안에는 의미의 통로가 있다. (중략)

(세 문단 추가 생략)

여행의 백미는 언제나 거룩함의 체험이다. 성당이나 수도원, 사찰이나 신사 등 영성 넘치는 공간을 찾는 일은 단지 명소를 찾는 관람만은 아니다. 그것은 마음에 구멍이 뚫린 듯한 참담함, 정신의 중심이 무너진 듯한 두려움을 다독이고 치유하는 행위다. 성소의 문턱을 넘는 순간, 우리는 옷깃을 여미면서 절로 경건해진다. 그곳에 '나'보다 더 큰 존재가 깃들어 있음을 알아차리기 때문이다.

스페인 몬세라트 수도원은 바위산 중턱에 있다. 기묘한 바위 봉우리 약 1천5백 개로 이루어진 산 모양이 톱으로 거칠게 잘라낸 것처럼 독특하다. 수도원은 1023년 산허리를 평평하게 깎아 세워졌다. 이곳은 예부터 카탈루냐 사람들의 영적 중심지였다.

(중략: 이곳의 전설)

(중략: 영적 순례지)

(중략: 사그리다 파밀리아 성당은 몬세라트산의 건축적 변주)

관광객은 즐길 거리를 찾아 떠돌지만, 순례자는 삶의 문제를 찾아 떠난다. (중략) 수도원을 찾고 성당을 순례하는 것은 그 땅의 영적 전통에 참여하고, 영성에 민감해지기 위해서다. 이를 망각하면 여행은 아무것도 남기지 않는다. 인생이라는 여정도 마찬가지다. (하략)

출처: 〈SHINSEGAE〉 2022년 11월호, 영성이 우리를 구원한다, 178~180쪽

어디에 어떤 안내 문장을 넣을 수 있을까? 필자는 성당이나 수도원, 사찰이나 신사는 우리가 영성을 느끼면서 다독임과 치유를 받을 수 있는 성소라고 서술한 뒤 그런 성소 한 곳으로 몬세라트 수도원을 다섯 문단에 걸쳐 소개했다.

세계의 많은 성소 가운데 스페인의 몬세라트 수도원을 택해 소개할 때에는 안내 문장이 필요하다고 나는 생각한다. 안내 문장은 다음과 같이 한 문장이 될 수도 있고, 여러 문장으로 구성된 문단이 될 수도 있다.

[안내 문장] 세계의 많은 성소 가운데 개인적으로 가장 큰 영성의 울림을 받은 곳이 스페인의 몬세라트 수도원이다.

[안내 문단] 나는 여행자로서 세계의 성소를 비교적 많이 방문했다. 내가 들른 성소 가운데 가장 큰 영성의 울림을 준 곳이 스페인의 몬세라트 수도원이다.

　안내 문장이나 안내 문단이 들어갈 위치는 '스페인 몬세라트 수도원은 바위산 중턱에 있다'의 앞이다. 이 자리에 안내 문장이나 문단을 넣으면 그 부분은 다음과 같이 된다.

[안내 문장] 세계의 많은 성소 가운데 개인적으로 가장 큰 영성의 울림을 받은 곳이 스페인의 몬세라트 수도원이다. 이 수도원은 바위산 중턱에 있다.

[안내 문단] 나는 여행자로서 세계의 성소를 비교적 많이 방문한 편이다. 내가 들른 성소 가운데 가장 큰 영성의 울림을 준 곳이 스페인의 몬세라트 수도원이다. 이 수도원은 바위산 중턱에 있다.

　안내 문장은 짧으면 좋다. 이런 측면에서 위 안내 문장을 다음과 같이 둘로 나눠보자.

[안내 두 문장] 세계의 많은 성소 가운데 개인적으로 가장 큰 영성의 울림을 받은 곳이 있다. 스페인의 몬세라트 수도원이다. 이 수도원은 바위산 중턱에 있다.

다음은 내가 쓴 글의 앞 부분이다. 굵은 글자로 표시한 부분이 진행자 문단이다.

#1. 등장인물 길옥윤(吉屋潤).
작곡가. '빛과 그림자' '이별' '당신은 모르실거야' '당신만을 사랑해' 등을 지었다. 패티김, 혜은이 등 가수가 그의 노래를 불러 대중의 심금을 울렸다. 1927년 평안북도 영변 출생. 본명은 최치정(崔致禎). 평양 종로국민학교와 평양고등보통학교를 졸업하고 1949년 서울대학교 치과대학의 전신인 치과전문학교에 입학했다. 치과대학 선배인 김영순이 조직한 악단에 가입해 활동한 뒤 1950년에 일본 도쿄로 가서 재즈 음악과 색소폰 연주를 본격 배웠다. 1952년 악단을 조직해 주일 미군부대를 순회하면서 공연했다. 당시 예명이 요시야 준(吉屋潤)이었다. 이 일본식 예명을 1960년 귀국 이후에도 활용했다. 일본에서는 '요시야'가 성이었지만 한국에서는 '길'이 성이 됐다. 1960년대에 '서울의 찬가' '빛과 그림자' 등을 작곡했고 1970년대에 '이별' '사랑은 영원히' '당신은 모르실거야' '당신만을 사랑해' 등을 발표했다. 1995년 68세를 일기로 타계했다.

#2 등장인물 마쓰우라 모토오(松浦 元南).
일본 사업가. 주켄공업(樹研工業)을 창업해 카메라와 시계, 자동차, 의료

기기 등에 들어가는 초소형 톱니바퀴와 나사 등 플라스틱 부품 분야의 세계 최고 기업으로 키워냈다. 1935년 나고야 출생. 집안 형편이 어려워 공고 재학 중에는 미장공, 인쇄공, 제빵사 등으로 일했다. 아르바이트 중 재즈 밴드 활동에서 가장 즐거움을 느꼈다. 아이치대 법경학부에 입학하고 나서도 밴드 생활을 이어갔다. 졸업 후 화학회사에서 3년간 경험을 쌓은 뒤 1965년 개인 사업체로 주켄공업을 창업했다. 구성원들이 규칙에 얽매이지 않고 자유롭게 일하도록 하는 기업 문화를 만들고 운영해 더욱 주목받았다. 주켄공업은 출퇴근이 자유다. 개발은 누구나 아이디어가 떠오르면 다른 사람과 얘기를 나누며 발전시키는 방식으로 한다. 정년도 없다. 자발적으로 일하도록 하는 기업 문화 속에서 오히려 내로라하는 장인이 속속 배출됐다.

한국인 작곡가와 일본인 사업가. 이 두 사람의 이야기를 '노력'과 '결실'을 주제로 한 글의 서두에 올린 이유가 궁금하시리라. 둘에게는 남다른 노력으로 음악계와 사업계에서 최고의 지위에 올랐다는 공통점이 있긴 하다. 그러나 그보다 나는 마쓰우라 모토오가 길옥윤으로부터 받은 큰 가르침을 공유하고자 한다. 두 사람 소개는 그에 앞서 필요한 기본 정보 제공 측면에서 했다.

두 사람의 인연은 1950년대 초에 이어진다. 당시 길옥윤은 일본 제일의 색소폰 연주자로 명성을 날렸다. 길옥윤은 지인으로부터 트롬본을 연주하는 10대 청년을 추천받아 오디션 없이 자신의 재즈 밴드에 받아들인다. 그 청년이 마쓰우라 모토오다. 그는 어느날 길옥윤으로부터 질문을 받는다.

"자네, 재즈 곡을 몇 곡이나 외우고 있나?"

"300곡 정도는 연주할 수 있습니다."

길옥윤은 "마음을 담아서 연주할 수 없다면 외웠다고 할 수 없네"라며 말한다. "자네 연주를 듣고 눈물을 흘린 사람이 있나? 한 사람의 마음에 말을 걸어 본 적이 있냐는 말일세."

이어 그는 본론을 꺼낸다. (하략)

이제 다음 페이지에 배치한 사례를 살펴보자. 왼쪽이 주 재료와 글감 두 건이고, 오른쪽이 진행자 발언을 추가해 완성한 글이다. 진행자 발언은 굵은 글자로 표시됐다. 종합한 오른쪽 글은 주 재료도 글감에 맞춰 대폭 수정했다.

'독자와 대화하듯 쓰라'는 조언이 있다. 이 조언을 구체화하면, 글을 쓰는 당신은 독자에게 사회자, 또는 진행자, 또는 안내자이어야 한다. 하고많은 재료 가운데 왜 이 글감을 가져왔는지, 이 글감은 글의 흐름에서 어떤 기능을 맡는지 알려줘야 한다. 그 역할을 독자 스스로 시간과 노력을 들여 파악하도록 하지 말자. 사회자 역할을 잊지 말자.

[주 재료] 철학이론으로서 경험론은 이미 고대철학의 역사 속에 존재한

다. (중략) 특히 영국은 경험론의 전통에 있어 대륙의 이성론이나 독일의 관념론 등과는 대조적인 성격을 띤다. (중략) 영국 경험론의 진정한 기원은 관찰과 실험을 중시하고, 연역적 추리에 대하여 개별적 경험에 근거를 두는 귀납법을 제창한 베이컨이다.

이 경향은 토머스 홉스를 거쳐 존 로크에 이르러 르네 데카르트의 생득관념설을 비판하여 모든 인식의 경험에 의해 설명됨으로써 명확화하였다. 로크는 "마음이란 백지 또는 암실이며, 모든 지식은 감각과 반성을 통하여 외적으로 주어지는 문자이며 빛"이라고 하였다.

[글감1] 실증주의자들은 먼저 사실들을 알아내고 그것들에서 결론을 도출하라고 말했다. 이 역사관은 영국의 경험주의 전통과 완벽히 들어맞았다. *경험주의는 로크부터 버트런드 러셀에 이르기까지 영국 철학에서 지배적인 지위를 차지해 왔다.* 영국 역사가들은 '역사란 무엇인가'라는 질문에 이끌리기를 거부했는데, 그것은 그들은 역사의 의미가 암묵적인 동시에 자명하다고 믿었기 때문이다. 역사의 사실들 자체는 최고 지위를 차지하는 사실의 표현으로서, 높은 역사 인식을 향한 접근에 유익하며 분명 무한히 진행된다고 영국 역사학자들은 생각했다.

[글감2] 프랑스에서는 1789년 혁명 이후 급진적인 과학적인 사고가 거침없이 펼쳐졌다. 다윈에 앞서 라마르크가 주창한 진화론이 바로 이런 분위기 속에서 나왔다. 그러나 영국의 지질학자와 고생물학자들은 여전히 실용주의(경험론)에 머물렀다. 그들은 이를테면 "큰 아이디어 속에서 자료가 무엇을 의미하는지 골머리를 싸매는 대신 그저 자료를 수집해나가자"고 말했다.

[종합] 영국은 대륙의 이성론이나 독일의 관념론과는 대조적인 경험론을

발달시켰다.

이 경향은 중세에 이미 프랜시스 베이컨, 오컴 등에서 뚜렷했고, 베이컨에 의해 이론적인 토대가 마련되었다. 베이컨은 관찰과 실험을 중시하고, 연역적 추리에 대하여 개별적 경험에 근거를 두는 귀납법을 제창했다. 이후 존 로크는 데카르트의 생득관념설에 맞서 모든 인식은 경험에 의해 설명된다고 주장했다. 로크는 "마음이란 (중략)"이라고 말했다.

[글감1]의 일부 이런 철학적 전통은 버트랜드 러셀에까지 이어졌다.

(안내 문장) 영국의 경험론 전통은 역사학과 생물학에 영향을 줬다.

[글감1] 역사학의 실증주의는 경험론과 잘 어울렸고 영국에서 세력을 얻었다. 영국의 실증주의 역사학자들은 먼저 사실들을 알아내고 그것들에서 결론을 도출하자고 말했다. 영국 역사가들은 '역사란 무엇인가'라는 질문에 이끌리기를 거부했는데, 왜냐하면 그들은 역사의 의미가 암묵적인 동시에 자명하다고 믿었기 때문이다. 역사의 사실들 자체는 최고 지위를 차지하는 사실의 표현으로서, 높은 역사 인식을 향한 접근에 유익하며 분명 무한히 진행된다고 영국 역사학자들은 생각했다.

(안내 문장) 이 같은 경향은 진화론에 대한 대응에서도 확인되었다. [글감2] 프랑스에서는 1789년 혁명 이후 급진적인 과학적인 사고가 거침없이 펼쳐졌다. 다윈에 앞서 라마르크가 주창한 진화론이 바로 이런 분위기 속에서 나왔다. 그러나 영국의 지질학자와 고생물학자들은 여전히 실용주의(경험론)에 머물렀다. 그들은 이를테면 "큰 아이디어 속에서 자료가 무엇을 의미하는지 골머리를 싸매는 대신 그저 자료를 수집해나가자"고 말했다.

자주 뒤집으면, 독자는 멀미난다

역접이 잦은 글은 독자를 피곤하게 한다. 그런 글의 독자 중 상당수는 '도대체 어느 장단에 맞춰야 하나'라는 반응을 보인다. 집중해서 읽는 독자 중 일부는 자주 번복되는 텍스트 위에서 멀미를 겪는다.

리더가 사람들에게 다가가기에 효과적인 수단이 수필이다. 일상생활을 가볍게 풀어낸 수필은 독자에게 술술 읽힌다. 그러면서 필자를 독자에게 친근한 존재로 전달한다. 이런 측면에서 리더는 수필 쓰는 법도 익히면 좋다. 적어도 수필을 어떻게 작성하면 좋은지는 알아야 한다.

이제 '역접'과 전하고자 하는 '이미지'라는 키워드로 다음 수필을 읽어보자. 꺾쇠표 속 문구는 내가 추가한 것이다. 문단은 여러 개를 합쳤다.

냉장고의 즐거움

[원래 물건 욕심 없는 성격] 나는 물건을 사는 일에 대체로 관심이 없는 편이다. (중략) 비싼 차를 타고 싶다고 생각한 적도 없다. (중략) 옷도 마찬가지다. (중략) 그나마 열심히 모았던 것이 있다면 음반이다. (중략) 집에서 시디나 바이닐로 음악 듣기는 한동안 나의 좋은 취미였는데, 갑자기

오디오 장비를 처분하기로 마음먹은 것은, 나로서도 돌이켜보면 조금 의아할 때가 있다. (중략) 당시의 나는 책 한 권에 영향을 받아 더욱 과감한 결정을 내렸던 듯하다. (중략)

[더욱 미니멀 생활 추구] 오디오 외에도 많은 물건을 처분했는데, 옷은 절반 정도를 없앴다. (중략) 그리고 또 한 가지 없앤 것은, 양문형 냉장고였다. (중략) 조그마한 붙박이 간이 냉장고가 있었다. (중략) 두어 달 살아보니 역시나 간이 냉장고만으로도 괜찮았다. (중략) 그런데 어느 날 충격적인 사건이 벌어졌다. 한참 밖에 나갔다 들어왔는데 냉동실 문이 열려 있는 것이었다. (중략)

[미니멀 생활 흐름을 거슬러 지름] 결국, 새 양문형 냉장고를 주문했다. (중략) 요즘은 그저 행복할 따름이다. (중략)

[양문형 냉장고를 쓰고 있지만, 미니멀 생활을 지향] 물건에 대해서든 사람에 대해서든, 그 밖의 무엇에 대해서든, 욕심을 하나하나 줄여나가다가 인생의 마지막 순간에 생명에 대한 욕심마저 딱 버리고 죽으면 정말로 멋진 삶이겠다는 생각을 종종 한다.

[가치관과 반대로 양문형 냉장고를 좋아하는 자신에 대한 반성] 그런데 고작(이라고 하기에는 요즘 너무 고마워서 미안하지만) 냉장고 정도를 이렇게 좋아하는 걸 보면 나는 아직 한참 멀었다.

[그러나 반성할 일만은 아니다.] 하지만 그건 또 어찌 보면 만수무강할 명분(?)이 있다는 뜻도 되니 나쁠 것 없다. (하략)

출처:《상관없는 거 아닌가?》, 문학동네, 2020, 36~46쪽

필자는 역접을 다음과 같이 세 번 넣었다. 원래 물건 욕심이 없는 편

이었는데, 어떤 책을 읽고 나서 미니멀 생활을 더 추구했다. 그러나 이런 흐름을 거슬러 양문형 냉장고라는 예외를 받아들이기로 했다. 그러나 필자는 가치를 미니멀 생활에 두고 있으며 양문형 냉장고의 행복을 반성한다. 그러나 반성할 일만은 아니라고 생각한다.

필자는 연예인이고 팬이 많다. 팬들은 워낙 필자를 좋아하니까 역접이 잦더라도 그의 사생활을 기꺼이 읽을 것이다.

역접 많은 글은 주름도 많아

그러나 리더가 자신을 모르는 불특정 다수와 수필로 소통하고자 한다면 자주 뒤집는 전개는 피하기를 권한다.

다른 사례를 하나 더 살펴보자. 역사 사실을 서술한 글의 일부다.

[원문] 신라의 삼국통일을 완성한 문무왕(서기 626~681)은 유언으로 거대한 무덤을 만들어 시간과 용력을 들이지 말고 동해의 대왕암에 화장을 하라고 유언을 남겼다. 삼국을 통일하는 혼란기에 자신의 무덤 때문에 국력이 소모될 것을 우려했기 때문이다. 대신에 그의 묘비만 경주 어딘가에 세웠다. 학자들은 대체로 사천왕사지에 있었다고 생각한다. **하지만** 사천왕사가 폐사되면서 문무왕 비석도 사라졌다. 문무왕의 비석은 1796년에 발견되어서 청나라 학자가 그 내용의 일부를 소개하기도 했다. **하지만** 조선이 망하는 와중에 또다시 사라졌다. **다행히** 1961년에 그 일부가 경주 동부동의 민가에서 발견되었다. 그리고 사라진 비석의 나머지 일부분도 2009년에 동부동의 다른 집 마당에서 발견되었다. 발견 당시 비석의 표면이 반질반질해 빨래판으로 쓰인 것 아니냐는 추정이 나오기도 했다. **하**

지만 다행히도 그 표면의 글자들은 잘 남아 있었다.

출처: 《테라 인코그니타》, 창비, 2021, 171쪽

이 글은 길지 않은 분량에 역접 연결사 '하지만'이 세 군데 들어갔다. 의미상 역접인 '다행히'도 있다. 독자를 혼란스럽게 하는 전개 방식이다. 이 글은 게다가 독자한테 주요 사실을 정리해서 주지 않는다. 즉, 문무왕비 비석 중 얼마나 남아 있는지 독자는 알 길이 없다.

나는 다른 자료를 조사해서 [대안1]과 같이 정리해 봤다. 역접의 주름을 다 없앴다.

[대안1] 현재로 전해진 문무왕 비석은 세 부분이다. 각각은 하부 대편(大片) 하나의 실물과 상부 대편 하나의 탁본(앞 뒤 두 장), 두 글자가 새겨진 소편(小片) 실물 하나다.

하부 대편과 상부 대편은 1796년(정조 20)경 경주부윤 홍양호에 의해 발견됐다. 두 대편은 이후 각각 앞면과 뒷면 두 장씩 넉 장의 탁본으로 떠졌다. 탁본 넉 장은 청나라로 전해져, 1832년에 편집된 '해동금석원(海東金石苑)'에 실렸다. 두 대편은 이후 다시 사라졌다가 하부 대편만 1961년 경주 동부동의 민가에서 발견됐다. 소편은 2009년에 동부동의 다른 집 마당에서 나왔다.

한편 1961년 하부 대편이 발견되기 전까지는 넉 장의 탁본이 네 개의 비석 조각에 대해 각각 제작됐다고 여겨졌었다.

[대안1]을 정리하면서 참고한 자료 중 하나가 [대안2]다. [대안2]는

글의 가운데에 오래 이어져왔던 오해를 넣었다. 그 오해가 어떻게 해소됐는지도 설명했다. 이런 전개 방식은 독자의 이해를 돕기보다는 방해한다고 생각한다. 그래서 나는 [대안1]처럼 오해를 끝 부분에 붙였다.

[대안2] 국립경주박물관 소장. 비는 일찍이 무너졌고, 현재까지 대편(大片) 2개, 소편(小片) 1개가 발견되었으나 대편 1개는 원석이 전하지 않는다. (중략) 대편 2개는 1796년(정조 20)경 경주부윤 홍양호(洪良浩)가 발견하였다고 하며, 이 때 탁본이 청나라의 유희해(劉喜海)에게 들어가《해동금석원 海東金石苑》에 실리게 되었다.《해동금석원》에서는 탁본이 4장임에 근거하여 제1, 2, 3, 4석으로 호칭하여 4개의 비편으로 보았다. (중략) 1961년 경주시 동부동 주택에서 홍양호가 발견한 대편 2개 중 비신 하부에 해당하는 대편 1개가 발견됨에 따라《해동금석원》의 제1석과 제4석은 비의 상부 앞면과 뒷면에 해당되며, 제2석과 제3석은 비의 하부 앞면과 뒷면에 해당됨을 확인하게 되었다.

[출처: 한국민족문화대백과사전(문무왕릉비(文武王陵碑))]

퇴고할 단계에 이르러서는 먼저 짜임새와 전개를 더 낫게 개선할 수 있지 않을까 궁리해야 한다. 문장 수사법과 정확도, 적합한 단어 선택 등은 나중에 따질 부분이다. 글의 전개가 원활한지 점검할 때면, 역접이 여러 차례 반복되는지를 살펴봐야 한다.

- 4장 -

문장과 문장들

'접속사를 쓰지 말라'는 억지

"서로 다른 층위에 있는 문장 간의 관계는 물론 같은 층위에 있는 문장들 간의 관계도 모호하다."

이는 이준웅 서울대 언론정보학과 교수의 '개조식' 비판 칼럼 중 일부다. 이 교수는 일간지 기고문 '소통과 먼 '국정운영 5개년 계획''(《경향신문》, 2017.07.30.)에서 "(그래서) 독자는 앞 문장에서 이어진 다음 문장이 순접인지 역접인지, 부연설명인지 제한조건인지 짐작도 못한 채 읽어가야 한다"고 지적했다.

'관계 모호'는 구체적으로 서술하면 '접속사가 없다'가 될 수 있다. 분량이 193쪽에 이르는 이 보고서를 접속사가 없는지 확인하면서 읽기란 단순하면서도 고된 작업이다. 대안으로 나는 검색 기능을 활용했다. '그러나'는 한 번도 쓰이지 않았다. '그래서'도 전혀 없다. '이로 인해'도 '그로 인해'도 없다. 다만 '따라서'는 단 한 번 들어갔다. 다음 대목이다. (이 자료는 형식을 거의 그대로 인용하지만, 첫 문장의 행 수는 원문보다 길어졌다.)

○ 시장만능주의의 확산은 불평등과 격차 확대, 공공성 약화현상을 초래
  - 따라서 국가가 △ **사회·경제적 불평등을 해소**하고 △ 국민의 **품위 있는**

삶을 유지하며 △ 사회 구성원의 유대를 강화하기 위해 **적극적 행위자로서의 역할** 필요

요컨대 이 비판은 근거가 확실했다. 이 자료를 작성한 국정기획자문위원회의 관계자들은 접속사를 전혀 쓰지 않다시피 했다.

정부 핵심까지 '침투'한 틀린 지침

이처럼 조사한 결과, 나는 정부 조직의 개조식 글쓰기에도 황당하게도 틀린 지침이 깊숙이 뿌리내렸음을 확인했다. 황당하게도 틀린 지침이란 '접속사가 없는 글이 완성도가 높으니, 가능하면 접속사 없이 글을 쓰라'이다.

기자는 '나부랭이'였다가 '쓰레기'로 전락됐지만, 누구보다 글을 많이 쓰는 가운데 관심과 노력에 따라 완성도 높은 글을 작성하는 훈련을 하는 직업이다. 촉각을 세운 기자는 글쓰기의 주요 지침을 두루 접하게 된다. 나도 '글이란 어때야 한다'는 가르침을 많이 들었다. 그중 하나가 바로 '가능하면 문단과 문단의 관계가 접속사가 없이도 설정되도록 쓰라'였다.

나는 이 지침을 가끔 떠올렸지만 동의하지 않았다. 당연히, 따르지도 않았다. 불필요한 접속사를 지우고, 부적절한 접속사는 대체했으나.

십수 년이 지나 글쓰기 강사로 활동하면서 글을 본격 연구하고 글쓰기 책을 두루 참고했다. 그 결과 국내에서 글쓰기에 대해 조언하는 사람들 중 상당수가 저 틀린 지침을 역설한다는 사실을 알게 됐다. 심지어 정부 부처에서도 저 틀린 지침이 면면히 전수되어왔다는 사실을 듣

게 됐다. '국정운영 5개년 계획'이 그런 황당한 상황을 확인해줬다.

다시 '국정운영 5개년 계획'으로 돌아온다. 나는 이준웅 교수의 비판에 전적으로 동의한다. 접속사가 없어 답답한 자료다.

접속사 없어 답답한 자리

'일반'은 '개별'을 통해 구체적으로 전달된다. 이 교수가 답답해했을 대목을 찾아봤다. 5쪽과 6쪽에 걸쳐 있는 다음 여러 문단이다. (이 인용 부분도 형식은 원문과 동일하나, 여러 군대에서 행 수가 늘어났다.) 찬찬히 읽으면서 어디에 어떤 접속사를 넣으면 좋을지 생각해보자.

3. 국정운영 5개년 계획의 특징
□ **국정운영 패러다임 전환**
　○ 촛불시민혁명으로 탄생한 정부이자 새롭게 집권한 민주정부로서 국민주권시대에 맞도록 **새로운 시대정신을 담아 국정운영 패러다임을 전환**
　○ **국정운영의 최상위 계획**으로서 향후 문재인정부의 세부 정책 수립, 정책집행, 정책평가 및 환류의 기준을 마련
□ **새로운 국가정책의 기본방향에 따른 구체적인 실행계획 제시**
　○ 변화된 패러다임에 맞추어 각 부문별 **국가정책의 기본방향을 설계**하고, 이를 실현하기 위한 세부 정책을 제시
　○ 국가비전과 국정목표, 각 부문별 과제, 시기별·연도별 달성목표, 재원, 입법계획, 주관부처 등 추진주체까지 명시하여 체계성·실행성을 조화
　○ 추상적인 개념과 목표, 중범위의 국정과제만을 제시했던 이전 정부들

의 국정운영 계획에 비해 **구체성과 실행성을 강화**

□ **최초의 국민참여형 국정운영 계획**

ㅇ국민인수위에 접수된 국민들의 정책 아이디어를 체계화하여 국정과제에 반영함으로써 정부 주도의 국정계획 수립 관행에서 탈피

- 정부와 국민의 협력 거버넌스에 의한 국민참여형 국정계획 수립 시도

ㅇ청와대를 포함한 범정부부처, 여당, 학계와 시민단체 전문가 등 국가의 모든 정책역량을 집중

□ **정부와 집권당에 국민을 향한 약속과 책임 부여**

ㅇ국민참여 속에 당·정·청이 협력하여 국정운영 5개년 계획을 마련하여, 투명하게 공개하고 매년 그 성과를 측정할 수 있도록 함으로써 정부와 여당에 **국민과의 약속을 충실히 이행할 책임**을 부여

원문은 네 문단 중 다음 두 문단을 관계를 설정하지 않은 채 방치했다.

[원문]

□ **최초의 국민참여형 국정운영 계획** (중략)

□ **정부와 집권당에 국민을 향한 약속과 책임 부여** (중략)

[대안]

□ **최초의 국민참여형 국정운영 계획** (중략)

□ **따라서 정부와 집권당에 국민을 향한 약속과 책임 부여**

ㅇ국민참여 속에 당·정·청이 협력하여 국정운영 5개년 계획을 마련하여, 투명하게 공개하고 매년 그 성과를 측정할 수 있도록 함으로써 정

부와 여당에 **국민과의 약속을 충실히 이행할 책임**을 부여

두루 높은 평가를 받는 필자의 글이나 고전의 반열에 오른 책을 살펴보자. 문단의 첫머리를 건너뛰면서 찾아보자. 접속사를 쉽게 발견할 수 있다. 해당 접속사가 없으면 어땠을지 상상하면서 읽어보자.

능수능란 박찬일의 접속사들

박찬일은 셰프이자 산문 작가다. 그는 문인으로부터도 인정받는 글쟁이다. 내가 그렇게 판단하는 근거가 있다. 그가 소설가로부터 자신의 산문집에 추천사를 써달라고 부탁받았다는 사실이다. 박찬일은 글을 누구보다 능수능란하게 다룬다. 그가 쓴 《곱빼기가 있어서 얼마나 다행인가》라는 작고 얇은 책이 있다. 판형은 손바닥 만하고, 쪽수는 181이다. 이 책에서 접속사로 시작하는 문단의 첫 문장을 몇 개 전한다.

- 그러나 이제 짜장면은 얼추 망가졌다.
- 그래도, 내 일생을 바친 짜장면을 버릴 수는 없었다.
- 그러나 짜장의 유혹은 무서웠다.
- 그래도 힐끗 주방 안쪽을 들여다보았다.
- 하지만 짜장면은 전분을 넣지 않는 걸 원칙으로 한다.
- 반면 베이징식 '정통'은 돼지고기와 춘장을 기름에 볶아 양념하는 게 전부다.
- 반면에 짜장면은 만만한 '호구' 취급을 받는다.

진화론을 장대하고도 문예적으로, 최근 연구까지 소개한 명저《핀치의 부리》는 어떤가. 20장 중 두 장에서만 다음과 같이 접속사가 들어간 문장들이 각각 문단을 이끈다.

- 그러나 그 당시에도(But even then) 가파른 절벽을 수고스럽게 기어오르는 병사, 선원, 죄수, 해적, 고래잡이들은 별로 많지 않았을 것이다.
- 그러나 일단 캠프를 설치하고 나면(Once they have pitched camp however) 주변의 갈라파고스 세상은 쥐 죽은 듯 고요해진다.
- 하지만 그것은 린네가 자신의 분류체계를 바라본 방식이 아니었다. (But that is not how Linne himself saw his system.)
- 그러나 모든 사람이 린네의 이 같은 정통적인 생명관을 받아들이지는 않았다. (Not everyone subscribed to this orthodox view of life.)
- 그럼에도 다윈은 ~하면서 시간을 허비하지 않았다. (Still Darwin did not waste his time ~.)

불필요·부적절 접속사만 꺼릴 뿐

한편 이준웅 교수의 칼럼에는 독자가 오해할 수도 있는 소지가 있다. 이 교수는 "개조식이 문장을 명사구로 대체하면서 동시에 많은 것을 갖다 버린다" "국정운영 5개년 계획서에 등장하는 사례만 보더라도 다음과 같은 문제점이 있다"면서 앞의 관계 부재를 비판했다. 이는 개조식 일반에 대한 비판으로 읽힐 수 있다. 개조식은 접속사를 쓰지 않는 형식이 아니다. 개조식도 필요하면 적절한 접속사를 꼭 써야 한다. 접속사를 잘 구사한 개조식 보고서도 많다. 사례는 생략한다. 앞에서 제시한 대안으로 갈음한다.

　보고서 작성자들이여, 산문 필자들이여, 논문 작성자들이여. 접속사를 꺼리지 말라. 운문이 아니라면 접속사를 써야 한다. 접속사가 없는 글을 읽는 사람은 필자가 의도했으나 감춘 문단과 문단의 관계를 추리해내야 한다. 당신들이 두려워해야 할 접속사는 불필요한 접속사, 부적절한 접속사뿐이다.

두 문장이 과연 그런 '관계'인가요?

관련된 두 문장의 관계를 명시한 글은 논리적이고 잘 전달된다. 그러나 두 문장을 부적절하게 관계 지은 글은 비논리적이고 잘 전달되지 않는다.

이 글은 인과관계와 역접관계를 다룬다. 역접관계는 전면 역접과 한정적 역접으로 나뉜다. 인과관계가 아닌 두 문장을 인과관계로 묶거나 역접관계가 아닌 두 문장을 역접관계로 묶은 사례를 살펴보고 각각 대안을 모색한다.

[원문] 국내 활자매체의 탈(脫) 종이신문 시도가 다각도로 전개되고 있다. 독자가 기사를 읽는 매체가 종이신문에서 PC와 스마트폰으로 옮겨 간 변화에 대응해 주요 신문들이 종이보다 디지털 매체를 중심으로 기사를 작성해 제공하고 있기 때문이다.

이 두 문장을 다시 읽어보자. 앞 문장의 '탈(脫) 종이신문 시도'가 결과이고 '종이보다 디지털 매체를 중심으로 기사를 작성해 제공'이 원인인가? 그렇지 않다. '탈(脫) 종이신문 시도'를 '종이보다 디지털 매체를 중심으로 기사를 작성해 제공'이 설명한다. 두 문장의 관계는 전자를 후자가 설명하는 것이다. 한편 두 문장을 역할 측면에서 살펴보면, 전자는 '리드'이고 후자는 '요약'이다. 다음과 같은 원문의 대안이 가능하다.

[대안] 국내 활자매체의 '탈(脫) 종이신문' 시도가 다각도로 전개되고 있다. 독자가 기사를 읽는 매체가 종이신문에서 PC와 스마트폰으로 옮겨간 변화에 대응해 주요 신문들이 종이보다 디지털 매체를 중심으로 기사를 작성해 제공하고 있다.

두 문장이 결과와 원인의 관계가 아니라 간단한 요약과 그에 대한 서술인 사례도 있다. 다음 예문이 그런 경우다. 원문과 대안을 비교해 읽어보자.

[원문] 수익성이 전년 동기에 비해 악화됐다. 매출은 3조7896억원으로 전년 동기보다 2% 증가했지만 영업이익률이 5.9%로 지난해 1분기의 9.2%보다 3.3%포인트 낮아졌기 **때문이다**.
[대안] 수익성이 전년 동기에 비해 악화됐다. 매출은 3조7896억원으로 전년 동기보다 2% 증가했지만 영업이익률이 5.9%로 지난해 1분기의 9.2%보다 3.3%포인트 낮아졌다.

인과관계를 넣은 문장은 사전 정보가 없는 독자가 내용을 파악하기에 피곤할 수 있다. 다음 문장과 대안을 읽으면서 생각해보자.

[원문] ○○○○○는 16세기 후반에 형성되었으므로 러시아에서는 비교적 오래된 도시에 속한다.

[대안] ○○○○○는 러시아에서는 비교적 오래된 도시로, 16세기 후반에 형성됐다.

강조하기 위한 역접은 부적절

역접관계 서술도 종종 남발되고 틀리게 쓰인다. 기자와 필자들이 역접 서술을 부적절한 곳에 쓴 사례에는 심리적 동기가 깔린 경우가 있다고 나는 추정한다. 바로 역접 아래 부분을 강조하고자 하는 심리이다.

[원문] 사람이 비켜갈 수 없는 운명이 두 가지가 있는데, 하나는 죽음이고 또 하나는 은퇴다. 누구나 생을 마감**하지만**, 그 전에 은퇴가 찾아온다. 은퇴 준비의 실체적 진실은 미래를 위한 대비다.

'누구나 생을 마감한다'와 '그(사망) 전에 은퇴가 찾아온다'는 역접관계가 아니다. 대안을 다음과 같이 제시한다. 이후 강조하기 위해 역접을 잘못 쓴 사례를 하나 더 공유한다.

[대안] 사람이 비켜갈 수 없는 운명이 두 가지가 있는데, 하나는 죽음이고 또 하나는 은퇴다. 누구나 생을 마감하고, 그 전에 은퇴가 찾아온다. 은퇴 준비의 실체적 진실은 미래를 위한 대비다.

[원문] 만사나레스 자치단체에 많은 문화유산이 존재한다. **그러나** 그중

백미는 필라스보나스성과 라아순시온 교구성당이라 할 수 있다. 두 건축물은 각각 1979년과 1991년에 스페인 문화유산으로 등재됐다.
[대안] 만사나레스 자치단체에 많은 문화유산이 존재한다. 대표적인 건축물이 필라스보나스성과 라아순시온 교구성당이다. 두 건축물은 각각 1979년과 1991년에 스페인 문화유산으로 등재됐다.

다음 사례도 역접 이후 사실을 두드러지게 전하고자 하고자 서술된 문장으로 보인다.

[원문] 파리정치대학은 대학평가기관 QS의 2021년 세계대학순위에서 242위에 올랐다. **하지만** 전공별 순위에서 정치학이 2위를, 사회정책·행정학은 23위, 사회학 28위, 개발학 40위, 법학은 50위에 올랐다.

둘째 문장은 '하지만'으로 시작한다. '세계대학순위 242위'와 '정치학 2위' 등의 순위가 상반된다는 서술이다. 과연 그럴까? 세계의 수많은 대학 중 242위가 변변치 않은 것일까? 그렇게 판단하기는 어렵다.
사실에 부합하는 서술은 이를 테면 '파리정치대학은 정치학 등에 강점이 있고, 그래서 세계대학평가에서 종합 순위보다 정치학 등의 전공별 순위가 매우 높다' 정도가 된다. 이런 해석을 꼭 덧붙일 필요는 없다. 다음 대안과 같이 사실을 건조하게 서술하면 된다.

[대안] 파리정치대학은 대학평가기관 QS의 2021년 세계대학순위에서 242위에 올랐다. 정치학과 정책학 등 분야가 강하다. 전공별 세계대학 순

위에서는 정치학이 2위를 차지했다. 사회정책·행정학은 23위, 사회학 28위, 개발학 40위, 법학은 50위에 올랐다.

개별 서술인 두 문장 사이에 역접 불필요

어느 개념이나 방법을 이루는 개별 요소를 각각 설명할 때에도 두 요소를 역접으로 엮을 필요가 없다. 다음 예문에서 '반면'을 없애야 한다.

[원문] 조혈모세포이식은 동종이식과 자가이식 두 가지로 나뉜다. 동종조혈모세포이식은 환자가 아닌 타인의 조혈모세포를 이용하는 치료 방법이다. 공여자의 조혈모세포가 환자의 골수에서 증식하여 여러 혈액질환에 대한 치료를 가능하게 한다. **반면** 자가조혈모세포이식은 환자 자신의 조혈모세포를 이용하는 치료방법이다. 자가조혈모세포이식은 고용량 항암치료가 도움이 되는 다발골수종, 림프종 등의 암환자에게 시행된다.

구성하는 두 부분 중 첫째가 전체의 대부분을 차지하고, 둘째는 일부에 불과한 경우가 있다. 그런 경우에도 둘째에 '그러나'를 넣어 서술할 필요가 없다. 그렇게 쓴 문장은 적절하지 않다. 다음 원문과 대안을 비교해서 읽어보자. 대안에는 두괄식 첫 문장이 추가됐다.

[원문] 대부분의 뇌수막염은 감염성 뇌수막염으로 바이러스, 세균, 진균, 기생충 같은 미생물이 혈액을 통해 뇌척수액에 침입해 발생한다. 비감염성 뇌수막염은 **그러나** 암, 전신홍반루푸스, 특정 약물에 대한 염증 반응이 원인이 되어 생긴다.

[대안] 뇌수막염은 대부분 감염성이고 일부 비감염성도 있다. 감염성 뇌수막염은 바이러스, 세균, 진균, 기생충 같은 미생물이 혈액을 통해 뇌척수액에 침입해 발생한다. 비감염성 뇌수막염은 암, 전신홍반루푸스, 특정 약물에 대한 염증 반응이 원인이 되어 생긴다.

제한적인 역접에는 '그러나' 대신 '다만'을

해당 문장이 앞 문장 전부를 뒤집는 게 아니라 제한적으로 단서를 다는 경우가 있다. 그럴 때에는 '그러나'나 '하지만'보다 '다만'이 더 적절하다. 다음 사례를 통해 이를 확인해보자.

[원문] 비전리방사선 중 수백만Hz의 주파수를 가지는 마이크로파는 신체 조직에서 열을 발생시킬 수 있다. 그 보다 낮은 주파수인 고주파, 전자기장은 열효과가 낮거나 거의 없다. **하지만** 신체에 매우 약한 전류를 흐르게 할 수 있다.

[대안] 비전리방사선 중 수백만Hz의 주파수를 가지는 마이크로파는 신체 조직에서 열을 발생시킬 수 있다. 그 보다 낮은 주파수인 고주파, 전자기장은 열효과가 낮거나 거의 없다. **다만** 신체에 매우 약한 전류를 흐르게 할 수 있다.

글의 오류 중 상당 부분은 무심코 잘못 익힌 습관의 산물이다. 생각하지 않고 따라 써서 습관이 된 다음에는 오류를 인식하지 못한다. 습관대로 쓰지 말고, 한 문장 한 문장을 생각하면서 써야 한다.

문단을 '그런데'로 대충 전환하지 말라

"나는 문장이 아니라 문단이야말로 글쓰기의 기본 단위라고 주장하고 싶다."

세계에서 손꼽히는 소설가 스티븐 킹이 책《유혹하는 글쓰기 On Writing》에서 준 조언이다. '글을 문단 단위로 쓰라'는 소설에 한정되는 지침이 아니다. 정보를 전달하는 기사도 문단 단위로 써야 한다. 에세이나 칼럼도 마찬가지다. 회사 보고서 또한 문단 단위로 작성한 것이 잘 읽힌다.

글을 문단 단위로 쓴다는 것은 한 문단이 하나의 내용이나 역할을 담당하게끔 한다는 의미다. 이 때 문단과 문단 사이에는 문단끼리의 관계를 나타내는 단어나 문구, 문장이 필요하다. 이를 편의상 '경첩'이라고 하자. 문이 경첩으로 문설주에 부착되는 것처럼, 이어지는 문단은 경첩을 통해 앞의 문단과 관계를 맺는다.

경첩 가운데 가장 손쉽게 쓸 수 있는 게 접속사다. 그러나 글을 잘 부리는 필자는 접속사를 덜 쓴다. 접속사 없이 다른 경첩을 활용해 문단과 문단의 관계를 설정한다. 그렇게 쓴 글은 술술 읽힌다. 그런 글은 솔기를 바느질한 흔적이 눈에 띄지 않는 옷과 비슷하다. (그러나 이는 '접속사

없이 쓰라'는 극단론과는 다르다.)

접속사 중에서 '그러나'와 '하지만' '그런데도' '그렇지만' 같은 역접 접속사는 써야만 하는 자리가 있다. 그러나 서술하는 내용을 전환할 때 쓰는 '그런데'는 필요하지 않은 경우가 많다. 또 다른 문구나 문장으로 대체하는 편이 더 나은 경우도 종종 보인다. 요컨대 문단의 첫 문장에 쓰인 '그런데'는 대부분 지우거나 대체할 수 있다. (문단 내 '그런데'는 문단 첫머리 '그런데'보다는 낫다.)

지우라, 다른 단어가 경첩 역할을 하면

우선 지우는 편이 더 나은 사례를 살펴보자.

중학교 때였다. 준수한 성적에 별문제 없이 가족의 사랑과 기대를 독차지하던 시절, 나는 평온한 호수 같던 우리 집안에 돌을 던지는 일을 만들었다. 고등학교 진학을 얼마 앞둔 날, 연예인이 되고 싶다며 예고 진학을 선언한 것이다. 그 당시 말로 '만능 엔터테이너'. 그날 밤 아버지는 우리 집안에 '딴따라'가 웬 말이냐며 유리창이 부서져라 소리를 지르셨고, 난 더 이상 내 뜻을 주장하지 못한 채 평범한 학생으로 돌아갔다.
<u>그런데 아이러니하게도 난 지금 '투니버스'에서 미래의 스타를 꿈꾸는 청소년들과 함께 일하는 PD가 되었고, 내 주변은 온통 과거의 내가 가고 싶었던 길을 가려는 아이들로 가득하다.</u> 시대도 변했다. 어린이들에게 장래 희망을 물으면 너도나도 연예인이 되고 싶다고 하고, 10대에 들어서면 아이돌을 준비하려고 한다. (문단 하략)

출처: 〈조선일보〉, [일사일언] 딴따라가 되고 싶어, 2019.04.03.

둘째 문단의 첫 문장을 다시 읽어보자. 앞 문단과 이 문단의 관계를 나타내는 단어가 있다. '아이러니하게도'이다. 따라서 이 문장에서 '그런데'는 지우는 편이 낫다. 나아가 이 문장을 다음과 같이 둘로 나누면 좋겠다. '아이러니하게도 난 지금 '투니버스'에서 미래의 스타를 꿈꾸는 청소년들과 함께 일하는 PD가 되었다. 내 주변은 온통 과거의 내가 가고 싶었던 길을 가려는 아이들로 가득하다.'

다른 문구가 있을 때도 '그런데' 불필요

다음에 인용한 첫 문단은 화폐개혁의 목적으로 인플레이션 해결을 들었다. 둘째 문단은 화폐개혁의 가장 중요한 목적은 인플레이션 해결이 아니라 다른 데 있다고 간주된다면서 '지하경제 양상화를 통한 재정확보'를 꼽았다. 둘째 문단과의 관계는 '가장 중요한'이라는 문구가 보여준다. 따라서 이 문장에서도 '그런데'를 지울 수 있다. 여기서도 첫 문장을 둘로 나눠 다음과 같이 서술할 수 있다. '화폐개혁에는 인플레이션 해결보다 더 중요하게 여겨지는 목적이 있다. 지하경제 양성화를 통한 재정확보이다.'

그럼에도 화폐개혁이 시도되는 이유는 무엇인가? 먼저, 인플레이션으로 통화단위가 의미를 잃었을 때다. 유명한 사례로 짐바브웨가 있다. 2008년 100억짐바브웨달러(ZWN)를 1짐바브웨달러(ZWR)로 교체했지만, 계속되는 화폐가치 하락으로 그 다음해 다시 화폐개혁을 단행하고 1조짐바브웨달러(ZWR)를 1짐바브웨달러(ZWL)로 바꾼다. (중략)
<u>그런데</u> 그것보다 현실에서 가장 중요한 이유로 간주되는 것은 지하경제

<u>양성화를 통한 재정 확보이다.</u> 1962년 우리나라 화폐개혁도 당시의 재정 문제, 특히 경제 발전 재원 마련을 위한 자본 동원과 관련이 높다.
(문단 하략)

출처: 〈매일경제〉, [세상읽기] 화폐개혁, 그 실패의 교훈, 2019.04.18.

여기서 파생되는 기법이 '이야기를 전환하면서 새 문단을 여는 문장의 길이는 가급적 짧게 쓴다'이다. 위 사례를 다시 보면, '화폐개혁에는 인플레이션 해결보다 더 중요하게 여겨지는 목적이 있고, 그것은 지하경제 양성화를 통한 재정확보이다'라고 쓰는 대신 이 내용을 두 문장으로 나눴다. 이 기법은 기사 도입부를 가리키는 '리드(lead)' 개념과 맞닿는다. 리드는 간결할수록 독자를 파고든다. 내용 전환 문단의 첫 문장은 리드를 작성하는 것처럼 쓰면 좋다.

문장이 문단 전환 역할을 하는 경우

다음 사례에서는 문장이 전환과 그 이후에 서술할 내용을 알려주는 역할을 한다. 따라서 '그런데'를 지워도 된다.

2019년 한국의 노동시장. 스웨덴보다 무려 7년이나 앞서 '잉여인간 일자리' 실험이 전국 곳곳에서 대대적으로 진행 중이라는 착각이 들 정도다. 1명이 아니라 32만 명 규모다. 한 해 정부 예산 8200억 원을 쏟아붓는다. 하루 2~3시간 동안 대학 강의실 전등 끄기, 거리 청소, 독거노인 방문, 어린이집 급식 보조 정도의 일을 하니 큰 부담도 아니다. (중략)
<u>그런데 스웨덴 실험에서는 있고, 한국의 정책과 현실에는 없는 중대한 차</u>

이가 있다. 스웨덴 프로젝트가 인공지능(AI) 시대의 인간과 노동에 고민거리를 던져보고, 경제성장과 진보라는 현대성의 본질에 대한 근본적 성찰을 위한 실험인 데 반해 한국 프로젝트는 참담한 현실을 담고 있다. (중략) 오로지 가공의 일자리 수를 늘리기 위한, 실패가 예고된 실험이다. (문단 하략)

출처: 〈문화일보〉, <뉴스와 시각> 잉여인간式 일자리의 한계, 2019.04.18.

요컨대 해당 문단의 앞 문단과의 관계를 알려주는 다른 단어가 있으면 '그런데'를 쓰지 않는 편이 더 매끄럽다. 해당 문단과 앞 문단과의 관계를 설정하는 다른 문구가 존재할 때도 '그런데'를 지우면 좋다. 해당 문단의 첫 문장이 경첩 역할을 수행할 때에도 '그런데'가 필요 없다.

더 적절한 '경첩'으로 대체 가능

이제 '그런데'를 다른 단어로 대체하는 편이 더 나은 사례를 하나 살펴보자. 다음에 인용한 두 문단에서 둘째 문단의 '그런데'보다 '하필'이나 '바로'가 더 적절하다. 새 문단을 '그런데'라는 청테이프로 대충 붙이기보다 딱 맞는 경첩을 달아 붙이면 글이 정치해진다.

지난 12일 우리는 일본과 세계무역기구(WTO) 수산물 분쟁에서 역전승했다. '한일전' 승리는 검역주권을 확인한 결과다. 패색이 짙었던 만큼 국민들의 찬사가 이어졌다. 해수부와 산업통상자원부, 식품의약품안전처 등 유관부처 노력도 칭찬할 만하다.
그런데 그날 해수부는 '안강망'이라는 단어가 들어간 자료를 배포했다.

WTO 분쟁과 전혀 상관없는 내용이었지만 일본으로부터 검역주권을 지킨 날, 일제 잔재는 정부 자료에 남아있었다. 아직 가야 할 길이 멀다.

출처: 〈머니투데이〉, [기자수첩] 바다주권 일제용어부터 걷어내야, 2019.04.22.

그런데 없이 쓰기, 정연하게 쓰기

문단 도입부의 '그런데'를 없애고 쓰다보면 글이 조리있게 된다. 원문 첫째 문단의 첫 문장을 둘로 나누고 이에 따라 내용을 재배치하자. 내용이 문단별로 가지런해진다.

[원문] 그러나 국회 인사청문회가 지나친 흠집내기로 흐르는 것은 청문회 취지에 맞지 않는다. 인사청문회법은 청문위원이 허위사실을 진실인 것처럼 말하거나 위협 또는 모욕이 될 발언을 해서는 안 된다고 그 의무를 명시하고 있다. 이는 후보자의 인권을 보호하고 확인되지 않은 의혹이 광범위하게 확산되는 것을 막기 위한 조항이다.
그런데 주식 거래 횟수가 많다는 이유만으로 한 청문위원은 이 후보자에 대해 "판사는 부업이고 재판은 뒷전"이라고 비아냥거리고, 야당 대변인은 "헌법재판소 결정문도 어차피 배우자가 대신 해 줄 것"이라고 논평했다. 모욕이 될 발언들이다.

출처: 〈국민일보〉, 유죄추정이 지배하는 청문회, 2019.04.19.

[대안] 그러나 국회 인사청문회가 지나친 흠집내기로 흐르고 있다. 주식 거래 횟수가 많다는 이유만으로 한 청문위원은 이 후보자에 대해 "판사는 부업이고 재판은 뒷전"이라고 비아냥거렸다. 야당 대변인은 "헌법재판소 결정문도 어차피 배우자가 대신 해 줄 것"이라고 논평했다. 모욕이

될 발언들이다.

<u>이런 모욕성 발언은 청문회의 취지에 맞지 않는다.</u> 인사청문회법은 청문위원이 허위사실을 진실인 것처럼 말하거나 위협 또는 모욕이 될 발언을 해서는 안 된다고 그 의무를 명시하고 있다. 이는 후보자의 인권을 보호하고 확인되지 않은 의혹이 광범위하게 확산되는 것을 막기 위한 조항이다.

한자 문화권에 비해 영어권에서는 글을 조리 있게 쓰는 전통이 오래 전에 자리잡았고, 어릴 때부터 글쓰기 훈련을 받는다. 그래서 문단을 '그런데 by the way'로 대충 이어붙인 사례가 드물다. 나는 편집된 글에서 그런 사례를 하나도 접하지 못했다. 독자께서는 '그런데'로 시작하는 문단을 읽은 적이 있으리라. 그러나 그 경우에도 원문에는 대부분 '그런데'에 해당하는 문구가 없다. 예를 들어 《핀치의 부리》(<동아시아>, 2017) 73쪽에는 '그런데 정말로 중요한 것은 그 다음부터다'로 시작하는 문단이 있다. 그러나 해당 원문은 'What follows next is'로 시작하고, '그런데' 문구가 없다. 문단 단위 글쓰기의 지침을 몇 가지로 요약하면 다음과 같다. 글은 문단 단위로 쓴다. 문단과 문단의 관계는 접속사로 나타낸다. 그러나 '그런데'는 불필요하게 쓰지 않는 편이 좋다. '그런데' 대신 더 적절한 단어나 문구, 문장을 찾아 쓰라.

단문도 좋지만, 결론은 적재적소

굳세어라, 이연홍

"어, 내가 어제는 회사를 안 갔어요. 아파서."
"감긴가 봐요?"
"아니, 술병이 났거든."
그와 전화통화를 할 때마다 왠지 주눅이 든다. 그는 열이 나는 사람이다. 욕도 잘한다. 말끝마다 '쌍', '씨발', '새끼'다. 이메일은 마침표도, 줄 바꾸기도 없이 빽빽하게 쓴다. 코와 입이 발달한, 골격이 큰 얼굴이다. 이래도 자기는 수줍음이 많단다.
이연홍 기자를 처음 본 곳은 작년 11월 13일 이화여대 언론정보 전공생들을 위한 기사작성 워크숍 자리였다. 주제는 '정치보도의 모든 것'.
이연홍 기자는 중앙일보의 유일한 정치전문기자다. 서강대 정치외교학과를 졸업하고 83년 중앙일보에 입사했다. 누군가는 '재주 있는 사람'이라고 했다. 그 재주는 글재주다.
그는 지독한 단문을 쓴다. 21세기형 기사문장으로 인정을 받는다. 상황을 파악하고 있으면 취재가 확실히 된다. 사실을 알고 있으면 간결한 글이

나온다. 자신감이 자기 글을 만든다. '~라고 예상된다'를 '~이다'라고 쓰는 식이다.

2월 16일 기사 '노무현을 이놈이라 칭하는 사람'은 총 1145자, 32문장이다. 한 문장당 16.5자다. 살을 다 발라내고 뼈만 쓴다.

'얼마 전이다.'

'송 신부가 물었다.'

'틀리든 맞든 그랬다.'

의식적으로 단문을 쓰고 있다. 이미 습관이다.

"난 단문이 좋다고 생각 안 해. 그냥 내가 단문을 쓰는 거지. 단문만 쓰면 너무 딱딱해져. 나 따라 한다고 기자들 사이에서 단문이 유행한 적이 있었는데, 다들 그러니까 보기 안 좋더라구." (중략)

글쓰기를 배우지 않았다. 책도 읽지 않는다. 이론이 없다. '열정'이 전 재산이다. 자신이 부족하다는 생각, 살아 남아야 한다는 절박함. 과장된 몸짓, 약간의 허풍도 용서가 된다.

"씨발. 내가 최고다. 내가 이 분야에선 최고라고 생각하면서 사는 거야. 스스로 세뇌하면서 살아." 한 달에 두 번, '이연홍의 정치보기'를 위해서라면 기꺼이 감수할 만한 잘난 척이다. 아니 '잘난 티'다.

출처: 〈스토리 오브 서울〉, 2003.03.01.

이 기사는 단문 문체의 유행에 대해 몇 가지 알려준다.

문인 중에서 단문으로 독자에게 강한 인상을 준 이가 김훈 작가라면, 언론계에서는 이 기사의 인터뷰이인 이연홍 당시 중앙일보 기자가 이름을 알렸다. 그의 말에 따르면 기자들 사이에서 그를 모방한 단문

문체 기사 쓰기가 유행했다. 그래서 이화여대 웹진의 배혜진 수습기자가 그를 인터뷰했다. 배 기자도 이 기사를 단문 위주로 썼다.

글쓰기를 업으로 하는 사람들 중 상당수가 단문을 권한다. 커뮤니케이션을 가르치는 교수들도 기사를 짧게 쓰라는 지침을 준다.

박제균 동아일보 논설주간은 글을 잘 쓰기 위한 '간단한 팁' 중 첫째로 '단문을 쓰라'를 제시한다. 박 주간은 책《독해가 쏙! 생각이 톡!》머리말에서 "길게 쓰다 보면 주어와 술어가 맞지 않는 비문이 나올 가능성이 높다"고 설명한다. 단문이 안전하다는 말이다. 단문의 장점으로는 "힘이 있다"며 "논지의 전달력이 강하다"고 말한다.

이재경·송상근 이화여대 교수가 쓴《기사 작성의 기초》는 "문장이 길면 당연히 이해도 어렵다"고 설명한다. 이 책은 단문 기사를 하나 예로 들고 "짧은 문장의 힘을 곧바로 느끼게 해주는 좋은 예"라고 평가한다. 또 문장 길이가 차이 나는 두 기사를 부분 인용하고 "읽고 맛을 느끼기에는" 문장이 짧은 글이 낫다고 비교한다.

단문으로 일관한 극단형 글에 대해

이런 조언을 극단으로 밀어붙인 글이 간혹 보인다. 글 전체를 단문으로 일관한 글이다. 그런 글의 스타일을 '단문주의'라고 하자. 예문을 만들어 설명하면 단문주의 글은 이런 식이다.

[원문] 그의 말은 핵심을 짚었다. 열정적이었다. 표현은 간결했다. 그는 호소 작업에 진심을 담았다. 여러 단계를 거쳤다. 구성원의 마음이 움직였다. 다음 단계는 조직이었다. 태스크 포스 팀을 구성했다. 팀에는 에이

스를 선발했다. 적극적인 자원자도 받았다. 업무에 속도가 붙었다. 그동안 지지부진하던 일에 성과가 나기 시작했다.

이 글을 읽노라면 조각조각 따로 노는 느낌이 든다. 문장을 갖춰서 다음과 같이 다시 쓰면 어떨까.

[대안] 그의 말은 간결했지만, 열정적이었고 핵심을 짚었다. 그가 진심을 담아 펼친 여러 단계 호소 작업에 구성원의 마음이 움직였다. 다음 단계로 그는 태스크 포스 팀을 구성했다. 팀은 에이스와 함께 적극적인 자원자들로 구성했다. 그동안 지지부진하던 업무에 속도가 붙었고 일에 성과가 나기 시작했다.

단문주의자는 역접으로 연결되고 비중이 뒤에 있는 문장도 자른다.

- 그는 실권이 없었다. 그러나 구성원들은 그의 말을 존중했다.
- 그의 사과는 충분하지 않았다. 그러나 의미 있는 사과였다.

이 두 문장은 각각 '그는 실권이 없었으나, 구성원들은 그의 말을 존중했다'와 '그의 사과는 충분하지 않았지만 의미가 있었다'로 써야 한다.

서두에 인용한 기사는 단문 위주이지만, 단문으로 일관하진 않았다. 예를 들면 단문이 아닌 문장으로 '이연홍 기자를 처음 본 곳은 작년 11월 13일 이화여대 언론정보 전공생들을 위한 기사작성 워크숍 자리였다'가 있다. 장문이 필요한 자리가 있다. 이모저모 짚어보이면서 읽는 이로 하여금 곰곰 생각하게 하려면 장문이어야 하는 경우가 있다.

한국의 단문주의에는 논리적 근거가 희박하다. 글을 단문으로만 구성하면 단문의 강점이 사라진다. 모든 문장에 힘을 주다 보니 어느 문장도 힘이 두드러지지 않는다. 단문만으로 쓴 글은 읽기에 딱딱하다. 단문만으로 쓰기는 곡을 줄곧 스타카토만으로 연주하는 것과 비슷하다.

한국보다 글쓰기 기초가 탄탄하고 전통이 깊은 영어권에서는 단문을 기본 형식으로 권장하지 않는다.

영어 글쓰기의 준 교과서인 《글쓰기의 기초 The Elements of Style》는 "그러나 모든 문장을 짧게 쓰라는 말은 아니다"라고 부인했다. 이는 군더더기 없이 쓰라는 지침을 일부 독자가 '단문으로 쓰라'는 말로 오해할까봐 내놓은 부인이다.

또 미국 글쓰기 전문가 개리 프로보스트는 《전략적 글쓰기》에서 "짧은 문장, 중간 길이 문장, 긴 문장을 조합해 글을 쓰라"고 조언했다.

영어 책 번역서 《짧게 잘 쓰는 법》은 부제가 '짧은 문장으로 익히는 글쓰기의 기본'인데, 자기모순을 드러낸다. 독자한테는 단문이 기본이라더니, 저자는 다음과 같은 긴 문장을 구사한다.

> 하지만 사실 여러분은 잘못된 가정과 나쁜 습관의 황무지, 요령부득의 전문용어로 허약한 구조로 쌓아올린 사막, 언어학적인 야만의 땅, 진부한 표현과 무의미한 문구 없이 명료하고 단순하게 쓰기가 거의 불가능한 장소로 이끌려온 것입니다.

움베르토 에코의 조언과 그의 문장도 참고가 된다. 에코는《논문 잘 쓰는 법》중 "여러분은 프로스트가 아니다"라며 "긴 문장을 쓰지 말라"고 조언했다. 그는 "긴 문장을 피하기 어려우면 일단 길게 썼다가, 나중에 쪼개도록 하라"고 설명했다.

그러나, 오해하면 안 된다. 에코는 "단문을 쓰라"고는 말하지 않았다. 이는 에코가 제시한 대안 중 다음 문장의 길이를 재보면 확인된다.

> 비록 어떤 사람은 조이스의 페이비언주의적이고 사회주의적인 경향에 대해 언급하고자 했을지라도, 조이스가 참여적인 작가였다고 분명하게 말할 수는 없다.

물론이다. 국내에서도 기사와 글을 단문으로만 쓰라고 단언하는 전문가는 거의 없다. 문장이 길다는 느낌이 들면 무조건 단문으로 잘라내야 한다고 말하지도 않는다.《기사 작성의 기초》는 "긴 문장을 반드시 써야 할 경우가 있다"고 인정한다. 박 주간은 단문에 집착한 나머지 너무 작위적으로 문장을 잘게 잘라선 곤란하다"며 "단문의 토대 위에 때론 '글쓰기 전략'에 따라 긴 문장을 섞어도 된다"고 말한다.

박 주간은 "그 배합이 조화롭게 어우러져야 좋은 글"이라고 말한다. 언제 단문을 쓰고, 어느 자리에는 장문을 쓰는 걸까? 박 주간은 "일단 완성한 문장을 두세 개로 잘라 보라"는 방법을 제시한다. "자르고 나서 읽어도 억지로 자른 듯한 느낌이 들지 않으면 잘라진 단문을 쓰는 편이 낫다"고 설명한다.《기사 작성의 기초》는 긴 문장을 써야 할 때면 쓰되, 장문 다음 문장은 짧게 쓰라고 조언한다. "그러면 독자는 지루해하지 않는다"고 설명한다.

단문은 첫 문장과 문단 도입부에 쓰라

나는 단문을 어디에 배치하면 좋고 어디에 써야 하는지, 세 곳을 지목한다. 글의 첫 문장, 문단의 첫 문장, 특히 전환 문단의 첫 문장이다.

첫째, 글의 첫 문장은, 대구법 등 수사법을 구사하는 경우 등이 아니라면, 짧은 편이 좋다. 첫 문장이 길면 독자에게 전달이 어렵다. 다음 예문을 비교해 읽어보자.

[원문] 요즘 필자는 지방자치단체의 인구정책 부서로부터 '저출산에 잘 대응한 해외의 모범적인 정책 사례를 배우고 싶은데 어디에 가야 할지' 묻는 문의를 자주 받는다.

[대안1] "저출산에 잘 대응한 해외의 모범적인 정책 사례를 배우고 싶은데 어디에 가야 할까요?" 요즘 필자가 지방자치단체의 인구정책 부서에서 자주 받는 문의다.

[대안2] 요즘 필자가 지방자치단체의 인구정책 부서에서 자주 받는 문의가 있다. '저출산에 잘 대응한 해외의 모범적인 정책 사례를 배우고 싶은데 어디에 가야 할지'를 묻는 내용이다.

첫 문장이 길어져 전달력이 떨어짐을 피하기 위해 기자들이 흔히 쓰는 기법이 있다. 글을 문구로 시작하는 것이다.

지난달 29일 오후 3시 익산시청 회의실. 맨발 마라토너 백우진 씨가 시민들을 대상으로 '발과 인류의 진화, 그리고 건강'을 주제로 3시간에 걸쳐 특강을 했다.

일시와 장소를 앞세운 것은 강조하기 위해서가 아니다. 첫 문장에 일시와 장소를 넣을 경우 시작이 늘어지게 되는 문제가 있어서 그렇게 한 것이다.

강조할 문구를 앞세운 도입부도 가능하다. 다음이 그런 경우다.

<u>총 3억 5000만원.</u> 보건복지부 고위공무원인 허 모(57)씨가 2013년 3월부터 2017년 12월까지 4년 9개월 동안 모 병원 명의로 된 법인카드를 총 1677회에 걸쳐 사용한 금액이다.

둘째, 문단의 첫 문장도 짧은 편이 좋다. 두괄식이거나 의미 부여하는 내용일 때엔 특히 단문을 앞세워야 한다. 세 단락 인용문을 살펴보자. 이어 원 문장과 저며낸 문장을 비교해 읽어보자.

<u>놀라운 것은 이 창작을 학계에서조차 적극적으로 수용하는 양상이다.</u> 이종기 작가가 지어낸 얘기를 널리 전파한 학자가 고고인류학을 전공한 김병모 한양대 명예교수다. 김 교수는 1987년 〈가락국 허황옥의 출자- 아유타국고(Ⅰ)〉를 시작으로 허왕후를 다룬 다수의 논문을 발표했는데, 근거 자료조차 밝히지 않은 것들이었다. 이종기의 창작을 윤색하고 발전시킨 논문이니, 근거 자료를 댈 수가 없긴 했다.
<u>언론매체가 김 교수의 환상에 메가폰을 댔다.</u> 〈조선일보〉를 비롯한 많은

언론매체가 김 교수를 인터뷰해 전설 따라 인도에서 가락국의 바닷길을 오갔다.
<u>전설을 가설 삼은 과학적인 검증 시도도 나타났다.</u> 서정선 서울대 의대 교수와 김종일 한림대 의대 교수팀은 2004년 허왕후의 후손으로 추정되는 김해 고분의 왕족 유골을 분석한 결과 인도 등 남방계라는 결론을 내렸다고 보도됐다.

출처: 〈엔터미디어〉, 허왕후 전설이 사실로 둔갑하기까지, 2017.07.20.

[원문] 김광림의 희곡 '날 보러 와요'와 이를 영화화한 봉준호 감독의 '살인의 추억'을 보고 있으면 두 매체가 너무도 다르다는 것을, 그리고 두 작품은 각 매체의 특징을 정확히 파악해 하고 싶은 말을 무척이나 잘하고 있다는 것을 깨달을 수 있다.

[대안] 연극과 영화가 다른 장르임을 체감하기에 좋은 두 작품이 있다. 김광림의 희곡 '날 보러 와요'와 이를 영화화한 봉준호 감독의 '살인의 추억'이다. 두 작품은 장르의 특징을 정확히 파악해 하고 싶은 말을 무척이나 잘하고 있다.

전환 문단의 시작은 짧아야 한다

셋째, 내용을 전환하는 문단의 첫 문장은 짧아야 한다. 문단의 첫 문장을 다음과 같이 저며낼 수 있다.

[원문] 문맹이 사라진 지금은 데이터와 통계에 대한 이해가 부족해 사회와 경제 현상을 제대로 파악하는 데 어려움을 겪는, 이른바 통계맹인 사

람들이 늘어나고 있다.

[대안] 이제는 문맹보다 통계맹이 더 문제다. 문맹이 사라진 반면 데이터와 통계에 대한 이해가 부족해 사회와 경제 현상을 제대로 파악하는 데 어려움을 겪는 사람들이 늘어나고 있다.

[원문] 새로운 기전의 경구용 치료제가 제도권에 진입하면서 최근 궤양성대장염 치료가 새 전기를 맞았다.
[대안] 최근 궤양성대장염 치료가 새 전기를 맞았다. 새로운 기전의 경구용 치료제가 제도권에 진입하면서다.

단문을 유행시킨 이연홍 기자의 말을 유념해야 한다. "단문이 좋다고 생각 안 해." "단문만 쓰면 너무 딱딱해져."

나는 이 글에서 '장단의 조화'를 이루는 지침을 제시했다. '단문은 글의 도입부, 문단의 첫 문장, 내용 전환 문단의 첫 문장에 쓰라'는 것이다. 이외에 기본적으로 임팩트를 주고자 하는 대목에서는 단문이 제격이다. 그렇지 않은 대목에서는 가급적 문장을 갖춰서 작성하기를 권한다. 필요하다면 장문을 적극 구사하기 바란다.

명사를 같은 명사로 받지 말라

"글쓰기에 대한 책에는 대개 헛소리가 가득하다."

세계적인 작가 스티븐 킹이 《유혹하는 글쓰기 On Writing》 머리말에서 던진 일침이다. 이 글을 쓰는 지금 나 자신을 돌아보게 하는 말이다.

킹은 이 '헛소리 규칙'의 예외로 《글쓰기의 기초 The Elements of Style》를 들었다. 그는 이 책에는 "헛소리라고 알아차릴 만한 내용이 거의 또는 전혀 없다"고 평가했다. 이 책에는 여러 판본이 있는데, 킹은 자신이 가진 책은 85쪽에 불과하다고 말했다.

이 책에는 헛소리는 물론 군더더기도 거의 없다. 이 책의 17번 지침 '불필요한 단어들을 지우라'를 스스로 철저히 실천한 셈이다. 이 책은 군더더기에 대해 다음과 같이 조언한다.

"힘 있는 글은 간결하다. 한 문장에는 불필요한 어휘가 하나라도 있으면 안 되고, 한 단락에는 필요 없는 문장이 하나라도 있으면 안 된다."

이 조언은 한글 글쓰기에서도 따라야 한다. 예외는 제목과 부제, 목차, 문단의 두괄식 첫 문장, 핵심요약문, 결론 등이다. 이들 요소가 아닌

데서는 반복도 중첩도 피해야 한다. 반복은 동일한 단어나 구절을 되풀이하는 것을 가리키고, 중첩은 비슷한 내용을 다른 단어나 구절로 다시 서술하는 것을 뜻한다.

이 지침을 응용하면 이 절의 제목인 '명사를 같은 명사로 받지 말라'가 나온다.

[원문] 이 **과정**은 학습자가 과목과 주제에 구애받지 않고, 무엇이든 새롭게 만드는 활동을 통해 학습은 물론 창의성과 전문성까지 기르는 **과정**이다.

주어 '과정'을 술어부의 '과정'이 받았다. 동일한 단어가 반복됐고, 둘째 '과정'은 역할이 없다.

다른 측면에서 원문을 고칠 필요를 살펴볼 수 있다. 원문은 다음과 같이 3단으로 구성됐다.

[원문] 이 **과정**은	학습자가 과목과 주제에 구애받지 않고, 무엇이든 새롭게 만드는 활동을 통해 학습에 더해 창의성과 전문성까지 기르는	**과정**이다.

어떻게 고치면 좋을까? 주어를 바꾸는 대안이 있다.

[대안] **학습자는** 이 **과정**에서 과목과 주제에 구애받지 않고 무엇이든 새

롭게 만드는 활동을 통해 학습에 더해 창의성과 전문성까지 기를 수 있다.

이 대안은 2단 구조이어서 원문보다 간결하다는 장점도 있다.

[대안] 학습자는	이 **과정**에서 과목과 주제에 구애받지 않고 무엇이든 새롭게 만드는 활동을 통해 학습에 더해 창의성과 전문성까지 기를 수 있다.

우리는 일상생활에서 안내받는 문장에서도 종종 주어에 쓰인 단어가 한 문장에서 반복되는 사례를 접한다.

[원문] 이곳은 쓰레기를 버리는 곳이 아닙니다.
[대안] 이곳에 쓰레기를 버리지 마세요.

[원문] 잠시 후 도착하는 버스는 ○○○번 버스입니다.
[대안] 잠시 후 도착하는 버스는 ○○○번입니다.

주어 단어가 반복되는 문장이 한 문단에 반복된 사례도 있다. 다음 예문을 읽어보자.

[원문] 법 관련 전문가들의 전유물로 여겼던 **법령문이** 법제처 알법사업을 거치면서 일반 국민의 눈높이에서 읽고 이해할 수 있는 **법령문으로** 조금씩 변하고 있다. 민법이나 상법 같은 기본법은 여전히 어려운 용어와

난해한 문장들이 남아 있지만 평범한 국민의 편에 서서 추진하는 '좋은 일'이 계속되다 보면 머지않은 날 우리나라의 모든 법 **문장이** 일반 언어생활의 문장과 별반 다르지 않은 평이한 **문장이** 되는 날이 오리라 믿는다.

출처: 〈말과글〉, 알기 쉬운 법령 만들기를 아십니까?, 2022 봄호

원문은 '법령문이 ~ 법령문으로 조금씩 변하고' '문장이 ~ 문장이 되는' 구조로 쓰였다. 둘째 '법령문'과 둘째 '문장'은 반복이고 역할이 전혀 없다. 대안과 같이 쓸 수 있다. 고치면서 긴 문장을 나누기도 했다.

[대안] 법 관련 전문가들의 전유물로 여겨졌던 **법령문이** 법제처 알법사업을 거치면서 일반 국민이 이해할 수 있게끔 조금씩 변하고 있다. 민법이나 상법 같은 기본법에는 여전히 어려운 용어와 난해한 문장들이 남아 있다. 그러나 평범한 국민의 편에 서서 추진하는 '좋은 일'이 계속되다 보면 머지않은 날 우리나라의 모든 법 **문장이** 일반 언어생활의 문장과 별반 다르지 않고 평이하게 되는 날이 오리라 믿는다.

같은 단어의 반복을 피하려는 시도가 반영된 문장도 볼 수 있다.

[원문] 이 **스타디움**은 관중 2만 명을 수용할 수 있는 **경기장**이다.

'이 스타디움은 관중 2만 명을 수용할 수 있는 스타디움이다'라고 하면 '스타디움'이 반복되는 문제가 생기니, 필자는 둘째 '스타디움'을 '경기장'으로 바꾼 듯하다.

시도는 가상하지만, '경기장'은 이 문자에서 역할이 없다. 다음과 같이 쓰면 더 좋다.

[대안] 이 **스타디움**은 관중 2만 명을 수용할 수 있다.

비슷한 단어를 쓴 사례와 대안을 하나 더 읽어보자.

[원문] 이 **기념비**는 임진왜란 때 이 지역 의병들이 훨씬 숫자가 많은 일본군을 기습해 무찌른 것을 **기념하는 비**이다.
[대안] 이 **기념비**는 임진왜란 때 이 지역 의병들이 훨씬 숫자가 많은 일본군을 기습해 무찌른 전공을 **기린다**.

'기념하는 비'는 '기념비'를 풀어쓴 구절이다. '것'은 더 구체적인 단어 '전공'으로 교체하면 좋다.

[원문] **이곳**은 우리 민족의 인권을 말살하던 일제의 통감관저 터 인근 부지로, 근·현대사의 아픔을 간직하고 있는 **장소**입니다.
[대안] **이곳**은 우리 민족의 인권을 말살하던 일제의 통감관저 터 인근 부지로, 근·현대사의 아픔을 간직하고 있습니다.

이제 범위를 주어 명사의 반복이나 중첩에서 더 넓혀, 단어나 구절, 문장, 문장들의 중첩을 검토한다.
서울시가 낸 자료 중에 '아파트 경비노동자 고용안정 및 권익보호

방안 대책'이 있었다. 이 제목의 '방안'과 '대책'은 중첩이다. '방안'만 쓰고 '대책'은 지워야 한다.

중첩 해소는 단어부터 문장들까지

한편 '아파트 경비노동자 고용안정 및 권익보호 대책'은 어떤가? 대책은 어떤 좋지 않은 상황에 대한 대응을 담은 자료에 더 어울린다. 예컨대 '경비노동자에 대한 갑질 근절 대책'처럼 쓸 수 있다.

다음은 마포구가 낸 보도자료의 앞 부분이다. 첫 문장을 중첩 해소의 측면에서 읽어보자.

[원문] 마포구는 **공기정화**식물을 통한 자연 **공기정화**와 사물인터넷 기술(IoT)을 활용한 **공기청정기**를 접목한 '식물 실내**공기정화기** 1호'를 마포구청 로비에 설치했다.

공기정화식물을 식재한 식물 실내공기정화기는 양쪽 벽면에 공기정화식물인 스칸답서스, 마블스킨, 스킨야자, 홍콩야자 등 144본을 식재해 자연적으로 공기 정화가 이뤄지게 했다.

여기에 사물인터넷 기술을 활용한 자동관리운영방식 '스마트가드닝 시스템'으로 식물의 온·습도 차이에 따라 물을 공급하며 정화기의 상단 부분에는 햇빛이 없는 밀폐 공간에서도 태양광을 보완해 주는 식물생장용 LED가 자동으로 작동된다.

첫 문장에 '공기정화'와 '공기청정'이 도합 네 번 쓰였다. 간결하게 다음과 같이 쓸 수 있다.

[대안] 마포구는 **공기정화**식물에 사물인터넷(IoT)을 접목한 '식물 실내 공기정화기' 1호를 마포구청 로비에 설치했다.

다음 원문과 대안도 비교해보자.

[원문] 이에 ○○시는 경제활성화에 대한 방향을 좀 더 세분화해 접근했다. 시장에 예산을 초과 집행하는 재정확장 정책을 통해 단기적으로 경기를 부양했으며, 장기적으로 기업하기 좋은 투자환경을 조성해 많은 기업들이 ○○에서 성장하며 경제를 이끌어 갈 수 있도록 경제기반을 조성했다.

[대안] 이에 ○○시는 경제활성화에 대한 방향을 좀 더 **세분해** 접근했다. <u>단기적으로</u> 시장에 예산을 초과 집행하는 재정확장 정책을 통해 경기를 부양했으며, <u>장기적으로</u> 많은 기업들이 ○○에서 **성장하며 경제를 이끌어 갈 수 있도록 기업하기 좋은 투자환경**을 조성했다.

우선 '세분화해'를 '세분해'로 줄였다. '세분하다, 세분화, 세분화하다'의 파생 관계를 놓고 볼 때, 원형인 '세분하다'를 쓰는 편이 군더더기가 이중으로 붙은 '세분화하다'를 활용하는 편보다 훨씬 낫다.

'나만 까다로운가' 가끔 자문한다. 그런 가운데 마주친 환경부의 다음 광고 문구가 눈에 쏙 들어왔다. '분절된'이라고 쓰면서 '분절화된'을 피한 담당자에게 박수를 보내고 싶었다.

분절된 물관리 퍼즐 2022년 1월 환경부가 완성합니다.

다음 원문에서는 반복된 '여객'을 들어내면서 표현을 바꿨다. 그 결과 문장 분량도 줄였다.

[원문] 시내버스 운전자는 **여객**의 안전을 위해하거나 **여객**에게 피해를 줄 것으로 판단하는 경우 음식물이 담긴 일회용 포장 컵(일명 '테이크아웃 컵') 또는 그밖의 불결·악취 물품 등의 운송을 거부할 수 있다.

[대안] 시내버스 운전자는 여객의 안전이나 편익을 보호하기 위해 음식물이 담긴 일회용 포장 컵(일명 '테이크아웃 컵') 또는 그밖의 불결·악취 물품 등의 운송을 거부할 수 있다.

문필가도 간혹 중언부언

여러 문장이 중첩인 경우도 종종 눈에 띈다. 그 중첩이 글쓰기 책에서 발견되는 경우도 간혹 있다. 다음은 당대의 문장가 이태준이 쓴《문장강화》의 한 대목이다. 앞뒤 내용과 중첩된 문장들을 삭제선으로 표시했다.

그런데 이 표현 가능의 면과 표현 불가능의 면이 언어마다 불일(不一)하다. 갑(甲) 언어에 '그런 경우의 말'이 있는데 을(乙) 언어엔 그런 말이 없기도 하고, 을 언어에 '그런 경우의 말'이 있는 것이 갑 언어엔 없기도 하다. 영어 wild eye에 꼭 맞는 조선말이 없고 또 조선말의 '뿔뿔이'에 꼭 맞는 영어가 없다. 꼭 wild eye를 써야 할 데서는 조선말은 표현을 못하고 마는 것이요, 꼭 '뿔뿔이'를 써야 할 데서는 영어는 벙어리가 되고 마는 것이다. 어느 언어가 아직 이 표현 불가능의 암흑면을 더 광대한 채 가지고 있나 하는 것은 지난한 연구재료의 하나려니와 우선, 어느 언어든 표현 가능성의 일면과 아울러 표현 불가능성의 일면도 가지고 있는 것, 그리고 이 표현 불가능성은 언어마다 불일(不一)해서 완전한 번역이란 영원히 불가능한 사실쯤은 알아야 하겠다. 이것을 의식하기 전엔 무엇을 번역하다가 자기가 필요한 번역어가 없다고 해서 이 언어는 저 언어보다 표현력이 부족하니, 저 언어는 이 언어보다 우수하니 하고 **부당한 단정**을 하기가 쉬운 것이다. 번역을 받는 원문은 이미 그 언어의 표현 가능면의 말로만 표현된 문장이다. 그런데 표현의 가능, 불가능면은 언어마다 불일하다. 나중의 언어로는 표현이 불가능한 것도 있을 것은 오히려 지당한 아차다. 이 우열감은 하나는 구속이 없이 마음대로 표현한 것이요, 하나는 원문에 구속을 받고 재표현해야 되는 번역, 피(被) 번역의 위치관계이지 결코 어느 한 언어와 언어의 본질적 차이는 아니다.

출처:《문장강화》, 창작과비평사, 1988, 29쪽

여러 기업에서 '경영의 정수'를 보여준 이나모리 가즈오(稲盛和夫)는 '손이 베일 듯한 제품을 개발하라'고 말했다. 이 말은 뺄 부분이 전혀 없는 완성도를 추구하라는 뜻으로 이해된다. 이는 개발 외의 업무를 맡은 직장인들도 새겨둘 만한 지침이다. 높은 완성도에는 군더더기를 빼야만 도달할 수 있다. 문장에서는 반복을 제거하고 중첩을 해소해야 한다.

10매 원고에 '것'을 몇 번 썼나요?

'거시기'는 사투리가 아니다. 《표준국어대사전》은 대명사 거시기를 '이름이 얼른 생각나지 않거나 바로 말하기 곤란한 사람 또는 사물을 가리키는 대명사'라고 풀이한다. 감탄사 거시기는 '하려는 말이 얼른 생각나지 않거나 바로 말하기가 거북할 때 쓰는 군소리'라고 설명한다.

사전에는 반영되지 않았지만, 거시기는 형용사로도, 동사로도 쓰인다. "기분이 참 거시기하네"와 "그 친구가 거시기했을 때 우리는 뭐 하고 있었지?" 처럼. 거시기가 표준어가 된 데에는 이같은 다양한 용도로 자주 쓰인다는 상황도 고려됐으리라고 추측한다.

글에서 '거시기'처럼 많이 등장하는 단어가 '거시기'의 원형 격인 '것'이다. 10매 정도의 글에서 '것'이 10번 넘게 쓰였다면 서너 개는 줄여보자. '것'을 다른 단어로 대체하고 솎아낸 글이 더 정확하고 잘 읽힌다.

'것'을 쉽게 자주 쓰면 어떤 글이 되는지, 단적인 문단 하나를 읽으면서 생각해보자. 원문에는 분량 300여 자에 '것'이 여섯 번이나 들어갔다. '것'이 하나도 없는 대안과 비교된다.

[원문] 간접세는 직접세에 대응한다. 조세를 간접세와 직접세로 구별하는 **것**은 조세의 전가(轉嫁)가 예정되어 있는가를 기준으로 하는 **것**이다. 직접세는 납세의무자가 곧 조세부담자가 됨으로써 조세가 전가되는 **것**이 예정되어 있지 않은 조세인 것에 대하여, 간접세는 납세의무자가 일단 납세를 하되 그 조세가 물품의 가격에 포함되는 등의 방법에 의하여 조세부담자에게 전가되는 **것**이 예정되어 있는 조세인 **것**이 다르다. 주세의 납세의무자는 주조업자(酒造業者)이지만 그 주세를 실질적으로 부담하는 자는 주류의 소비자로서, 주조업자가 부담한 주세가 주류의 가격에 포함되어 결과적으로 주류의 소비자에게 전가되는 **것**이 그 예이다.

출처: [네이버 지식백과] 간접세 [indirect tax, 間接稅] (두산백과 두피디아, 두산백과)

[대안] 간접세는 직접세에 대응한다. 조세를 간접세와 직접세로 **구분하는 기준은** 조세의 전가(轉嫁)가 예정되어 **있는가이다**. 직접세는 납세의무자가 곧 조세부담자가 됨으로써 **조세 전가가** 예정되어 있지 않은 **데 비해**, 간접세는 납세의무자가 일단 납세를 하되 그 조세가 물품의 가격에 포함되는 등의 방법에 의해 **조세 전가가 예정되어 있다. 예를 들어 주세**는 납세의무자는 주조업자(酒造業者)이지만 주세를 실질적으로 부담하는 자는 주류의 소비자이어서, 주조업자가 부담한 주세가 주류의 가격에 포함되어 결과적으로 주류의 소비자에게 **전가된다**.

'것'이 활용되는 여덟 가지 용례

'것'의 용례는 여덟 가지 정도로 구분할 수 있다.

첫째, 적합한 명사가 있는데도 그 대신 '것'을 쓴 경우다. 그렇게 대충 쓴 '것'을 알맞은 명사로 대체해야 글이 구체적이고 정확해진다.

이태준은 《문장강화》에서 "그 뜻에 가장 적합한 말"로 '유일어'를 쓰라고 권하면서 프랑스 문인 플로베르와 모파상을 인용한다. 그 인용을 여기 다시 전한다.

"한 가지 생각을 표현하는 데는 오직 한 가지 말밖에는 없다."(플로베르)

"우리가 말하는 것이 무엇이든 그것을 표현하는 데는 한 말밖에 없다. 그것을 살리기 위해선 한 동사밖에 없고 그것을 드러내기 위해선 한 형용사밖에 없다. 그러니까 그 한 말, 그 한 동사 그 한 형용사를 찾아내야 한다. 그 찾는 곤란을 피하고 아무런 말이나 갖다 대용함으로 만족하거나 비슷한 말로 맞추어버린다든지, 그런 말의 요술을 부려서는 안된다. (모파상)

플로베르의 지론은 '일물일어설'이라고 불린다. 어떤 대상을 가리키는 가장 적합한 낱말은 '일사일언'이라고 한다.

자, 이제 다음 각 원문의 '것'을 어떤 다른 명사로 바꾸면 좋을지, 대안을 읽으면서 떠올려보자.

[①원문_1] 기존의 거시경제 수단의 기본 틀을 흔드는 재정의 화폐화 대신 중앙은행이 정부의 재정 확대에 협조적으로 통화정책을 운영하는 **것**이 장기적 관점에서는 더 현실적이다.

[①대안_1] 기존의 거시경제 수단의 기본 틀을 흔드는 재정의 화폐화 대신 중앙은행이 정부의 재정 확대에 협조적으로 통화정책을 운영하는 **편**이 장기적 관점에서는 더 현실적이다.

[①원문_2] 제조시설이 필요 없는 서비스업은 제조업보다 자산 규모가 작기 때문에 역시 PBR 1미만을 찾는 **게** 쉽지 않다.

[①대안_2] 제조시설이 필요 없는 서비스업은 제조업보다 자산 규모가 작기 때문에 역시 PBR 1미만을 찾는 **작업(과정)**이 쉽지 않다.

[①원문_3] 바텀업 방식으로 성장주를 고르는 **것**은 사실 이론상으로 맞지 않다.

[①대안_3] 바텀업 방향으로 성장주를 고르는 **방식**은 사실 이론상으로 맞지 않다.

둘째, 주어를 서술하는 부분에 있는, 주어를 받는 '것'이다. 이 유형 중 상당수에서는 술어부를 동사로 마치면서 '것'을 지울 수 있다.

[②원문_1] 말은 사람이 의사를 표현하려는 필요에서 **생긴 것이다**. 그러나 사람의 의식 속에 있는 것을 무엇이나 다 표현해내는 전능력은 **없는 것이다**.

[②대안_1] 말은 사람이 의사를 표현하려는 필요에서 **생겼다**. 그러나 사람의 의식 속에 있는 것을 무엇이나 다 표현해내는 전능력은 **없다**.

한편 원문의 '의식 속에 있는 것'의 '것'이 눈에 밟힌다. 이 '것'을 구체적인 단어로 대체하려면 예를 들어 '머릿속에 있는 **생각**'으로 쓰면 된다.

[②대안_1] 말은 사람이 의사를 표현하려는 필요에서 **생겼다**. 그러나 사람의 **머릿속에 있는 생각을** 무엇이나 다 표현해내는 전능력은 **없다**.

[②원문_2] 이 책은 (저자가) 편집자의 삶을 세 단위로 나누어 **정리한 것이다**.
[②대안_2] 이 책은 편집자의 삶을 세 단위로 나누어 **정리했다**.

[②원문_3] 프로이트가 유물론적 의학에 경도된 당시 의학에 반기를 들고 정신분석학을 수립한 일 역시 새로운 시대정신에 대한 섬세한 인식을 바탕으로 **한 것이었다**.
[②대안_3] 프로이트가 유물론적 의학에 경도된 당시 의학에 반기를 들고 정신분석학을 수립한 일 역시 새로운 시대정신에 대한 섬세한 인식을 바탕으로 **했다**.

형식적인 역할도 없는 군더더기 '것'

셋째는 꼭 지워야 할 군더더기 유형이다. 이 유형의 '것'은 주어를 받는 형식적인 역할조차 하지 않는다. 수정 방법은 둘째 유형과 같다.

[③원문_1] 침대에 들기 위해 이를 닦고 있는데 휴대폰 벨소리가 울리는 것이다.
[③대안_1] 침대에 들기 위해 이를 닦고 있는데 휴대폰 벨소리가 울렸다.

[③원문_2] 반가운 마음에 "여보, 저것 좀 봐"라고 외치려는데 H가 슬며

시 일어나 동료들과 함께 밖으로 나가는 것이었다.

[③대안_2] 반가운 마음에 "여보, 저것 좀 봐"라고 외치려는데 H가 슬며시 일어나 동료들과 함께 밖으로 나갔다.

덧붙이면 안 되는 이 '것' 문투는 1920년대부터 많이 쓰이게 됐다고 한다.《모국어를 위한 불편한 미시사》에 따르면 일본에서 공부한 문인들이 쓰면서 유행했다. 단편소설 〈아네모네의 마담〉의 다음 부분에서 그런 '것이다'를 찾아 전부 지워보자.

그 학생은 매일 왔다. 매일 저녁 아홉 시쯤 되면 와서는 꼭 한구석에 마치 자기가 정해 논 자리라는 듯이 그 자리에 가 앉아서 홍차 한 잔 마시고는 두 시간가량 앉아서는 정해 놓고 영숙이를 바라보는 **것이었다**. 세상에 다른 아무 존재도 없이, 오직 영숙이만 있다는 듯이 그 두 눈은 영숙이를 바라보는 **것이었다**. 애정과 욕망과 정열에 가득 찬 눈이었다. 그런데 영숙이는 첫날부터 이 시선이 반가운 것을 **감각한 것이다**. 어떤 때는 너무도 선이 변치 않고 한 곳에만 머물러 있는 것이 어째 남의 주의를 사게 되지 않을까 하여 염려되는 때도 있었으나 그가 용기를 내어 그 학생 쪽으로 돌릴 때 잠시라도 그 시선이 딴 데로 옮겨진 것을 발견할 때는 어째 서운한 생각이 **드는 것이었다**.

당시 시류에 휩쓸리지 않은 문인이 물론 있었다. 내가 확인한 문인은 벽초 홍명희다. 그는 대하소설《임꺽정》에서 셋째 '것'을 전혀 구사하지 않았다.

이 스타일은 아직도 보인다. 이 어색한 유행은 문인들이 만들어서인지 100년 넘게 명맥을 유지하고 있다.

넷째, 부연하거나 강조하기 위해 문장을 '것이다'로 마치는 경우가 있다. 이 유형의 '것'은 역할이 있다. 다만, 꼭 필요하지 않은 경우에는 생략해도 무방하다.

[④원문_1] 낭독 공연을 '파우스트'를 번역하는 여러 해 동안 학교나 서원에서 많이 해보았는데 번번이 참으로 소중한 경험이었다. 자리만 마련되면, 그야말로 멍석만 깔면, 누구에게서든 배우가 걸어 **나왔던 것이다**.
[④대안_1] 낭독 공연을 '파우스트'를 번역하는 여러 해 동안 학교나 서원에서 많이 해보았는데 번번이 참으로 소중한 경험이었다. 자리만 마련되면, 그야말로 멍석만 깔면, 누구에게서든 배우가 걸어 **나왔다**.

[④원문_2] 뜻은 있는데, 발표하고 싶은 의식은 있는데 말이 없는 경우가 얼마든지 있다. 그래 옛날부터 '이루 측량할 수 없다'느니 '불가명상'이니 '언어절'이니 하는 말이 따로 **발달되어 오는 것이다**.
[④대안_2] 뜻은 있는데, 발표하고 싶은 의식은 있는데 말이 없는 경우가 얼마든지 있다. 그래 옛날부터 '이루 측량할 수 없다'느니 '불가명상'이니 '언어절'이니 하는 말이 따로 **발달되어 왔다**.

[④원문_3] 이들은 섬세한 감수성과 창조력으로 무장하고 시대의 한복판에서 새로운 시대의 정신을 자신의 것으로 받아들임으로써 20세기의 문

을 활짝 **열어젖힌 것이다.**

[④대안_3] 이들은 섬세한 감수성과 창조력으로 무장하고 시대의 한복판에서 새로운 시대의 정신을 자신의 것으로 받아들임으로써 20세기의 문을 활짝 **열어젖혔다.**

도치문의 '것'은 문장 내 역할 뚜렷

다섯째, '것'은 도치 문장에서 쓰인다. 이 유형의 문장 속 '것'은 바꾸거나 지울 필요가 없다.

[⑤평서문_1] 이 도시 사람들은 17세기에 이곳에서 돌던 전염병에서 벗어나고자 하는 종교적 염원에서 건물을 이렇게 칠했다.

[⑤도치문_1] 이 도시 사람들이 건물을 이렇게 칠한 **것**은 17세기에 이곳에서 돌던 전염병에서 벗어나고자 하는 종교적 염원에서였다.

[⑤평서문_2] 프랑수아 **미테랑이** 1980년 대통령에 당선되면서 사디 카르노 이후 100년 만에 프랑스에서 좌파가 대통령이 되었다.

[⑤도치문_2] 사디 카르노 이후 프랑스에서 좌파가 대통령이 된 **것은** 100년 만인 1980년에 미테랑이 대통령에 당선되면서였다.

'것' 대신 '인물'을 앞세운 도치문도 있고, 다른 대안들도 있다.

[대안2] 사디 카르노 이후 좌파로서 프랑스 대통령이 된 **인물은** 100년 만인 1980년에 당선된 프랑수아 미테랑이었다.

[대안3] 사디 카르노 이후 프랑스의 좌파 대통령은 100년 뒤에야 나왔다. 1980년에 당선된 프랑수아 미테랑이었다.

[대안4] 사디 카르노 이후 프랑스의 좌파 대통령은 프랑수아 미테랑이었다. 미테랑은 카르노 이후 100년 뒤인 1980년에 당선되었다.

추측, 당위, 계획 등의 '것' 생략 가능

여섯째, 추측하는 문장에도 '것이다'가 쓰인다. 그런 문장의 '것이다'는 대부분 대체 가능하다.

[⑥원문_1] 미국 보스턴 사무실에 앉아서 전 세계의 경제를 **꿰뚫어볼 것으로 생각되지만** 그 역시 톱다운 방식이 쉽지 않은 것 같다. 그러니 대한민국 서울의 개인투자자인 필자가 톱다운 방식으로 성공하기는 더 **어려울 것이라는** 결론을 내렸다.

[⑥대안_1] 미국 보스턴 사무실에 앉아서 전 세계의 경제를 **꿰뚫어보리라고** 여겨지지만 그 역시 톱다운 방식이 쉽지 않은 듯하다. 그러니 대한민국 서울의 개인투자자인 필자가 톱다운 방식으로 성공하기는 더 **어렵다는** 결론을 내렸다.

[⑥원문_2] 실적과 재무구조가 좋은데 시장에서 찬밥 신세가 되어 정말 저평가인지, 성장성이 없기 때문에 기업가치 상승의 동력을 **잃어버린 것인지**, 이 정보만으로는 알 수 없다.

[⑥대안_2] 실적과 재무구조가 좋은데 시장에서 찬밥 신세가 되어 정말 저평가되었는지, 또는 성장성이 없기 때문에 기업가치 상승의 동력을 **잃**

어버렸는지, 이 정보만으로는 알 수 없다.

일곱째, 당위를 나타내는 데에 쓰인 '것이다'는 다음과 같이 생략 가능하다.

[⑦원문_1] 정부 여당이 지금처럼 '발본색원'이니 '패가망신'이니 하는 자극적인 말잔치로 어물쩍 넘어가려 한다면 더 큰 국민적 저항에 부딪친다는 것을 **명심해야 할 것이다**.
[⑦대안_1] 정부 여당이 지금처럼 '발본색원'이니 '패가망신'이니 하는 자극적인 말잔치로 어물쩍 넘어가려 한다면 더 큰 국민적 저항에 부딪친다는 것을 **명심해야 한다**.

[⑦원문_2] 만약 내가 A기업의 가치를 1조 원으로 매겼는데, 시가총액이 5천억 원에 불과하다면 저평가 상태이니 **매수해야 할 것이다**.
[⑦대안_2] 만약 내가 A기업의 가치를 1조 원으로 매겼는데, 시가총액이 5천억 원에 불과하다면 저평가 상태이니 **매수해야 한다**.

여덟째, 예정이나 의지, 계획을 서술할 때 문장을 '것이다'로 끝낸다. 그런 '것이다'는 대체하지 않아도 무방하다. 그러나 대안처럼 바꿔서 쓸 줄도 알아야 한다.

[⑧원문] 주요 대학은 내년부터 정시 선발 비중을 높일 **것이다**.
[⑧대안] 주요 대학은 내년부터 정시 선발 비중을 **높이려고 한다**.

종합 실습 격으로, '것'을 어떻게 고치면 좋을지 생각하면서 다음 글을 읽어보자.

[원문] 그렇다면 언중들이 현행 맞춤법에 따르면 '둘렛길'로 적어야 할 **것**을 두고 현행 한글 맞춤법에 맞지 않는 '둘레길'을 압도적으로 많이 선택하고 있는 **것**은 큰 틀에서의 한글 맞춤법의 표기 방향은 물론 사이시옷 표기 규정의 변화 측면에서 볼 때도 그리 큰 문제가 된다고 보기 어렵다. '발음' 즉 '쓰기'보다 '형태' 즉 '읽기'를 선택한 결과라고 할 수 있기 때문이다. 이를 달리 말하**자**면 사이시옷을 적을 공간이 있지만 이를 적지 않아도 사잇소리 현상을 실현하는 데 문제가 없다는 것을 의미하는 **것**이기도 하다. (중략)
국립국어원에서 사이시옷 표기 실태를 조사한 2017년의 연구보고서와 앞에서 언급한 2018년 연구보고서는 모두 한결같이 사이시옷 표기를 하는 경우를 현행 규정보다 줄일 **것**을 제안하고 있다는 점에서 참고가 될 수 있다. '둘레길'과 '둘렛길'은 겨우 한 예에 불과하지만 흥미롭게도 앞으로의 사이시옷 표기 규정의 향방을 가늠할 수 있는 척도가 될 수 있다는 점에서 매우 중요한 의미를 가지고 있는 **것**이다.

출처: 〈말과글〉, '둘레길'인가 '둘렛길'인가, 2022 봄, 9쪽

[대안] 그렇다면 **언중**이 현행 맞춤법에 **따라** '둘렛길'로 **적는 대신** 그에 어긋나는 '둘레길'을 압도적으로 많이 **표기하는 사례는** 큰 틀에서의 한글 맞춤법의 표기 방향은 물론 사이시옷 표기 규정의 변화 측면에서 볼 때도 그리 큰 문제가 된다고 보기 어렵다.
우선 이 사례는 '발음'보다 '형태'를, 또는 '소리 내서 읽기'보다 '눈으로

읽기'를 선택한 결과라는 점에서 한글 맞춤법의 표기 방향과 일치한다. 또한 언중이 사잇소리 현상을 문제없이 실현하고 있는 단어에는 굳이 사이시옷을 더하지 않는다는 사이시옷 표기의 변화에도 부합한다. (중략) 국립국어원에서 사이시옷 표기 실태를 조사한 2017년의 연구보고서와 앞에서 언급한 2018년 연구보고서는 모두 한결같이 사이시옷 표기를 하는 경우를 현행 규정보다 **줄이자고** 제안하고 있다는 점에서 참고가 될 수 있다. '둘레길'과 '둘렛길'은 겨우 한 예에 불과하지만, 흥미롭게도 향후 사이시옷 표기 규정의 향방을 가늠하는 척도가 될 수 있다는 점에서 매우 중요한 의미를 가지고 **있다**.

'것'은 우리 말과 글에서 불가결한 요소이고, 두루 자주 쓰인다. 다만, 한 글에 너무 많이 썼다면 그중 상당수를 지우거나 대체하기를 권한다.

- 5장 -

수치 틀리면 다 틀릴 수 있다

퍼센트 포인트는 무엇이고, 왜 쓰나

퍼센트(%) 포인트(percent point) 또는 퍼센티지 포인트(percentage point)는 무엇인가. 퍼센트 포인트는 퍼센트와 어떻게 다른가.

2015년 대입 수학능력시험 영어 문제에 퍼센트와 퍼센트 포인트 혼동으로 인한 오류가 빚어졌다. (어떤 오류인지는 이 글의 맨 뒤에 간단히 정리한다.)

수능 출제 위원조차 둘의 차이를 몰랐다는 사실은 무엇을 시사하나? 퍼센트와 퍼센트 포인트를 구별해 쓰는 사람이 많지 않다는 실정이다.

그렇다면 이렇게 물을 분도 계시리라. "수능 출제 위원도 틀리는데, 일반인은 몰라도 되는 사항 아닌가?" 아니다. 퍼센트가 아니라 퍼센트 포인트가 독자에게 더 확실한 정보를 주는 경우가 있다. 그런 경우에는 꼭 퍼센트 포인트를 써야 한다.

퍼센트는 백분율을 나타내는 단위로, 3퍼센트는 100에 3의 비율이다. 당신이 ○○소득에 대해 세금을 3% 내는데, 조세 당국이 관련 세법을 개정해 세율을 6%로 올리려고 한다고 하자. 세율은 100% 또는 3% 포인트 인상될 참이다.

당신이 이 소식을 지인에게 알리면서 푸념하려고 한다. 지인은 ○○소득에 대한 현행 세율을 알지 못한다. 다음 둘 중 어느 쪽이 지인에게 구체적인 정보를 줄까?

- "○○소득에 매겨지는 세율이 100% 인상된대."
- "○○소득에 물리는 세율이 3% 포인트 오른대."

퍼센트 포인트는 구체 정보를 준다

여러 가지 조합이 모두 전자처럼 서술될 수 있다. 2%에서 4%로 오를 수도 있고, 4%가 8%가 될 수도, 5%가 10%가 될 수도 있다. 지인은 세율 인상 폭을 알지 못하고, 당신의 세금 부담이 얼마나 느는지도 알 길이 없다.

후자에도 2%에서 5%로, 4%에서 7%로, 5%에서 8%로 등 여러 조합이 가능하지만, 소득 1만 원에 더 붙는 세액은 모두 300원이다. 후자는 중요한 한 가지 정보를 제공하는 장점이 전자에 비해 분명히 있다.

이제 실습 예제로 들어간다. 다음은 건강보험공단에서 2022년 12월에 가입자에게 이메일로 보낸 보험료 인상 안내문 중 주요 내용이다. 고칠 대목이 여럿이라는 점을 염두에 두고 읽어보자.

건강보험료율: 1.49% 인상

- **직장가입자 건강보험료율**: 6.99%(2022년) ⇨ 7.09%(2023년)
  - 보수월액보험료(월): 보수월액 × 보험료율(7.09%)
    ※ 근로자와 사용자가 각각 50%씩 부담

(단위 : %)

구분	계	가입자부담	사용자부담	국가부담
근로자	7.09(100)	3.545(50)	3.545(50)	-
공무원	7.09(100)	3.545(50)	-	3.545(50)
사립학교교원	7.09(100)	3.545(50)	2.127(30)	1.418(20)

- 소득월액보험료(월): 소득월액 × 7.09%

※ 소득월액 = {(연간 보수외소득)−2,000만원) / 12개월} × 소득평가율

장기요양보험료율: 0.0505% P 인상

● 장기요양보험료율*: 0.8577%(2022년) ⇨ 0.9082%(2023년)

*장기요양보험료율 산정 방식 변경 …2023년 1월부터

(현행) 장기요양보험료 = 건강보험료 × 現장기요양보험요율(12.81%)

(개정) 장기요양보험료 = 건강보험료 × $\dfrac{\text{新장기요양보험요율(0.9082\%)**}}{\text{건강보험료율(7.09\%)}}$

**新장기요양보험요율(0.9082%)=現장기요양보험요율(12.81%)×건강보험료율(7.09%)

첫째, 얼마나 인상됐는지를 같은 기준으로 알려줘야 한다. 그러나 건보공단은 건강보험료율은 인상된 정도를 비율로 계산했고 장기요양보험료율은 퍼센트 포인트로 나타냈다. 전자는 1.49% 인상됐고 후자는 0.0505% 포인트(p) 올랐다.

앞서 설명한 대로 이 경우 퍼센트 포인트가 비율에 비해 더 친절하다. 건강보험료율도 퍼센트 포인트로 인상 폭을 나타내야 한다. 건강보험료율이 2022년 6.99%에서 2023년 7.09%로 오르니, 인상 폭은

0.10% 포인트다.

두 수치 합산해야 하는 거 아니야?

둘째, 건보공단이 빠뜨린 정보가 있다. 정보와 의견을 전하는 글을 쓰는 기본적인 마음가짐은 역지사지가 돼야 한다. 읽는 사람에게 필요하거나 궁금한 내용을 알기 쉽게 써야 한다. 이 측면에서 누락 정보는 건강보험료율과 장기요양보험료율을 합한 인상 폭이다. 이를 건강·장기요양보험료율 인상 폭이라고 하자. 이 퍼센트 포인트는 앞서 계산한 0.10% 포인트에 0.0505% 포인트를 더한 1.0505다. 안내문의 뼈대는 다음이 되어야 한다.

□ 건강·장기요양보험료율 0.1505% 포인트 인상
　ㅇ 건강보험료율 0.10% 포인트 인상
　ㅇ 장기요양보험료율 0.0505% 포인트 인상

이 수치를 본 사람은 '보수월액 100원에 대해 0.1505원이 더 나가니, 100만 원에 대해서는 1505원을 추가로 무는구나'라고 계산할 수 있다.

이에 대해 "그런 단순 덧셈은 읽는 사람이 하면 되지 않나?"하는 반응이 있을지 모른다. 단순 덧셈이 아니다. 두 보험료가 결국 합쳐서 부과되고, 보수월액에 대해 두 보험료율을 합한 비율을 곱하면 건강·장기요양보험료가 나온다는 사실을 모르거나 긴가민가하는 사람이 적지 않다. '건강·장기요양보험료율 0.1505% 포인트 인상'은 그런 사람에게 실질적인 정보가 된다.

간단한 식을 의미 없이 복잡하게

안내문에는 오류와 요령부득의 대목이 더 보인다. 먼저 기본 내용을 공유한다. 장기요양보험료는 건강보험료의 일부로 매겨진다.

$$장기요양보험료 = 건강보험료 \times 건보료\ 기준\ 장기요양보험료율$$

건강보험료는 보수월액에 건강보험료율을 곱해 산정한다. 따라서 앞 산식은 다음과 동일하다.

$$장기요양보험료 = 보수월액 \times 건강보험료율 \times 건보료\ 기준\ 장기요양보험료율$$

건강보험료율을 a라고 하고 건보료 기준 장기요양보험료율을 b라고 하자. 2022년 a는 6.99%였고 b는 12.27%였다. 2023년 a는 7.09%로, b는 12.81%로 오른다.

건강보험료율과 건보료 기준 장기요양보험료율을 곱한 비율이 '보수월액 기준 장기요양보험료율'이다. 이 비율은 2022년과 2023년 각각 0.8577%와 0.9082%다. 이 비율을 안내문은 해당 문단의 첫 줄과 둘째 줄에 '장기요양보험료율'이라고 표기했다.

이 내용에 비추어보면 안내문의 '(현행) 장기요양보험료' 계산식과 '(개정) 장기요양보험료' 계산식은 형식이 들쭉날쭉하다.

> **장기요양보험료율: 0.0505% P 인상**
>
> ● 장기요양보험료율*: 0.8577%(2022년) ⇨ 0.9082%(2023년)
>
> *장기요양보험료율 산정 방식 변경 … 2023년 1월부터
> (현행) 장기요양보험료 = 건강보험료 × 現장기요양보험요율(12.81%)
> (개정) 장기요양보험료 = 건강보험료 × 新장기요양보험요율(0.9082%)**
>   건강보험료율(7.09%)
> **新장기요양보험요율(0.9082%)=現장기요양보험요율(12.81%)×건강보험료율(7.09%)

[대안] 장기요양보험료 계산

(현행) 현 건강보험료 × 현 건보료 기준 장기요양보험료율

  = 보수월액 × 현 건강보험료율(6.99%) × 12.27%

  = 보수월액 × 0.8577%

(개정) 신 건강보험료 × 신 건보료 기준 장기요양보험료율

  = 보수월액 × 신 건강보험료율(7.09%) × 12.81%

  = 보수월액 × 0.9082%

이제 건보공단 문단의 틀린 부분을 수정한다. 다음 한 줄은 삭제해야 한다. 산정방식은 변경되지 않았다.

[원문] *장기요양보험료율 산정방식 변경

그 다음 줄에 건보료 기준 2022년 장기요양보험료율 자리에 표기된

12.81%는 틀렸고, 12.27%가 맞다.

다음과 같은 둘째 계산식은 희한하다.

장기요양보험료 = 건강보험료×[新장기요양보험료율(0.9082%)/
건강보험료율(7.09%)]

이 계산식 중 '건강보험료/ 건강보험료율(7.09%)'은 무엇일까? 보수월액에 건강보험료율을 곱한 금액이 건강보험료인데, 이 값을 다시 건강보험료율로 나누면 어떤 값이 될까? 출발 지점인 보수월액이다.

따라서 계산식은 앞서 [대안]에서 제시한 것처럼 다음과 같이 단순해야 한다.

장기요양보험료 = 보수월액×新장기요양보험료율(0.9082%)

둘째 계산식처럼 표시할 이유가 전혀 없다. 논리적으로 들어가면, 건보료 기준 장기요양보험료율이 정해진 다음 이 비율에 건강보험료율을 곱해서 산출한 비율이 장기요양보험료율(0.9082%)인데, 저 산식은 장기요양보험료율에서 역으로 건보료 기준 장기요양보험료율을 계산하기 때문이다.

마지막(문제가 더 있을지 모른다는 의문이 들긴 하지만)이다. 인용된 첫 줄 '건강보험료율: 1.49% 인상'도 틀렸다. 건강보험료율이 6.99%에서 7.09%로 오르면 인상률은 1.43%다.

성장률, 실업률 등 변화도 '% 포인트'

비율의 변화에는 대개 퍼센트 포인트를 쓴다. 퍼센트 포인트는 지수의 변화에도 활용된다. '코스피가 약 100포인트 상승했다'는 식으로 주가지수의 변화 폭을 전하는 데 자주 쓰인다. 국내에서는 주가지수에 포인트를 붙이는 사례가 적지 않다.

통계청 홈페이지는 '통계용어 및 지표' 메뉴 중 '퍼센트와 퍼센트 포인트' 항목에서 "실업률이 작년 3%에서 올해 6%로 상승하였다면 (중략) '실업률이 작년에 비해 100% 상승했다' 혹은 '실업률이 작년에 비해 3% 포인트 상승했다'"는 "두 가지 방법으로 표현할 수 있다"고 예를 들었다.

그러나 실업률이 이 예에서처럼 정수로 떨어지는 경우는 거의 없다. 성장률이나 이자율도 마찬가지다. 소수점 아래 한 자리까지 집계된 비율의 변동을 백분율로 계산하는 일은 번거롭다. 그래서 이들 비율의 변동은 대개 퍼센트 포인트로 나타낸다. 예를 들어 "11월 실업률이 2.5%로 집계됐는데, 이는 전월 2.6%에 비해 0.1% 포인트 하락한 수준"이라고 표기한다.

2015 수능 문제는 2%에서 20%로의 변화를 '18% 높아졌다'고 나타내는 오류를 포함했다. 이 경우 '18% 포인트 높아졌다'고 해야 한다.

기하평균 익히는 오답노트

'교학상장(教學相長)'이라는 말이 있다. '가르치고 배우면서 스승과 제자가 함께 성장한다'는 의미다.

나도 직장인과 대학생을 가르치면서 그들로부터 배우고 있다. 수강생에게 과제를 내면, 간혹 내가 미처 생각하지 못한 부분을 채우거나 대안을 제시한 답안을 받는다.

교학상장하는 대목은 이에 그치지 않는다. 가르치는 사람은 실습과 시험을 통해 수강생들이 어느 대목에 약한지를 알게 된다. 그래서 그 대목의 비중을 더 키우고 생생한 내용을 추가하고 설명을 더 쉽게 하는 노력을 기울인다.

꼭 필요하지만 직장인과 대학생 중에 아는 비율이 낮은 계산이 기하평균이다. 이 실정을 나는 강습 중 실습과 시험 답안 채점에서 파악하게 됐다.

강의가 잘 풀리는지 가늠할 지표 중 하나가 애드리브다. 연기자나 방송인이 즉흥적으로 대사를 치는 것처럼, 강사도 특정 주제를 진행하다가 준비하지 않았으나 딱 알맞은 설명이나 사례를 떠올려 공유한다. 강사의 애드리브가 나오는 필요조건은 수강생의 호응이다. 칭찬은 고래도 춤추게 한다지 않는가. 수강생이 강사가 전하는 내용을 적극 받아들이는 태도를 보이면, 긍정 호르몬의 샤워를 받은 강사의 뇌는 '뭐 더 없나?'라며 괜찮은 거리를 구글급으로 검색한다.

산술평균 쓰면 틀리는 이유

기하평균을 설명하는 가장 간단하고 쉬운 다음 사례와 설명이 바로 그런 분위기 속에서 불현듯 떠올랐다.

"우리 회사의 어떤 서비스를 구독하는 가입자 수가 5년 동안 50% 증가했다고 하죠. 이 경우 가입자 수 연평균증가율은 몇 퍼센트일까요? 50% 증가가 5년 동안 이루어졌으니, 50을 5로 나눈 10%일까요?

이 계산법은 산술평균인데, 연평균증가율은 절대 산술평균을 내면 안 돼요. 왜 그런지는 간단한 검산으로 명쾌하게 드러나요. 이제 검산을 해볼까요? 산술평균 10%를 5년에 적용해보죠. 연간 10% 증가하면 다음 해에 1.1배가 돼요. 이런 증가 추세가 5년간 지속되면 그 결과는 (칠판에 쓴다) 1.1×1.1×1.1×1.1×1.1이 되죠. 1.1의 5제곱, 수식으로는 (칠판) 1.15 또는 1.1^5로 써요.

여담으로, ^는 제곱 부호로 '캐럿(caret)'이라고 불러요. 컴퓨터 자판의 6 위에 있죠. 스마트폰 계산기에 따라서는 X^Y가 캐럿과 같은 역할을 해요.

1.1의 5제곱을 계산해봐요. 몇이 나오죠? (잠시 시간을 준 뒤) 암산으로 하는 사람도 있군요. 1.1을 제곱하면 1.21이고, 1,2를 제곱하면 1.44인데, 1.4와 1.1을 곱하면 1.54네요. 1.1의 5제곱은 이보다 크겠죠. 1.21 대신 1.2를 제곱했고, 1.44 대신 1.4를 썼으니까요.

1.1의 5제곱은? 네, 1.61이라고요. 기준 시기 가입자 수가 1이라면 5년 뒤 가입자 수는 1.61이 된 거네요. 그럼 5년간 증가율은 61%로군요.

어? 5년간 증가율 50%에서 출발해 검산했는데, 검산 결과가 61%가 됐네요? 무엇 때문에 61%라는 틀린 결과가 나왔을까요? 연평균증가율 10% 외에는 없어요. 연평균증가율을 잘못 계산한 것이에요. 여기까지, 이해했죠?

그럼 검산을 통과할 수 있는 연평균증가율은 어떻게 계산할까요? 어렵지 않아요. 우리는 결과를 알아요. 매년 a배로 5년 연속 증가해서 기준 연도를 1로 잡은 가입자 수가 5년 뒤에는 1.5가 됐어요. 이는 다음과 같은 수식으로 표현돼요.

$a^5 = 1.5$ ······ ①

양변에 5제곱근을 적용하면,

$a = 1.5^{(1/5)}$ ······ ②

②식의 우변을 계산하면, a는 1.084가 나와요. 이를 ①식에 대입하면, 매년 전년도보다 1.084배가 되기를 다섯 차례 반복하면 1.5가 된다는 말이 되죠. 전년 대비 1.084배가 되는 증가율은 백분율로 8.4%이에요. 연평균증가율 8.4%면 5년 동안 50% 증가해요. 이 비율은 검산할 필요가 없어요. 8.4%와 동일한 의미인 1.084가 ①식을 풀어서 계산했기 때문이에요."

이제 약간의 이론화를 제시한다. 산술평균 증가율과 기하평균 증가율은 무엇인가. 기간은 n으로 표시한다. 증가율은 모두 %다.

산술평균 증가율 = n기간 증가율*/n

*n기간 증가율= (이후값-초기값)/ 초기값×100

기하평균 증가율 = [(이후값/초기값) ^ (1/n) - 1] ×100

앞에서 계산한 기하평균인 연평균증가율로 복습하면 다음과 같다.

8.4 = [1.5 ^(1/5) - 1] ×100

공항 이용객이 4년간 '엄청나게' 증가?

실제 문제를 풀어보자. 당신과 함께 일하는 직원이 보고서의 일부를 다음과 같이 정리했다. 어떻게 고쳐야 할까?

한 공항의 2014년 이용객이 전년 대비 21% 증가해 1519만 6369명으로 늘었다. 이용객은 이후 4년 동안 엄청나게 늘어 2018년에 2413만 5736명이 됐다.

2018년 이용객 수를 2014년 이용객 수로 나누면 1.59가 나온다. 4년 동안 1.59배로 증가했으니, 연평균증가율은 1.59^(1/4)로 계산하고, 이 값은 1.123이다. 백분율로 하면 이 공항 이용객 수는 4년 동안 연평균 12.3% 늘었다.

따라서 당신은 원문 중 '이후 4년 동안 엄청나게 늘어 2018년에 2413만 5736명이 됐다'는 구절을 '이후 4년 동안 증가세는 연평균 약 12%로 둔화됐고, 2018년 이용객은 2413만 5736명으로 집계됐다' 정도로 수정해야 한다.

응용 문제를 하나 더 다룬다. 화폐 구매력 또는 실질가치가 매년 4%씩 감소한다. 현재 1억 원의 현재 기준 실질가치는 10년 뒤 얼마일까?

이는 이를테면 '산술감산'과 '기하감산'의 문제다. 산술감산을 하면 1억 원의 실질가치는 매년 4%, 즉 400만 원씩 감소한다. 10년이 지나면 감소액은 4000만 원이 되고, 실질가치는 6000만원으로 줄어든다. 물론 이는 오답이다.

기하감산을 해야 한다. 1억 원의 실질가치는 매년 전년의 0.96으로 줄어든다. 10년 후의 실질가치는 0.96^10만큼이 된다. 이 값이 0.66이므로, 1억 원의 실질가치는 6600만 원이 된다. 6000만 원과 6600만 원은 적지 않게 차이가 나는 금액이다. 산술감산은 틀렸고, 기하감산이 정확하다.

연평균복합성장률(CAGR)(X), 연평균성장률(O)

한편 연평균증가율이나 연평균인상률은 그냥 쓰면 된다. 굳이 '연평균복합성장률(CAGR)'이라고 쓸 이유가 없다. 이 신조 용어는 금융권을 중심으로 쓰여왔고, 그래서 활자매체에서 다음과 같이 설명되기도 했다.

[경제용어 아하!] 연평균복합성장률

CAGR(연평균복합성장률)은 Compound Annual Growth Rate의 약자로 일정기간 동안의 성장률을 평균으로 환산한 것을 말합니다. 다만 매년 성장률을 산술평균이 아닌 기하평균으로 환산합니다.

그 동안 외국계 증권사들이 기업의 매출 성장률이나 펀드 투자수익률을 평가하는 기준으로 많이 사용했습니다. 최근에는 국내에서도 장기적이고 꾸준한 지수 성장률 추이나 기업 성장률을 분석하기 위해 사용하는 경우가 조금씩 늘고 있습니다.

출처: 〈디지털타임스〉, 2010.03.08.

그냥 '연평균성장률'로 쓰면 된다. 그렇게 아무 문제없이 쓰여왔다. 기존 개념을 복합적으로 설명하는 새 용어를 만들 필요가 없다. 헷갈린다면 '경제성장률'을 떠올려보자. 연평균 경제성장률을 연평균복합경제성장률이라고 쓰는 곳은 없다.

기하를 모른 채 산술로 계산하지 않았나? 그랬다면 직장 생활에서, 나아가 경제활동에서 당신은 부지불식간에 작지 않은 실수를 저지르거나 큰 손해를 입을 수 있다.

성취인은 '수'로 일하고 '수'를 잘 다룬다

성취인이 되고 싶은가? 목표를 세분하고 수치로 잡는 습관이 도움이 된다. 커다란 장차 꿈보다 작고 수치로 달성 여부를 확인 가능한 목표가 당신을 키운다. 성취인은 또 의사소통 때에도 숫자를 잘 활용한다. 수를 잘 다루는 데 도움이 될 예제가 여기 있다.

다음 글에서 내적 정합성에 어긋나는 대목을 두 군데 찾아보자.

성취인은 아무런 모험성도 곤란도도 내포하고 있지 않은 쉬운 일에는 흥미를 가지지 않는다. 그 이유는, 그러한 쉬운 일을 해냄으로써는 자기의 능력을 과시하거나 평가할 수 없기 때문이다. 반대로, 과업이 자기의 능력에 비해 너무 어렵거나 지나치게 모험적일 때에도 역시 흥미를 가지지 않는다. 이러한 어려운 과업의 성취는 그의 능력 여하에서가 아니라, 순전히 행운이나 요행에 의해서 가능하다고 믿기 때문이다. (중략)

모험 선택에 관한 어느 학자의 이론에 의하면, 성취 동기가 높은 사람은, 성취의 객관적 확률과 정복하려는 주관적 의욕의 두 요인에 의하여 결정되는 실제적 가능성을 최대한으로 높이려고 한다.

성공의 객관적 확률이 지나치게 높고 정복하려는 주관적 의욕이 아주 낮으면, 그 얻어지는 결과는 최소한이 된다. 이를 수식으로 표시하면, '0.90(객관적 확률)×0.10(주관적 의욕) = 0.09(실제적 가능성)'가 된다. 반대로, 주관적 의욕이 지나치게 높고 객관적 확률이 너무 낮으면, 결과는 마찬가지로 최소한이 된다. 즉, '0.10(객관적 확률)×0.90(주관적 의욕) = 0.09(실제적 가능성)'가 되는 것이다. 그러나, 성공의 객관적 확률이 적절하고 주관적 의욕 또한 적절하면, '0.50(객관적 확률)×0.50(주관적 의욕) = 0.25(실제적 가능성)'가 되어, 실제적 가능성은 어느 경우보다 크게 된다.

그러므로, 실제적 가능성을 최대한으로 높이려고 하는 성취인은 적절한 모험성이 있는 과업을 선택하게 될 것이다. 여기서 한 가지 유의할 것은, 적절한 모험이 포함되는 객관적 확률은 적절한 주관적 의욕을 일으키게 한다는 사실이다.

출처: 《다시 읽는 국어책: 고등학교》, 성취인의 행동 특성, 지식공작소, 2002

필자는 성취인은 과제가 너무 쉽거나 너무 어려우면 그 일에 흥미를 가지지 않는다고 서술했다. 과제의 난이도는 '객관적 확률'로 표시했다. 너무 쉬운 일에는 의욕을 보이지 않는다는 내용의 수식은 '0.90(객관적 확률)×0.10(주관적 의욕)'으로 적절하게 작성했다.

그러나 너무 어려운 일에도 의욕을 보이지 않는다는 내용의 수식은 '0.10(객관적 확률)×0.90(주관적 의욕)'으로 정합성에 어긋나게 작성했다. 주관적 의욕이 0.10으로 낮아야 하는데 0.90으로 높게 썼다. 숫자가 문구와 '정반대'가 된 셈이다.

해당 수식은 다음과 같이 수정돼야 한다.

0.10(객관적 확률)×0.10(주관적 의욕) = 0.01(실제적 가능성)

이론과 실제의 괴리를 찾으라
정합성에 위배되는 둘째 부분은 다음 수식이다.

0.50(객관적 확률)×0.50(주관적 의욕) = 0.25(실제적 가능성)

이 수식에서 성취인이 의욕적으로 수행하는 과제의 실제적 가능성이 객관적 확률의 절반에 불과하다. 즉, 100명이 도전해 50명이 성취하는 과제에서 성취인은 100명 중 25명만 이룬다. 말이 안 된다.

실제적 가능성이 객관적 확률 0.50보다 높아야 한다. 그렇게 되려면 주관적 의욕이 1보다 커야 한다. 예컨대 주관적 의욕이 1.70이라고 하면 실제적 가능성은 0.85가 된다.

용어도 바꾸는 대안이 있다. 이 수식에서는 '주관적 의욕' 대신 '의욕·실행력'을 쓰는 것이다. 평균적인 사람은 의욕·실행력이 1이다. 그래서 그 사람이 이 일을 수행할 경우 실제적 가능성은 객관적 확률과 동일한 0.50이 된다. 실행력이 평균에 못 미치는 사람은 실행력이 1보다 작고, 그 사람이 이 일을 수행할 경우 실제적 가능성은 객관적 확률인 0.50보다 낮다.

기존 인식 틀을 확장할 때 경계할 점
이 글을 비판적으로 읽으면서 x+y = 1 그래프를 떠올렸다. 객관적 확률은 x이고, 주관적 의욕은 y이다. 필자가 제시한 수식은 객관적 확률과 주관적 의욕이 이 그래프를 따라 분포한다. 그러나 앞에서 살펴본 바와 같이, 객관적 확률과 주관적 의욕은 상쇄관계가 아니다.

성취인은 확률이 낮아서 어려운 일에는 흥미를 느끼지 않는다. 확률이 높아질수록, 즉 x좌표가 1에 가까워질 때에도 흥미가 줄어든다. 그렇다면 성취인이 가장 열의를 나타내는 과제의 확률은 어느 정도일까? 100명 중 50명이 성공하는 일에 가장 의욕을 불태울까? 그렇지는 않을 듯하다. 성취인의 의욕을 y축에 나타내면, 그 값은 확률이 0.50보다 낮을 때, 예컨대 0.30일 때 정점을 찍은 뒤 점차 낮아질 것이다. 즉, 왼쪽이 높은 윤곽으로 나타날 것이다. 성취인의 의욕에 실행력을 더한 값을 활용해 실제적 가능성을 산출할 수 있다.

뜻밖에 확인하게 된 수해력(數解力)

예상 밖으로 상당수 대학생이 이 에세이의 확률을 거꾸로 이해하고 있음을 알게 됐다. 이 예제를 가르친 다음 시험에 출제해서 받은 답안을 통해서다. 학생 여러 명이 0.10의 객관적 확률을 가진 과제를 쉬운 일로 이해했다. 즉, '0.10(객관적 확률)×0.90(주관적 의욕)' 중 0.90이 잘못 서술됐다면서 그 근거를 다음과 같이 썼다.

- 확률이 0.1밖에 되지 않지만 충만한 의욕을 갖는다는 점과, 쉬운 일에는 흥미를 가지지 않는다는 점이 상충된다.
- '쉬운 일에는 흥미를 가지지 않는다'고 했으므로 '0.10(객관적 확률)×0.90(주관적 의욕)'에서 0.90이라는 수치가 나올 수 없다.

- '0.10(객관적 확률)×0.90(주관적 의욕) = 0.09(실제적 가능성)'이라고 했는데, 쉬운 일에 의욕이 넘친다는 것은 앞뒤가 안 맞는다.
- 에세이에 나와 있는 수식을 보면 확률이 0.1밖에 안되는데, 의욕은 충만이라고 나와 있다. 쉬운 일에는 흥미를 가지지 않는다고 설명했는데, 수식은 쉬운 일에 충만한 의욕을 보였다.

요약한다. 정합성에 위배된 대목은 다음과 같다.

첫째, '0.10(객관적 확률)×0.90(주관적 의욕)'은 '0.10(객관적 확률) x 0.10(주관적 의욕)' 정도로 고쳐야 한다.

둘째, '0.50(객관적 확률)×0.50(주관적 의욕) = 0.25(실제적 가능성)'에서 실제적 가능성이 객관적 확률보다 높아야 한다. 그렇게 되려면 중간 수치가 1보다 커야 한다.

한편 문단 구성 측면에서도 대안이 있다. 한 단락이 한 가지 내용씩 서술하는 방식으로 바꾸는 것이다. 다음 두 단 중 오른쪽이 그렇게 수정한 대안이다. 문단을 재구성하면서 세 수식을 독립적으로 배치했고, 그와 관련된 문장도 밑줄 친 부분과 같이 변경했다.

| [원문] 성공의 객관적 확률이 지나치게 높고 정복하려는 주관적 의욕이 아주 낮으면, 그 얻어지는 결과는 최소한이 된다. 이를 수식으로 표시하면, '0.90(객관적 확률)×0.10(주관 | [대안] 성공의 객관적 확률이 지나치게 높고 정복하려는 주관적 의욕이 아주 낮으면, 그 얻어지는 결과는 최소한이 된다. 이를 수식으로 표시하면 <u>다음과 같이 된다.</u> |

적 의욕) = 0.09(실제적 가능성)'가 된다. **반대로, 주관적 의욕이 지나치게 높고 객관적 확률이 너무 낮으면, 결과는 마찬가지로 최소한이 된다.** 즉, '0.10(객관적 확률)×0.90(주관적 의욕) = 0.09(실제적 가능성)'가 되는 것이다. **그러나, 성공의 객관적 확률이 적절하고 주관적 의욕 또한 적절하면, '0.50(객관적 확률)×0.50(주관적 의욕) = 0.25(실제적 가능성)'가 되어, 실제적 가능성은 어느 경우보다 크게 된다.**

0.90(객관적 확률)×0.10(주관적 의욕) = 0.09(실제적 가능성)

반대로, 주관적 의욕이 지나치게 높고 객관적 확률이 너무 낮으면, 결과는 다음과 같고, 앞 경우와 마찬가지로 최소한이 된다.

0.10(객관적 확률)×0.90(주관적 의욕) = 0.09(실제적 가능성)

그러나, 성공의 객관적 확률이 적절하고 주관적 의욕 또한 적절하면 실제적 가능성은 어느 경우보다 크게 된다. 이는 다음 수식으로 나타낼 수 있다.

0.50(객관적 확률)×0.50(주관적 의욕) = 0.25(실제적 가능성)

울산지방법원의 이상한 '고래 판결문'

다음은 울산지방법원이 2021년 1월 15일에 내린 판결의 근거 중 하나로 제시된 내용이다. 이 부분은 과장과 계산 실수로 구멍이 숭숭 뚫린 에멘탈 치즈가 됐다.

이 판결문의 오류들은 대부분 국제통화기금(IMF)이 작성한 보고서에서 비롯됐다. IMF는 2019년에 '기후변화에 대한 자연의 해법(Nature's Solution to Climate Change)' 보고서를 발표했다. IMF 보고서와 판결문은 각각 다른 글에 인용되면서 오해의 진원지가 됐다.

울산지방법원의 포경 사건 판결문
더 나아가 해양생태계의 중요성에 관하여 보면, 해양생태계는 여러 가지 면에서 상당히 중요한 역할을 수행하는데, 그 생태계 내에 있는 어류들을 식량으로 사용한다는 전통적인 부분 외에도 육지로부터 유입되는 여러 오염 물질을 정화하고 폭풍과 강한 파도로부터 육지의 침식을 예방하는 역할, 식물성 플랑크톤 등 일차 생산자의 광합성 과정을 통해 이산화탄소를 대기로부터 흡수하고, 지구에서 필요한 산소의 약 50% 정도를 제공하는 역할을 수행하고 있어 그 중요성을 간과할 수 없다. 최근 국제통화기금(IMF)의 연구 결과에 의하면, 고래는 이러한 부분에서도 큰 역할을 차지하고 있다는 것인데, 그것은 고래가 몸에 탄소를 축적한다는 것이다. 즉, 큰 고래 한 마리는 일생 동안 평균 33톤의 이산화탄소를 흡수한다고 하며, 그와 같이 고래에게 흡수된 탄소는 고래가 죽더라도 수백 년간 고래 사체에 저장되어 있다고 한다. 현재 고래 개체 수는 전 세계적으로 합쳐 130만 마리로 추산되는데, 상업포경 이전 개체수로 추산되는 약 400만 ~ 500만 마리가 현재에도 있다고 전제한다면 연간 17억 톤의 이산화탄소를 더 포집할 수 있고, 이는 나무 한 그루의 이산화탄소 흡수량(약 2 kg)과는 비교도 할 수 없는 수준이라고 한다.

출처: 울산지방법원 판결문(사건 2020고단3057, 2020고단4634(병합))

제시문 중 다음 두 구절을 놓고 계산해보자. 괄호 속 영어는 IMF 보고서 중 해당 부분이다.

- 큰 고래 한 마리는 일생 동안 평균 33톤의 이산화탄소를 흡수한다고 하며(great whale sequesters 33 tons of CO_2 on average)
- 현재 고래 개체 수는 전 세계적으로 합쳐 130만 마리로 추산되는데, 상업포경 이전 개체수로 추산되는 약 400만 ~ 500만 마리가 현재에도 있다고 전제한다면 연간 17억 톤의 이산화탄소를 더 포집할 수 있고 (If whales were allowed to return to their prewhaling number of 4 to 5 million—from slightly more than 1.3 million today (중략) if whales were allowed to return to their pre-whaling numbers—capturing 1.7 billion tons of CO_2 annually)

큰 고래 한 마리가 축적하는 탄소 33톤을 400만~500만 마리로 곱하면 몇 톤일까? IMF 보고서는 500만으로 잡아 계산한 듯하다. 곱하면 1억 6500만 톤이 된다. IMF 보고서는 이를 17억 톤(1.7 billion tons)이라고 단위를 약 10배로 틀리게 썼다. 판결문은 이 첫째 오류를 받아썼다.

판결문은 원문에 없는 '더'를 더함으로써 둘째 오류를 추가했다. 더 포집하는 탄소량은 500만에서 130만을 뺀 370만과 33톤을 곱한 1억 2210만 톤이다.

모든 고래의 체중이 180톤인가?

과장으로 인한 셋째 오류가 있다. '큰 고래' 한 마리가 축적하는 탄소 33톤을 전체 고래 개체수 500만으로 곱한 데 있다. 전체 고래가 다 '큰 고래'는 아니다.

'큰 고래' 한 마리가 탄소 33톤을 축적한다는 계산은 정확하다. 이를 검산해보자. 인체의 18%가 탄소다. 체중은 탄소의 5.6배에 이른다. 이 비율은 고래도 비슷할 것이다. 고래 체내 탄소가 33톤이라면 고래의 체중은 183톤이다. 이는 고래 종 가운데 가장 큰 대왕고래의 체중이다.

그러나 고래 500만 마리가 모두 대왕고래일 리는 없다. 고래 개체당 평균 탄소 축적량은 33톤의 몇 십분의 일 정도일 듯하다. 그러면 500만 마리에 축적된 탄소량은 1억 6500만 톤보다 훨씬 적게 된다.

넷째 오류는 이미 바로잡았다. 눈치채셨는지. IMF 보고서와 판결문 모두 고래가 이산화탄소를 포집한다고 서술했다. 고래는 이산화탄소를 포집하지 않는다. 탄소를 포집한다. 이산화탄소를 흡수하는 해양 생물은, 지상에서와 마찬가지로 광합성을 하는 식물성 플랑크톤과 해조류이다. 해상 동물은 모두 광합성으로 만들어진 유기물 속 탄소를 먹이사슬을 통해서 받아들인다. 탄소는 고래 체내에 탄수화물과 단백질, 지방 등으로 축적된다. 이산화탄소는 고래 혈액 속에 미량만 용해돼 있을 것이다.

넷째 오류는 결정적이다. 식물성 플랑크톤과 해조류(海藻類)는 바다에 녹아 있는 이산화탄소를 흡수해 광합성으로 탄수화물을 만든다. 그 결과 해수에 녹아든 이산화탄소 양이 감소하면 바닷물이 추가로 대기의 이산화탄소를 흡수한다. 실물성 플랑크톤과 해조류의 이산화탄소 활용 이후 해양 생태계의 탄소 순환은, 멸치를 거치는지 고래를 거치는지와 무관하게, 대기 중 이산화탄소의 양에 영향을 주지 않는다.

유량인지 저량인지 정확히 쓰자

다섯째, 필자들과 판사는 유량(流量)과 저량(貯量)을 혼동했다. 유량과 저량은 각각 플로우(flow)와 스톡(stock)이라고도 불린다. 소득은 플로우고 저축액은 스톡이다. 플로우는 일정 기간에 집계하고 스톡은 일정 시점에 측정한다. 그런데 보고서와 판결문은 현재 고래가 400만~500만 마리라면 '연간' 17억 톤의 이산화탄소(⇒ 탄소)를 포집할 수 있다고 주장했다. 고래가 체내에 포집한 탄소량은 '연간' 유량이 아니라 성체가 된 상태에 축적된 저량이다. '연간'을 삭제해야 한다. 같은 맥락에서 판결문의 '큰 고래 한 마리는 일생 동안 평균 33톤의 이산화탄소(⇒ 탄소)를 흡수한다고 하며'는 '큰 고래 한 마리는 성체가 됐을 때 평균~'으로 고쳐야 한다.

여섯째, 판결문의 번역 오류가 더 있다. 판결문은 "이는 나무 한 그루의 이산화탄소 흡수량(약 2kg)과는 비교도 할 수 없는 수준이라고 한다"고 했다. 이 자리는 '이산화탄소'가 정확하다. 그러나 IMF 보고서는 나무 한 그루가 이산화탄소를 연간 48파운드 흡수한다(A tree, meanwhile, absorbs only up to 48 pounds of CO2 a year)고 썼다. 48파운드는 약 22kg이다. 더 있다. 판결문은 흡수량이 저량인지 유량인지 알려주지 않았다. 유량이고, IMF 보고서에 적힌 '연간'을 명기했어야 한다.

고래 사체는 수백 년간 썩지 않는다?

일곱째, 판결문은 '고래에게 흡수된 탄소는 고래가 죽더라도 수백 년간 고래 사체에 저장되어 있다'고 전했다. 고래가 죽으면 사체가 해저에 가라앉는 현상을 '고래 낙하(Whale Fall)'라고 부른다. 낙하한 고래 사체와 그 속 탄소는 수백 년간 분해되지 않을까? 위키피디아의 고래 낙하 항목이 참고가 될 수 있다. 위키피디아에 따르면 고래 사체가 가라앉은 뒤 1단계 분해와 2단계 분해를 거쳐 뼈만 남게 되기까지 약 6년이 걸린다. 3단계에서는 뼈의 지질이 분해되는데, 이 과정은 50~100년 걸린다. 그러나 뼈는 고래 체중의 4~6%만 차지한다. 이 자료를 전적으로 신뢰하지 않더라도, 판결문과 보고서의 '수백 년'은 매우 심한 과장이라고 본다.

훌륭한 목적을 사람들에게 전하려면 내용도 탄탄해야 한다. 과장과 오류가 많은 내용은 감성을 움직일 수는 있지만 이성을 설득하지는 못한다.

오마하의 현인도 깜박할 때가 있다

천하의 '숫자 귀신' 투자자 워런 버핏도 실수한다. '이익이 지난해에 비해 세 배로 증가했다'고 쓸 자리에 '~세 배 증가했다'고 적는 식의 오류를 저지른다. 세 배 증가하면 네 배로(네 배가) 된다. '로' 한 글자이지만 한 글자로 인한 차이는 100%다. 평범한 사람들이 쓴 글에서는 이런 오류가 자주 발견된다. 정확하게 쓰자.

버핏은 '오마하의 현인'으로 불린다. 그는 탁월한 수익률을 올려왔을 뿐 아니라 수십 년 동안 주식투자와 경제 분야에서 추출한 지혜를 재치 있게 표현한다.

그는 자신이 운영하는 투자회사 버크셔 해서웨이의 회장으로서 연례 사업보고서 앞부분에 주주에게 보내는 편지를 싣는다. 그 편지는 주주서한이라고 불린다. 다음 두 부분은 버핏의 2019 주주서한, 즉 2019 사업연도에 대한 주주서한의 첫 페이지(사업보고서의 3페이지)에 있는 내용이다.

2019년 버크셔는 일반회계원칙(GAAP) 기준으로 이익 814억 달러를 올렸습니다. 이 이익의 구성을 보면, 영업이익 240억 달러, 실현한 자본이득 37억 달러, 보유 투자 유가증권의 미실현 자본이득 증가로 인한 이익 537억 달러로 나뉩니다. 이들 이익은 모두 세후 기준입니다.

위 이익 중 537억 달러는 설명이 필요합니다. 이는 2018년부터 시행된 새 GAAP 규정에 따른 이익입니다. 그 규정은 기업이 보유 주식의 '미실현' 손익 증감도 이익에 반영하라고 합니다. 지난해 주주서한에서 밝혔듯이, 동업자 찰리 멍거와 나 둘 다 새 규정에 동의하지 않습니다.

Berkshire earned $81.4 billion in 2019 according to generally accepted accounting principles (commonly called "GAAP"). The components of that figure are $24 billion of operating earnings, $3.7 billion of realized capital gains and a $53.7 billion gain from an increase in the amount of net unrealized capital gains that exist in the stocks we hold. Each of those components of earnings is stated on an after-tax basis.

That $53.7 billion gain requires comment. It resulted from a new GAAP rule, imposed in 2018, that requires a company holding equity securities to include in earnings the net change in the unrealized gains and losses of those securities. As we stated in last year's letter, neither Charlie Munger, my partner in managing Berkshire, nor I agree with that rule.

버크서의 2018년 실적과 2019년 실적이 새 규정의 영향을 분명하게 보여주는 대표적인 사례입니다. 주식시장이 하락한 2018년에는 우리 미실현 이익이 206억 달러 감소했고 그로 인해 GAAP 이익은 40억 달러에 불과했습니다. 반면 주식시장이 상승한 2019년에는 우리 미실현 이익이 앞에서 언급한 대로 537억 달러 증가했고, 그 덕분에 GAAP 이익이 814억 달러로 급증했습니다. 시장의 변덕 탓에 GAAP 이익이 무려 1900%나 증가한 것입니다!

Berkshire's 2018 and 2019 years glaringly illustrate the argument we have with the new rule. In 2018, a down year for the stock market, our net unrealized gains decreased by $20.6 billion, and we therefore reported GAAP earnings of only $4 billion. In 2019, rising stock prices increased net unrealized gains by the aforementioned $53.7 billion, pushing GAAP earnings to the $81.4 billion reported at the beginning of this letter. Those market gyrations led to a crazy 1,900% increase in GAAP earnings!

둘째 인용문은 2019년 미실현 자본이득이 (전년 대비) 537억 달러 증가했다고 서술했다. 이 내용과 첫째 인용문의 2019년 미실현 자본이득이 537억 달러였다는 기술이 모두 정확하다면, 2018년 미실현 자본이득은 0억 달러였을 것이다. 둘째 인용문을 보면 2018년 미실현 자본이득은 (전년 대비) 206억 달러 감소했다. 그렇다면 2017년 미실현 자본이득은 206억 달러였을 것이다. 이를 표로 정리해보자.

버크셔의 미실현 자본이득

(단위: 억 달러)

2017년	2018년	2019년
206	0	537

무언가 이상하지 않은가? 나는 미심쩍었다. 그래서 사업보고서의 다른 부분에서 연도별 미실현 자본이득을 찾아봤다. '아이템 7. 재무상태와 운영결과에 대한 경영진의 논의와 분석'에 다음과 같이 쓰여 있었다.

> 2019년과 2018년의 투자와 파생상품 이익/손실에는 우리가 보유한 주식의 시장가격 변동으로 인한 미실현 이득과 손실이 차지하는 부분이 컸다. 세후 미실현 자본이득은 2019년에 537억 달러였고, 2018년에는 206억 달러였다.
>
> Investment and derivative gains/losses in 2019 and 2018 included significant unrealized gains and losses from market price changes on our holdings of equity securities. After-tax unrealized gains on equity securities were approximately $53.7 billion in 2019 compared to after-tax losses of $20.6 billion in 2018.

이 서술이 정확하다고 나는 판단한다. 주주와 소통하는 편지에 둘째 인용문처럼 복잡하게 쓸 이유가 없다고 생각한다. 이를 표로 정리하면 다음과 같다.

미실현 자본이득

(단위: 억 달러)

2018년	2019년
206	537

그렇다면 둘째 인용문 중 부정확하게 서술된 구절은 다음과 같이 고쳐야 한다.

[원문] 주식시장이 하락한 2018년에는 우리 미실현 이익이 206억 달러 감소했고 - our net unrealized gains decreased by $20.6 billion	[대안] 주식시장이 하락한 2018년에는 우리 미실현 이익이 206억 달러로 감소했고(~에 그쳤고/ ~를 기록했고) - our net unrealized gains recorded losses of $20.6 billion - our net unrealized losses were $20.6 billion
반면 주식시장이 상승한 2019년에는 우리 미실현 이익이 앞에서 언급한 대로 537억 달러 증가했고 rising stock prices increased net unrealized gains by the aforementioned $53.7 billion	반면 주식시장이 상승한 2019년에는 우리 미실현 이익이 앞에서 언급한 대로 537억 달러로 증가했고(~를 기록했고) rising stock prices increased net unrealized gains to the aforementioned $53.7 billion

　천하의 버핏도 실수한다. 평범한 사람들이 쓴 글에서는 그런 오류가 더 자주 발견된다.

　'지원자가 지난해보다 네 배로 증가했다'고 쓸 자리에 '~네 배 증가했다'고 적는 식의 오류다. 네 배 증가하면 다섯 배가 된다. '로' 한 글자이지만 한 글자로 인한 차이는 100%다. 정확하게 쓰자.

예외가 규칙을 드러낸다

> 백신 맞은 사람은 안 맞은 사람에 비해 약 7배, 코로나에 걸렸다 회복된 사람에 비하면 40배 더 코로나에 잘 감염된다는 이스라엘 발 소식입니다.
>
> 출처: 한 소셜미디어의 2021.8. 게시글

내가 다년간 글쓰기를 가르치면서 정립한 교습법이 있다. '예문과 대안' 제시다. 이 방법을 '비포 vs 애프터'라고 표현할 수도 있겠다.

강습때 지침을 설명한 뒤 관련 예문을 공유한다. 수강생들이 예문의 어디를 어떻게 수정할지 궁리해보도록 한 뒤 내가 대안을 제시한다.

예문과 대안은 여러 건을 다룬다. 중간중간 예문을 수강생이 각자 고쳐보도록 하는 실습도 한다. 수강생들의 답안을 둘러보거나(강의실에서는) 수강생들이 채팅창에 올린 답안을 보고(온라인강의일 때에는), 내가 준비한 대안을 공유한다. 이어 답안 중 부족한 부분이 무엇인지 설명한다.

연전에 이런 방식을 보고 나를 특강에 부른 경영대학원 교수가 말했다. "사례는 하나만 공유하면 되는 것 아닌가요?" 그렇지 않다(그 교수는 다 아는 글쓰기 지침이고 익숙한 유형이어서 그런 반응을 보였을 수 있다).

오답은 종종 상상을 벗어난다

실습 답안을 제출받아 보면 모범 대안에 접근하는 비율이 높지 않다. 한 가지 모범 대안에 대해 예상하지 못한 방식으로 완성도가 낮은 답안이 여러 건 보인다.

그로부터 다음 양상을 깨닫게 됐다.

"잘 쓴 글은 기본 요소 몇 가지를 갖추고 있다. 못 쓴 글은 그 기본 요소를 갖추지 못했는데, 그 유형이 다양하다."

이와 관련된 경구가 있다.

> 예외가 규칙(또는 지침)을 드러낸다.
> Exception proves the rule.

이 영어 경구의 이 같은 해석은 내 독자적인 것이다.

서설이 길었다. 모두에 제시한 사례는 정규 범위를 크게 벗어났다. 그러나 위 사례는 개인의 생명과 사회의 방역에 중요한 기본 셈을 익히는 데 도움이 된다. 즉, 초등학교에서 기본 셈만 가르치기보다 이런 오류를 공유하고 어디가 어떻게 틀렸는지 알려주면 학생들이 규칙을 뚜렷하게 익히고 구사할 수 있게 된다.

위 소셜미디어의 글은 백신접종자가 돌파감염될 위험이 백신 안 맞은 사람이 감염될 위험의 약 7배에 이른다는 내용이다. 또 백신접종자가 돌파감염될 위험은 자연감염 이후 회복됐다가 재감염될 위험의 40배나 된다는 경고다.

백신이 감염 위험을 40배로?

백신이 코로나19 감염 위험을 7배로 높였다니, 충격적인 뉴스다. 백신이 되레 위험을 그렇게 키웠다면 이스라엘 방역 당국이 접종한 백신은 가짜였을까? 아니면 이스라엘 신문기사가 가짜뉴스였을까?

이 소셜미디어가 인용한 이스라엘 신문기사는 '자연감염 vs 백신 접종: 어느 쪽이 더 보호해주나?'(Natural infection vs vaccination: Which gives more protection?) 이다.

url: https://www.israelnationalnews.com/News/News.aspx/309762

기사가 전한 주요 사실은 다음과 같다.

- 5월 이후 진행된 최근 확산에서 확진자 7700여 명이 발생했다.
- 이 중 이전 감염자는 72명으로 1% 미만이었다. 코로나에 감염된 뒤 회복된 83만 5792명 중 이번에 재감염된 72명의 비율은 0.0086%이다. (1만 명 중 86명꼴이다.)
- 이 중 백신접종자는 3000여 명이었다. 접종자 519만 3499명 중 이번에 돌파감염된 3000여 명의 비율은 0.0578%이다. (1만 명 중 578명 꼴이다.)
- 따라서 자연감염된 후 회복된 사람이 재감염될 위험은 백신접종자가 돌파감염될 위험에 비해 6.7분의 1 수준으로 낮다.

More than 7,700 new cases of the virus have been detected during the most recent wave starting in May, but just 72 of the confirmed cases were reported in people who were known to have been infected previously – that is, less than 1% of the new cases. With a total of 835,792 Israelis known to have recovered from the virus, the 72 instances of reinfection amount to 0.0086% of people who were already infected with COVID.

By contrast, Israelis who were vaccinated were 6.72 times more likely to get infected after the shot than after natural infection, with over 3,000 of the 5,193,499, or 0.0578%, of Israelis who were vaccinated getting infected in the latest wave.

이 기사에는 오류가 없다. 문제의 소셜미디어가 기사를 오독했다. 그 소셜미디어 작성자는 댓글에 "백신을 맞은 후에 감염되는 사람이 자연스럽게 감염되는 사람보다 6.72배 많다"고 나온다고 썼다.

백신접종자가 돌파감염될 위험은 자연감염 이후 회복됐다가 재감염될 위험의 40배나 된다는 내용은 기사에 없다. 소셜미디어는 무엇을 보고 이렇게 주장했을까? 실마리는 기사의 부제에 있다. 부제는 '최근 확진자 중 40%가 백신접종자인데, 자연감염됐다가 회복된 사람은 1%이다'(Nearly 40% of new COVID patients were vaccinated – compared to just 1% who had been infected previously)이다.

이 비율은 정확하다. 확진자 7700명 중 약 40%인 3000여 명은 백신접종자이고, 약 1%인 72명은 자연감염 회복자이다. 소셜미디어는 이 비율을 비교해 '40배'라는 계산을 감행했다. 틀린 셈법이다.

예외가 규칙을 드러낸다.

우리 뇌는 원래 확률에 약하다

분석심리학을 창시한 카를 구스타프 융(1875~1961)은 그날 중앙에 금색 성이 있는 만다라 모양의 그림을 그렸다. 그는 자신이 완성한 그림을 보고 중국적이라고 느꼈다. 그는 그 직후에 누군가로부터 논문에 대한 평론을 써달라는 요청을 편지로 받았다. 동봉된 논문은 제목이 '금색 꽃의 비밀'로 도교의 연금술을 다룬 것이었다. 융은 이는 "기묘한 우연의 일치였다"고 썼다.

그러나 '중앙에 금색 성이 있는 만다라 모양의 그림'과 제목이 '금색 꽃의 비밀'인 도교의 연금술을 다룬 논문이 일치하는 점은 '금색' 외에는 없다. 또 그 '직후'가 얼마나 긴 시간인지 그는 밝히지 않았다. 하루 차이일지도 모르고 며칠 이후일지도 모른다.

융의 저술에는 이처럼 그가 신비하다고 여긴 우연의 일치 사례가 여럿 나온다고 책《신은 주사위놀이를 하지 않는다》는 전한다. 런던 임페리얼 칼리지 수학과의 명예교수 겸 선임연구원인 데이비드 핸드가 쓴 책이다.

핸드는 사람에게는 공통점을 찾아내려는 속성이 있고, 이 점에서는 융을 비롯한 전문가도 다르지 않다고 일반화한다. 이어 사람들이 생각하는 '기적같은 일'은 실상은 전혀 놀라운 일이 아니라고 하면서, 확률과 통계를 이용해 이를 증명한다.

정확도 99% 진단 '양성'일 경우 감염 확률?

심리학자 융조차 인식과 심리가 현실의 확률과 통계를 정확하게 반영하기 어려움을 보여줬다. 하물며 일반인이랴. 당신이 확률에 약한 것은 당신만의 탓이 아닐지 모른다. 인류의 사고는 워낙 확률에 익숙하지 않다. 확률 이론이 수학의 다른 분야에 비해 뒤늦게 발달했다는 사실이 그 방증 중 하나다.

학습하지 않을 경우 확률에서 우리의 직관이 주먹구구에 불과함을 깨닫게 하는 사례는 이뿐 아니다. 예를 들어 인구의 0.1%가 감염되는 병을 정확도 99%로 진단하는 검사가 있다고 하자. 즉, 병에 걸린 경우 양성반응이 나타날 확률은 99%이고, 음성반응이 나타날 확률은 1%다. 또 건강한데 양성반응이 나올 확률은 1%, 음성반응이 나타날 확률은 99%다.

그 검사에서 양성이 나왔다. 실제로 그 병에 걸렸을 확률은 얼마나 될까?

"99%의 정확도이니 99%겠지."

이렇게 대답하는 사람이 많다.

실은 9%에 불과하다.

대상 인구를 1000명이라고 하면 확률에 따른 분포는 다음 표로 정리된다.

	전체 인원 (명)	양성	음성
병	1	1	0
건강	999	10	989

결과가 양성인 11명 중 실제로 그 병에 걸린 사람은 1명이다. 따라서 확률은 9%다.

다른 값은 동일한 가운데, 건강한데 검사하면 양성이 나올 확률을 0.1%로 낮추면 어떻게 될까? 건강한 999명 가운데 양성 결과는 0.1%인 0.999명이다. 이는 1명이라고 할 수 있다. 표는 다음과 같이 바뀐다.

	전체 인원 (명)	양성	음성
병	1	1	0
건강	999	1	998

이 상황에서는 검사 결과 양성일 때 실제로 병에 감염됐을 확률은 50%로 낮아진다.

이로부터 우리는 검사의 정확도를 높이려면 건강한데 양성으로 진단하는 확률을 낮춰야 함을 알 수 있다.

인간의 직관이 확률을 크게 빗나가는 사례는 더 있다. 간단하지만 다들 어려워하는 대표적인 확률 문제로 '몬티 홀 문제'가 있다.

몬티 홀은 '렛츠 메이크 어 딜'이라는 TV게임쇼의 진행자 이름이다. 몬티는 쇼가 끝날 무렵 마지막 남은 참가자와 함께 커다란 문 세 개

앞에 섰다. 각 문에는 1, 2, 3 숫자가 적혀 있다. 몬티는 참가자에게 "한 개의 문 뒤에는 자동차가 세워져 있고 나머지 두 개의 문 뒤에는 염소가 있다"고 알려준다. 참가자는 문을 하나 선택해 그 뒤에 놓인 선물을 가져가면 된다.

세계적인 수학자도 납득하지 못한 '몬티 홀'

참가자가 차가 그 뒤에 있는 문을 고를 확률은 3분의 1이다. 게임쇼가 여기서 끝났다면 '몬티 홀'이라는 이름이 두고두고 확률 관련 책에 등장하지 않았을 것이다. 참가자가 문 하나를 고르고 나면 몬티는 남은 문 둘 가운데 염소가 있는 문 하나를 열어 보여준다. 몬티는 그러고 나서 참가자에게 "혹시 마음을 바꿔 다른 문을 선택하지 않겠느냐"고 묻는다.

당신이 참가자라면 어떻게 하겠는가? 남은 다른 문으로 옮겨가겠는가? 처음 택한 문이나 남은 다른 문이나 자동차가 있을 확률은 3분의 1로 똑같지 않나? 이 문제를 처음 접하는 사람은 대부분 이렇게 셈하고, 그래서 선택을 바꾸지 않겠다고 대답한다.

그러나 이 경우 다른 문 앞에 서면 당첨 확률이 3분의 2로 두 배가 된다. 이해하지 못하겠다고 자책하지 말라. 헝가리 출신 천재 수학자 폴 에르디시도 "왜 선택을 바꿔야 하는지 이해하지 못하겠다"고 말했다.

이 문제를 푸는 이론은 '조건부 확률'과 '베이즈 정리'이다. 조건부 확률과 그보다 더 까다로운 베이즈 정리를 설명하는 것은 이 글의 목적이 아니다. 이 글에서는 대신 《벌거벗은 통계학》 저자의 간단한 설명을 소개한다. 저자인 찰스 윌런은 몬티가 문을 열어보이는 행위에 현혹되지 말라고 말한다.

몬티가 진행하는 방식은 본질적으로 다음과 같다. 참가자가 문을 하나 선택하게 한다. 그 다음 다른 두 문을 함께 고를 기회를 준다. 참가자는 당연히 선택을 바꾼다. 당첨 확률은 3분의 2로 높아진다. 몬티는 참가자가 바꿔 선택한 두 문 중 먼저 염소가 있는 문을 연다. 이 행위는 참가자의 당첨 확률 3분의 2에 영향을 주지 않는다. 남은 문에 자동차가 있을 확률은 여전히 3분의 2인 것이다.

몬티는 이 진행 방식에서 참가자가 '문 두 개를 함께 고를지 선택하는 단계'를 변형해 '염소가 있는 문 열기'와 '다른 문으로 바꿀지 묻는 것'으로 대체했다. 몬티가 염소가 있는 문을 열어보인 뒤 다른 문으로 바꿀지 묻는 데 대해 "Yes"라고 대답하는 것은 '문 두 개를 함께 택한 뒤 몬티로 하여금 염소가 있는 문부터 열도록 하는 것'과 확률적으로 동일하다.

아직도 이해되지 않거나, 머리로는 이해해도 수긍하기는 어려운가? 당신만의 문제가 아니다. 세계적인 수학자도 끝내 이 확률을 받아들이지 못하지 않았던가. 그러니, 일단 받아들이고 외우는 방법도 대안이 된다.

여론조사에서 '신뢰수준 95%'는 무슨 뜻?

통계는 선거, 야구, 복권, 주식, 보험, 영화, 마케팅, 수사에 두루 활용된다. 이중 정치 분야 통계를 조금 알아보자. 'A정당의 지지율은 36%로 조사됐으며 이 조사의 신뢰수준은 95%이고 표본오차는 플러스마이너스 3% 포인트'라는 결과는 무슨 뜻일까. '같은 크기의 표본을

20번 추출해 조사하면 그 중 19번(95%)은 유권자 전체를 조사했을 때 얻을 수 있는 결과로부터 어느 한 쪽으로 3% 포인트 이상 벗어나지 않는 범위 안에 존재한다'는 의미다. 이 조사가 20번 중 19번에 해당한다면 지지율 36%는 유권자 전체를 조사했을 때 얻을 수 있는 결과보다 3% 포인트 높거나 3% 포인트 낮을 수 있다. 이 조사 결과를 달리 서술하면 '유권자 전체를 조사했을 때 지지율은 33~39%로 추정되며 그 신뢰도는 95%'라고 할 수 있다.

우리 현실의 더 중요한 사안에 대한 확률을 하나 살펴보자.

> 한국에서 (중대 사고로 분류되는) 5등급 원전 사고가 발생할 확률이 약 30%다. 세계 원전 442기 중 6기에서 사고가 발생했다. 이 확률은 1.36%, 즉 0.0136이다. 우리나라에는 원전이 23기 있다. 이들 원전 중 어느 한 곳에서라도 사고가 날 확률은 0.27, 즉 27%다.

이는 반핵주의자인 한 의과대학 교수가 2017년에 한 강연의 요지다.
이 계산은 틀리지 않다. 원전 1기가 사고 날 확률이 0.0136이라면 사고가 나지 않을 확률은 0.9864다. 23기 원전에서 전혀 사고가 발생하지 않을 확률은 0.9864^{23}이다(^은 제곱 기호.). 이를 계산하면 0.73이 나온다. 원전 23기 중 한 곳 이상에서 사고가 날 확률은 1에서 0.73을 빼면 된다. 0.27, 27%가 나오는 것이다.

우리가 약 30%의 원전 사고 위험을 지고 살고 있다는 말이다. 미심쩍지 않은가? 이른바 원전 마피아라고 하지만 이렇게 큰 위험을 호도한 채 원자력 발전소를 늘리지는 않았으리라고 보는 게 합리적이지 않을까?

계산은 맞다. 그러나 전제가 어긋났다. 이 강연 내용이 소셜 미디어에 공유되자 반박 댓글이 줄줄이 달렸다. A씨는 "442기 원전 중 6기에서 사고가 났다고 해서 사고 확률을 1.36%라고 하는 처음 가정 자체가 잘못"이라고 정확히 지적했다. 그는 "사고 확률은 각 세대별 원전으로 나눠서 봐야 한다"고 비판했다. 또 "한 종류의 사고가 발생한 뒤에는 같은 사고는 나지 않게 남은 원전들이 준비를 하므로 그 부분도 계산해야 한다"고 지적했다.

그 의대 교수의 가정을 단순 적용하면, 원전이 예를 들어 74개인 경우 그 중 하나 이상에서 언젠가 사고가 날 확률은 10만 분의 9998이 된다. 미국은 원전이 약 100기로 알려졌다. 김 교수의 계산법으로는 미국에서 원전 사고가 발생할 확률은 100%에 더 가까워진다. '442기 중 6기'라는 과거의 발생 빈도를 앞으로도 적용되는 확률이라고 보기 때문에 이런 비현실적으로 높은 확률이 나오는 것이다. 미국 드리마일, 소련 체르노빌, 일본 후쿠시마 사고는 각각 안전도를 높여 사고 위험을 낮추는 계기가 됐다.

인간의 두뇌는 원래 확률과 통계에 약하다. 앞에서 소개한 사례들을 비롯해 많은 근거가 이를 뒷받침한다. 인간은 행태경제학의 설명처럼 감정이나 편향 등 때문에 덜 합리적으로 행동할 뿐더러 확률과 통계에 어둡기 때문에 합리적이지 않게 행동한다. 다시 말해, 우리는 합리적으로 사고하지 못하기 때문에 종종 합리적인 판단과 선택을 하지 못한다(동어반복이지만 사실이다). 우리는 이를 겸손하게 받아들이고, 확률과 통계를 더 익혀야 한다.

- 6장 -

정확한 글 위한 정확한 생각

'정확한 사고'를 위한 '정확한 독해' 제안

다치바나 다카시(立花隆 1940~2021). '지(知)의 거인'이라고 불린 일본 저술가다. 독서광이자 애서가로 '고양이 빌딩'이라는 자신의 서재에 약 20만 권을 소장했다. 여러 분야의 책을 다수 써냈다. 1979년 작 《일본 공산당 연구》로 고단샤 논픽션상을 받았다. 그는 공부와 독서에 대해서도 많이 발언했고, 《뇌를 단련하다》와 《지식의 단련법》, 《피가 되고 살이 되는 500권, 피도 살도 안되는 100권》, 《다치바나 다카시의 서재》, 《나는 이런 책을 읽어 왔다》를 냈다.

학이불사(學而不思). 다치바나는 책으로 공부는 많이 했으되, 스스로의 사고력은 키우지 못했다. 두서 없이 독서량을 방대하게 쌓아올리면서 지식의 산더미 속에서 길을 잃었다. 공자가 말한 '학이불사 즉 망(罔)'의 극단을 보여준 인물이다. (罔은 여기서는 '어둡다'는 뜻으로 쓰였다.) 학이불사즉망은 '지식을 많이 습득해도 생각하지 않으면 사물의 이치를 알지 못한다'는 뜻이다.

사고력은 질문력과 불가분이다. 다치바나가 망(罔)했다는 내 주장의 근거는 그가 제기한 두 가지 질문이다. 그는 '임사체험을 한 사람의 삶은 이후에 어떻게 달라졌을까', '우주를 경험한 사람의 그 다음 인생은 어떻게 달라졌을까' 궁금해했다. 두 물음의 답을 찾아 자료 조사와 인터뷰를 했고,《임사체험》과《우주로부터의 귀환》을 썼다.

임사체험과 우주 경험이 사람의 이후 인생을 극적으로 바꿀까? 나는 그럴 가능성은 낮다고 본다. 더 중요한 포인트가 있다. 설령 두 체험이 간혹 체험자의 삶을 크게 바꿀지라도, 대다수 사람에게 시사점이 전혀 없다. 환골탈태를 위해 임사체험에 나설 사람이 있을 리 없고, 일대 변신을 위해 우주 여행을 다녀올 수 있는 사람은 거의 없기 때문이다. (만약 두 체험이 삶을 바꾼다면, 가상현실 체험 프로그램이 이미 개발돼 인기를 끌고 있지 않을까?)

사례 제시가 길었다. 책은 많이 읽으면 좋지만, 두서 없는 독서는 오히려 독이 된다. 속독을 권하며 방법을 알려준다는 책도 있으나, 빠른 독서에서는 생각이 일어나 머물고 숙성될 수 없다.

사고력을 키우는 독서법이 '정확한 독해(읽기)'다. 정확한 사고는 '정확한 독해'를 통해서만, 즉 글로써만 할 수 있다. 동영상으로는 어렵다. 오디오북으로도 어렵다. 영상이나 음성 콘텐츠에 대해 비판적으로 생각하려면 영상이나 음성을 정지시킨 뒤 앞부분과 대조하거나 다른 자료를 찾아보는 등의 작업을 해야 하는데, 이런 작업은 번거롭고 쉽지 않다.

정확한 독해의 잣대 세 가지

내가 주창하는 정확한 읽기는 기존의 '비판적 독해'를 구체적으로 진전시킨 개념이다. 비판적 독해란 무엇인가?《Basic 고교생을 위한 국어 용어사전》은 "글의 정확성, 객관성, 타당성, 효용성 등을 독자가 스스로 판단하면서 읽는 것"이라고 정의한다. 한편 "비판적 독서를 하기 위해서는 비판적 사고 능력이 필요하다"고 두 활동의 관계를 설명한다.

필자는 우선 두 활동의 관계를 이 사전의 서술보다 확장한다. 정확한 독해에 정확한 사고가 필요하고, 정확한 사고력을 키우려면 정확한 독해를 해야 한다. 정확한 독해와 정확한 사고는 동일한 활동의 양면이다.

둘째, 정확성과 객관성은 겹치는 개념이다. 주관적이어서 객관성이 떨어지면 정확하지 않다. 글에 어떤 효용이 있는지는 저마다 챙길 부분이고, 이는 사고력과는 거리가 있다.

필자는 정확한 독해의 잣대를 세 가지로 제시한다. 내적 정합성, 사실 적합성, 완결성이다. 내적 정합성을 통해 독자는 내용이 서로 들어맞는지, 서로 충돌하거나 어긋나는지 체크한다. 사실 적합성은 내용이 사실에 부합하는지 점검하는 기준이다. 나아가 사실의 일부 측면을 과장한 게 아닌지, 과장을 넘어 왜곡한 내용인지 따져가며 읽어야 한다. 완결성은 내용 서술 상 불가결한 중요 정보를 누락했는지 체크하는 기준이다. 서술하려는 대상의 알맹이를 빠뜨려서는 그 대상을 정확히 독자에게 전하지 못한다. 세 기준은 글을 작성할 때에도 적용해야 한다.

각각의 잣대에 비추어 어긋난 사례를 살펴보자.

내적 정합성. 한 책의 저자는 그 책을 쓴 계기를 프롤로그와 에필로그에 각각 다음과 같이 서술했다. 두 계기가 서로 어긋난다.

"이 책을 구상한 건 20년 전의 일이다. (중략) 2018년 말 한 회의에서의 경험을 계기로 이렇게 글을 쓰게 되었다. (중략) 이런 류의 이야기는 사실 방송이나 대중을 상대로 한 강의에서 수없이 듣는다. 그런데 경제 상황이나 전망을 특정 인물의 '의도' 혹은 '개성'에 초점을 맞추어 설명해도 될까? 안타깝게도 이런 식의 설명은 굉장히 많은 한계를 지닌다."

(프롤로그 중)

'유튜브' 방송을 진행하는 사람들의 모임에서 "왜 역사와 금융을 결합한 콘텐츠를 만들지 않으세요?"라는 질문을 받은 것이 이 책을 처음 구상한 계기가 되었다. (중략) 그 뒤 곰곰이 생각해보고 또 책장을 뒤져도, 금융 관점에서 세계사의 변화를 추적한 책이 없다는 생각이 들었다."

(에필로그 중)

사실 적합성. 한 과학 칼럼은 멜라닌 색소와 비타민D의 관계를 다음과 같이 서술했다.

이처럼 멜라닌은 비타민D의 합성을 촉진할 뿐 아니라 피부 세포의 유전자를 온전히 지킨다.

다른 자료를 찾아보면 이 서술이 사실에 부합하지 않음을 확인할 수 있다. 과학문화포털 사이언스올에 있는 자료에 따르면 피부의 멜라닌 색소는 비타민D 합성 전단계에 필요한 previtamin D3의 생성을 억제한다.

사실 적합성 검증은 크로스 체크 작업을 수반하는 경우가 많다. 크로스 체크란 동일한 내용을 담은 다수의 자료를 대조해, 정보가 정확한

지 확인해 채택하거나 부정확함을 알고 버리는 작업을 가리킨다.

완결성. 다음 문단은 누락한 내용이 있다.

> 민간 부문의 역할은 지난 10년 동안 극적으로 확장되었다. 그동안 민간 부문은 국내총생산(GDP)의 60% 이상을 창출했고 조세 수입의 70%를, 혁신의 80% 이상을, 고용의 90%를 기여했다.

누락 정보는 이전 10년간 민간 부문이 GDP와 조세 수입, 혁신, 고용에 기여한 비중이다.

완성도 높은 글 편집·작성에 필수 역량

정확한 독해는 특히 논문 심사 교수와 언론매체 간부, 출판사 편집자에게 필요하다. 정확한 독해의 안목이 없이는 논문, 기사, 원고의 오류를 잡아내지 못한다. 정확한 독해를 통한 정확한 사고는 글을 쓰는 사람 누구에게나 필요하다. 정확한 사고력을 가다듬어 가동하지 않으면 자기 글의 문제를 알아차리지 못한다.

생각하지 않고 읽기는 다른 사람의 생각으로 자신의 뇌를 돌리는 행위일 뿐이다. 그런 독서로는 자신의 사고력을 키울 수 없다. 정확한 독해로만 스스로 생각하면서 정확한 사고력을 키울 수 있다. 정확한 사고력은 완성도 높은 글 작성의 필수 요건이다.

'매의 이론': 정의에서 벗어난 자유 연상

요즘 가짜뉴스 생산·전파와 맞물려 사실 확인이 강조된다. 사실 확인은 '진짜 서술'을 할 때에도 중요하다. 사실 확인을 간과할 경우 의도와 달리 가짜를 서술할 위험이 커진다.

이런 측면에서 '매의 이론'에 대한 서술 사례를 놓고 '정확한 독해'를 해보자. 먼저 '매의 이론'에 실마리를 제공한 《데카메론》 중 이야기 하나에서 출발한다. 《데카메론》은 14세기 이탈리아 작가 보카치오의 작품이다. 모두 100편의 이야기를 담고 있다. 각 이야기는 페스트를 피해 모인 젊은 남녀 10명이 열흘 동안 각각 하루에 하나씩 들려주는 방식으로 전해진다.

다섯째 날 아홉째로 서술된 그 이야기는 피렌체의 청년 페데리고의 짝사랑으로 시작한다.

페데리고가 사모하는 대상은 아름다운 귀족의 부인 모나 조반나. 페데리고는 모나 부인의 관심을 끌고 사랑을 얻고자 인근 귀족을 모두 초청하는 무도회 등을 연다. 모임에 참석한 모나 부인에게 선물 공세도 펼친다. 그러나 모나 부인의 마음은 그에게 기울지 않는다.

페데리고는 행사와 선물로 가산을 탕진한다. 이후 그는 농장이 있는 시골로 가서 생활한다. 그에게 값진 것이라고는 사냥에 쓰이는 매 하나였다.

페데리고가 낙향한 다음 모나 부인의 남편이 병에 걸려 사망한다. 모나 부인은 아들과 함께 일 년을 보낼 요량으로 시골에 오는데, 우연히 그 집이 페데리고 농장 근처였다. 아들은 페데리고와 친해졌다. 아들은 여러 차례 페데리고의 매가 사냥하는 모습을 보고 반한다. 그는 매를 갖고 싶었지만, 페데리고에게 차마 달라는 부탁을 하지 못한다.

이제 모나 부인의 아들도 시름시름 앓다 위중하게 된다. 모나 부인은 아들에게 소원을 묻는다. 아들은 페데리고의 매를 갖고 싶다고 말한다.

모나 부인은 고심 끝에 페데리고를 찾아간다. 매가 페데리고의 생계 수단임을 알고 있었지만, 죽어가는 아들의 소원을 들어주기 위해. 사모해온 모나 부인이 찾아오자 페데리고는 감동한다. 하지만 식사로 대접할 거리가 마땅하지 않다. 페데리고는 정성을 다 한 식사를 준비한다. 식사를 마친 부인은 위중한 아들 이야기를 꺼내며, "아들이 당신 매를 갖고 싶어 한다"고 털어놓는다. 그러자 청년은 "대접할 것이 없어서 생각다 못해 매를 잡았습니다"라며 울음을 터뜨린다.

이 이야기와 '매의 이론'을 다음과 같이 연결해 설명하는 주장이 있다.

잔잔히 흐르던 물이 어느 지점에 와서 폭포수처럼 급강하하듯이, 잔잔하던 이야기의 흐름이 어느 시점에 와서 급전직하하듯이 돌변하는 구성법을 파울 하이제는 '매의 이론'이라고 불렀다. 이 이론은 매가 먹이를 사냥

할 때 소요되는 '시간의 최소화' 전략에서 유래한다고 한다.

출처:《삶의 정도》중 '생존을 위한 매의 노력', 위즈덤하우스, 2011, 256쪽

파울 하이제는 1910년 노벨 문학상을 수상한 독일의 작가이다. 하이제가 '매의 이론'이라는 개념을 창안한 것은 사실이다.

'매의 사냥법'은 문학 이론에 없다

'매의 이론'은 무엇인가.《도이치문학 용어사전》은 '이야기의 중심이 될 뚜렷한 모티프를 요구하는 단편소설(novella) 이론'이라고 정의한다. 여기서 일단 주목할 점은 '매의 먹이 사냥'도 없고, '시간의 최소화' 전략도 없다는 사실이다.

모티프는 무엇인가. 모티프는 한정 모티프와 자유 모티프로 구분된다. 한정 모티프는 작품의 내용과 긴밀히 관련된 것으로 만일 이것이 생략되면 이야기의 줄거리나 사건의 인과 관계를 파악하기가 어렵게 된다. 자유 모티프는 스토리 형성에 직접적인 관계는 없으나 작가가 특별한 이유로 끌어들인 것이다. 예를 들어 김승옥의 〈무진기행〉에서 '안개'에 대한 자세한 묘사는 주인공의 내면을 드러내기 위해 작가가 구사한 자유 모티프이다.

《데카메론》중 페데리고 이야기에서 '매'는 한정 모티프다. '매'처럼 이야기의 중심이 되는 뚜렷한 모티프를 활용해 단편소설을 쓰라는 지침이 매의 이론이다.

에세이 '생존을 위한 매의 노력'의 사실 적합성을 가를 열쇠는 매의 이론에 '사냥'이 들어가느냐는 것이다. 우선 저자의 말을 들어보자. 매

가 사냥할 때 활용하는 '시간의 최소화' 전략은 다음과 같이 설명된다.

> 매는 사냥감을 발견하면 바로 날아가는 대신 수직으로 낙하한다. 그러면서 받은 중력가속도로 먹이를 향해 수평으로 날아간다. 이렇게 함으로써 매는 최단시간에 먹이를 낚아챈다.

파울 하이제가 매의 사냥 기법을 언급했을까? 스터디보스(studyboss.com) 사이트는 표제어 '상징물(Dingsymbol)' 속에서 매의 이론을 설명한다. 이 사이트에 따르면 하이제는 이 《데카메론》이야기에서 반전에 활용되는 매를 예로 들면서 모든 단편소설은 사건 전개의 중심이 되는 문제나 갈등이 있어야 하고 그 문제나 갈등은 상징에 의해 포착되어야 한다고 주장했다.

팩트 체크 일단락. 사냥 얘기는 나오지 않는다. 매의 이론을 매의 사냥 전략과 연결한 상상은 견강부회였다.

매의 사냥법과 이야기 흐름 상충

'생존을 위한 매의 노력'은 매의 이론에 따른 이야기 전개를 "잔잔히 흐르던 물이 어느 지점에 와서 폭포수처럼 급강하하듯이" "잔잔하던 이야기의 흐름이 어느 시점에 와서 급전직하하듯이 돌변"이라고 묘사했다. 청년에 대한 귀부인이 애정 라인이 별 변화 없이 잔잔히 흐르다가 매 사건을 계기로 급하게 새로운 국면으로 접어든다는 점에서 얼추 비슷한 묘사라고 할 수 있다.

그러나 이 묘사는 매의 사냥 전략에서 매의 이론이 유래했다는 서술과 상충한다. 매의 사냥 전략은 '잔잔히 흐르다 급전직하'가 아니라 '수직 낙하한 뒤 수평으로 비행'이기 때문이다.

    한편 다른 궁금한 점은 이야기에서 '페데리고와 모나 부인의 사이는 어떻게 됐을까?'이다. 청년은 귀부인 아들의 소원을 들어주지 못하고, 아들은 병사한다. 이후 이야기는 다시 뒤집힌다. 유산을 상속받은 귀부인은 청년과 결혼한다. 반전에 반전인 셈이다.

워터게이트 도청 공작조와 '배관공'

사실을 확인하지 않고 쓰면 틀린 글이 된다. 사실을 알고 있어도 생각하지 않은 채 쓰면, 자신이 아는 사실과 상충하는 내용을 담을 수 있다. 글을 읽을 때에도 그렇지만, 글을 쓸 때에는 특히 사실 적합성과 내부 정합성이라는 그물을 수시로 던져야 한다.

"뉴욕타임스 기사의 단어 하나하나에서 피가 배어났다."

1971년 6월 뉴욕타임스에 '큰 물(낙종)'을 먹은 워싱턴포스트의 벤 브래들리 편집국장이 내뱉은 반응이다.

낙종이란 미국 정부가 베트남전의 실상을 은폐하고 호도한 실상을 담은 펜타곤 페이퍼 보도를 뉴욕타임스에 놓친 것이었다. 펜타곤 페이퍼는 분량이 7000페이지에 달했고 1급 기밀문서로 분류됐다. 닉슨 정부는 국가안보에 중요한 내용이 이 문서에 담겨 있다고 주장했지만, 실은 행정부의 치부를 드러내는 내용이 많았다. 예를 들면 미국이 베트남전쟁에 군사개입을 강화하는 구실로 삼은 통킹만 사건이 조작이었다는 내용 등이 있었다.

브래들리 국장이 지휘한 워싱턴포스트는 결국 펜타곤 페이퍼 보도에서 뉴욕타임스에 역전승을 거둔다. 뉴욕타임스가 닉슨 정부의 압력을 받아 후속 보도를 멈춘 사이에 보고서를 입수해 감춰졌던 더 큰 실태를 폭로한다.

펜타곤 페이퍼 보도한 뚝심

워싱턴포스트의 펜타곤 페이퍼 보도를 다룬 영화가 〈더 포스트〉다. 펜타곤 페이퍼 보도에는 여러 고비가 있었다.

피를 본 브래들리 국장은 편집국 안팎을 밀어붙였다. 그는 절치부심하다가 발행인 캐서린 그레이엄을 찾아가기도 한다. 그레이엄에게 절친한 닉슨 행정부의 내부 인사를 통해 보고서를 입수해달라고 요청한다.

그레이엄은 응하지 않는다. 브래들리는 언론의 사명만 추구하면 됐지만 그레이엄은 고려할 변수가 많았고 더 무거웠다. 그레이엄은 언론인이자 가업을 이어받은 사업가로서 기업의 영속성과 주주와의 관계를 고려해야 했다. 회사 주식은 상장을 앞둔 민감한 상황이었다. 닉슨 행정부의 워싱턴포스트에 대한 적대성과 공격성을 고려할 때 펜타곤 페이퍼를 보도했다가는 회사의 존립까지 위태로워질 수도 있었다.

마지막 고비는 여러 기자가 달라붙어 방대한 펜타곤 페이퍼에서 기사를 뽑아낸 뒤 보도 재가를 받는 과정이었다. 브래들리 국장은 그레이엄 발행인에게 전화를 걸고, 그레이엄은 "오케이. 갑시다. 보도합시다." 라고 말한다. 훗날 기자 출신인 브래들리의 부인은 "당신보다 캐서린이 더 용감했다"고 평가한다.

이런 측면에서 〈더 포스트〉는 브래들리 국장이 캐서린 그레이엄을 설득하면서 그레이엄이 언론인이 되게끔 자극하는 과정을 그린 작품으로도 감상할 수 있다. (발행인도 언론인이다.) 언론인으로 거듭난 그레이엄의 면모는 영화에서 펜타곤페이퍼 보도를 둘러싼 소송을 이긴 뒤 브래들리에게 단호한 어조로 "기사는 역사의 초고"라며 언론의 사명을 강조하는 장면에서 나타난다. 펜타곤 페이퍼 보도를 감행함으로써 그레이엄은 편집국이 워터게이트를 추적 보도하도록 할 배짱을 갖출 수 있었다.

영화 〈더 포스트〉는 '배관공' 탄생의 배경

그레이엄 발행인이 상대한 행정부가 얼마나 거칠었는지, 그 단편을 보여주는 사건이 있다. 존 N. 미첼 재선위원회 위원장이 법무장관 시절부터 워터게이트 공작의 책임자 중 한 명이었다는 기사에 대한 그의 반응이다. 그는 확인차 전화한 칼 번스타인 기자에게 이렇게 내뱉었다.

> "모두 엉터리야. 당신, 그것을 신문에 싣겠다고? 모두 거짓말이야. 만약 그걸 신문에 보도하면 캐티(캐서린) 그레이엄의 젖꼭지를 커다란 탈수기에 집어넣고 말 거야. 빌어먹을! 이런 욕 나올 소리는 처음 듣는군."
>
> (출처: 오디오북 Bob Woodward, Carl Bernstein, 《All the President's Men》)

미첼이 말한 탈수기는 롤러 사이에 세탁물 등을 끼워넣고 롤러를 돌려 물을 짜내는 방식의 도구를 가리킨다.

미첼 발언의 원문은 다음과 같다.

> "Katie Graham's gonna get her tit caught in a big fat wringer if that's published."

번스타인은 미첼의 말을 그대로 기사에 담으려고 한다. 브래들리 편집국장은 'her tit'만 빼라고 지시한다. 'her tit'이 빠져도 문장이 된다.

"Katie Graham's gonna get caught in a big fat wringer if that's published."

한편 국내에 번역된 책에선 winger를 착유기라고 옮겼다. 'fat wringer'를 한 단어로 여긴 듯하다. 그보다는 'big fat'이 한 묶음이다. 크다는 뜻을 강조하는 표현이다.

영화 〈더 포스트〉는 약 1년 후인 1972년 6월 워터게이트 사건의 현장을 보여주면서 끝난다. 〈더 포스트〉는 이로써 로버트 레드퍼드가 제작하고 주연한 워터게이트 영화 〈대통령의 음모〉의 프리퀄을 자처했다. 프리퀄은 속편인데, 원작보다 앞선 사건을 담은 작품이다. 〈대통령의 음모〉의 원작은 워터게이트의 실체를 앞장서서 파헤친 워싱턴포스트의 두 기자 밥 우드워드와 칼 번스타인이 쓴 《대통령의 사람들 모두 All the President's Men》이다. 이 책은 국내에 《워터게이트》로 번역됐다.

펜타곤 페이퍼가 보도된 뒤 닉슨 정부는 비밀리에 '배관공'이라는 별칭으로 비밀공작팀을 조직한다. 닉슨 정부가 감추고자 하는 정보가 누구를 통해 어떤 경로로 밖으로 누출되는지 찾아내는 일을 한다는 데에서 붙은 별칭이다.

배관공들을 투입한 광범위한 비밀 공작은 워터게이트 사건으로 꼬리가 밟혔다.

비밀공작조를 배관공으로 위장시켰나

이 같은 배경 지식을 바탕으로 다음 글을 읽어보자. 이 글에는 사실 적합성과 내적 정합성 모두에 위배되는 대목이 있다.

미국은 1971년 7월24일 리처드 닉슨 대통령의 재가를 얻어 백악관 안에 특별조사팀을 발족했다. 중앙정보국(CIA)과 연방수사국(FBI) 전직 요원들이 주축을 이룬 조사팀은 정부 안팎의 정보 누설을 조사하고 방지한다는 구실로 만들어졌지만, 실제로는 불법 도청이나 침입 따위 지저분한 일을 전문적으로 맡았던 '공작조'였다. 이 조사팀의 별명이 '배관공들'(the plumbers 또는 plumbers unit)이었다. 애초 조사팀 발족을 제안한 참모가 자신의 사무실에 그런 명패를 붙인 데 착안했다지만, 그 뒤의 활동에 딱 들어맞는 것이기도 했다.

조사팀의 첫번째 활동은 베트남 전쟁의 진실을 담은 '펜타곤 페이퍼'(국방부 문서)를 「뉴욕 타임스」에 전했다는 전직 국방부 분석관 대니얼 엘스버그 사찰이었다. '배관공들'은 엘스버그가 다니던 정신과 진찰실에 몰래 들어가 진료 기록을 뒤졌고, 쿠바인 망명자들이 엘스버그를 공격하는 데 관여하기도 했다고 한다. 이들은 그 뒤에도 정보 누설을 조사한다는 핑계로 민주당원들이나 흑인 의원들, 저명한 반전운동 활동가들을 몰래 조사하고 감시했다. 대표적인 '배관공' 중 한 명인 하워드 헌트가 에드워드 케네디 상원의원의 채퍼퀴딕 사고를 따로 조사하는 등 정치 사건에도 발을 들여놓았다. 중앙정보국이 조직적으로 이들의 활동을 지원한 흔적도 있다. 1972년 6월17일 민주당 전국위원회 본부에 배관공으로 위장한 남자 5명이 침입해 도청을 시도하다 발각된 워터게이트 사건도, 헌트

를 비롯한 이들 '배관공들'이 한 일이었다. (하략)

출처: 〈한겨레〉, [유레카] 청와대 배관공, 2009.07.19.

다음과 같이 상상할 수도 있다. 배관공은 어느 건물에나 투입될 수 있다. 큰 건물이라면 누가 배관공을 불렀는지 신경쓰지 않을 공산이 크다. 그래서 닉슨 정부가 비밀리에 가동한 배관공들은 배관공 복장을 하고 침투했을 것이다.

아니다. '배관공'은 비유로 붙인 명칭이었다. 공작조는 배관공으로 위장하지 않았다. 모두 정장 차림이었고 수술용 장갑을 끼고 있었다. 공작 시간은 새벽이었고, 작업은 도청장치 설치였다. 만약 그런 공작을 배관공 작업복 차림으로 했다면 제정신이 아니라는 오해를 덤으로 받았을 것이다. 공작조에 대해 같은 신문의 다음 기사는 정확하게 전했다.

1972년 미국 대선을 약 5개월 앞둔 6월 17일 토요일 새벽, 수도 워싱턴의 워터게이트 호텔 빌딩 안에 있는 민주당 전국위원회 사무실에서 정장 차림에 외과 수술용 장갑을 낀 다섯 남자가 경찰에 붙잡혔다. 체포 당시 이들은 최신형 도청장치를 손에 쥐고 있었다.

출처: 〈한겨레〉, 40년 전 미국의 '워터게이트'가 2013년 '국정원게이트'에게, 2013.06.28.

일부 기자, 일부 매체의 오류가 아니다. 개연성이나 사실 여부를 생각하지 않고 쓴 기사가 다수 발견된다. 그중 두 건을 공유한다.

진실 은폐를 시도했다가 불명예 퇴진한 대표적 사례는 닉슨 전 대통령과 관련된 '워터게이트' 사건이다. 1972년 6월 17일 워싱턴의 민주당 전국위원회 사무실(워터게이트빌딩)에 배관공으로 위장한 남성 5명이 도청 장치를 설치하다가 경비원에게 발각됐다. 처음에는 단순 절도로 치부됐다. 「WP」가 이틀 뒤 이들이 전직 중앙정보국(CIA) 요원과 닉슨 선거운동본부 관련자라고 보도하면서 파문이 커졌다.

출처: 〈동아일보〉, 권좌에서 쫓겨난 해외 정상들, 2016.11.26

이에 백악관 참모들은 72년 6월 민주당 전국위원회 사무실(워싱턴 워터게이트 호텔)에 도청 장치를 설치하는 비열한 음모를 꾸몄다. 전직 연방수사국(FBI), 중앙정보국(CIA) 요원들이 총지휘를 맡고 정보 요원들이 배관공으로 위장해 도청 장치를 설치했지만, 이 장비가 호텔 경비원에게 발각되면서 문제가 불거졌다.

출처: 〈한국일보〉, 워터게이트의 교훈… 닉슨, 검찰과 2년 대치 끝에 하야 입력, 2016.11.19.

사실을 확인하지 않고 쓰면 오보가 나간다. 사실을 알고 있어도 생각하지 않은 채 쓰면, 자신이 아는 사실과 어긋나는 내용을 담을 위험에 빠진다.

미심쩍은 'DNA'는 꼭 대조해보자

정립된 과학 이론은 정확하고 엄밀하다. 그러나 과학 이론을 서술한 글이 항상 그렇지는 않다. 전문가가 쓴 글도 마찬가지다. 글을 읽다가 미심쩍은 구성요소와 마주쳤나? 그렇다면 다른 자료를 찾아보라. 병독(併讀)은 크리티컬 리딩의 기본 활동이다. 병독은 우리를 정확한 지식으로 이끄는 방편이다.

다음 글에서 내적 정합성에 어긋난 대목을 찾아보자. 이 분야의 사전 지식이 있는 분은 바로 알아채리라. 그러나 지식이 없더라도 정합성 측면에서 어긋난 부분이 있다.

> 폴링의 첫 번째 노벨상 수상 업적은 "화학결합의 성질을 연구하고, 이를 복잡한 물질의 구조 연구에 적용"함으로써 물질의 구조를 알아내는 데 공헌한 것이었고, 두 번째 노벨상 수상 업적은 "반핵운동에 앞장선 공로"를 인정받은 것이었다.
> 폴링은 DNA 구조를 규명하는 연구에서도 노벨상에 다가갔지만, 간발의 차이로 수상하지 못했다. DNA 구조의 영예는 1953년에 DNA가 이중나선 구조를 하고 있다는 사실을 발견한 제임스 왓슨과 프랜시스 크릭이 차

지했다. 두 사람은 이 공로로 1962년에 노벨 생리의학상을 수상했다.

훗날 왓슨은 《이중나선》 책을 통해 DNA 구조를 발견해 가는 과정을 소개하면서 가장 강력한 경쟁자로 이미 단백질의 삼중나선 구조를 규명한 미국의 폴링을 거론했다.

폴링이 DNA 구조를 밝히는 과정이 이들에 뒤진 이유는 (왓슨 스스로의 주장에 따르면) 미국 정부로부터 여권발행을 거부당함으로써 유럽에서 개최되는 각종 학회에 참석할 수 없었으므로 DNA를 찍은 최신의 X선 회절 사진을 접할 수 없었기 때문이다.

역사에 가정은 없지만 폴링이 왓슨과 크릭처럼 다른 과학자들이 찍은 X선 회절 사진을 볼 수 있었다면 이들을 물리치고 다시 한 번 노벨상의 주인공이 되었을지도 모를 일이다.

먼저 DNA 구조가 규명된 과정을 간략하게 다른 자료를 찾아 살펴보자.

그 레이스는 세 축에서 긴박하게 진행됐다. 미국의 라이너스 폴링이 한 축에서 달리고 있었고, 제임스 왓슨과 프랜시스 크릭이 다른 축에서 연구하고 있었다. 왓슨과 크릭은 영국 케임브리지대학의 캐번디시연구소에서 만나 의기투합했다. 나머지 한 축의 두 인물은 영국 킹스칼리지의 모리스 윌킨스와 로잘린드 프랭클린이었다. 킹스칼리지는 영국 과학계에서 DNA 연구를 주도하고 있었고, 윌킨스와 프랭클린은 X선을 이용해 DNA 회절사진을 찍고 있었다. 윌킨스는 프랭클린을 싫어했다.

폴링은 화학을 현대화했다. 양자역학이 원자들 사이의 화학 결합을 어떻게 지배하는지 알아냈다. 즉, 결합의 세기와 길이, 각도 등 거의 모든 것을 밝혀냈다. 그는 물리화학 밖으로 영역을 넓혔다. 예를 들어 겸형(낫 모양) 적혈구 빈혈증의 원인을 헤모글로빈의 변형된 구조에서 찾아냈다. 질병의 원인을 분자의 기능 부전에서 찾은 첫 개가였다.

DNA는 이미 1869년에 발견됐으나 분자 세계의 퇴화 물질로 여겨져 오랫동안 별 관심을 받지 못했다. 1952년에 바이러스 실험으로 DNA가 유전 정보 전달자임이 밝혀지면서 DNA 연구가 급물살을 타게 된다.

'DNA가 어떤 모양인가' 연구 경쟁

가장 큰 의문은 DNA의 구조였다. 낫 모양 헤모글로빈처럼 모양은 작동 방식과 밀접한 관계가 있다. 폴링은 어떤 과학자보다 이 의문에 도전할 준비가 된 상태였다. 그는 1951년 로버트 코리 등과 함께 단백질의 알파나선구조를 밝혀냈다.

여러 연구자들이 DNA도 나선구조이리라는 가설을 세웠다. 폴링이 그랬고, 왓슨과 크릭도 그랬다. 폴링과 왓슨 및 크릭은 처음에는 삼중나선 구조를 생각했다. 편의상 왓슨과 크릭을 2인조라고 부른다.

2인조가 먼저였다. 두 사람은 1952년 초에 삼중나선 모형을 만든다. 이에 대해 프랭클린이 회절사진과 맞지 않는다며 조목조목 비판한다. 2인조는 삼중나선 모형을 폐기한다. 폴링은 이후 1953년 1월에 삼중나선 논문을 발표한다. 폴링의 논문은 발표되기 전 아들 피터 폴링을 통해 2인조에게 전달된다. 피터는 공교롭게도 2인조와 같은 연구실에 있었다. 앞서 허방을 디딘 적이 있는 2인조는 폴링의 삼중나선 모형의 문제점을 쉽게 알아챈다.

동시에 실린 DNA 논문 세 편

왓슨은 1월 말 킹스칼리지의 윌킨스를 찾아간다. 윌킨스는 왓슨에게 프랭클린의 허락 없이 프랭클린 연구진이 찍은 회절사진을 보여준다. 왓슨은 사진을 보고 DNA의 구조가 이중나선임을 직감한다. 2인조는 이후 연구의 피치를 올려 3월 첫 주에 이중나선 모형을 완성한다. 3월 말 논문 초안을 작성한다. 그 논문은 1953년 4월 25일자 〈네이처〉에 실린다.

그 호 〈네이처〉에는 주제가 같은 논문이 두 편 더 게재된다. 윌킨스 등이 작성한 둘째 논문은 DNA 분자의 나선 구조를 일반적인 차원에서 설명하는 X선 자료를 내놓았다. 프랭클린 등이 쓴 셋째 논문은 강력한 X선 자료를 제시했다. 프랭클린 등은 완전히 독립적으로 DNA의 세부 구조를 발견했고, 2인조는 윌킨스를 통해 프랭클린의 연구에 크게 빚지고 있었다.

2인조와 윌킨스는 DNA 구조를 규명한 공로로 1962년에 노벨 생리학상을 공동 수상했다. 프랭클린은 이들이 상을 받기 전인 1958년, 38세의 나이에 암으로 사망했다.

이제 제시문으로 돌아오자. 다음 문장 중 '이미 단백질의 삼중나선 구조를 규명'을 'DNA가 삼중나선 구조를 하고 있다는 가설을 제시한' 정도로 수정해야 한다.

훗날 왓슨은 《이중나선》 책을 통해 DNA 구조를 발견해 가는 과정을 소개하면서 가장 강력한 경쟁자로 이미 단백질의 삼중나선 구조를 규명한 미국의 폴링을 거론했다.

한편 제시문은 '네이버 지식백과'에 제공된 글의 일부를 '문단 단위 쓰기' 원칙에 따라 재구성한 결과다. 원문을 제시문으로 바꾼 것은 내용이 더 쉽고 빠르게 독자에게 전해지도록 하기 위해서였다. 원문과 제시문을 비교해 참고하도록 다음과 같이 각각 왼쪽 단과 오른쪽 단에 배치했다.

[원문] 폴링의 첫 번째 노벨상 수상 업적은 "화학결합의 성질을 연구하고, 이를 복잡한 물질의 구조 연구에 적용"함으로써 물질의 구조를 알아내는 데 공헌한 것이었고, 두 번째 노벨상 수상 업적은 "반핵운동에 앞장선 공로"를 인정받은 것이었다. 1953년에 DNA가 이중나선 구조를 하고 있다는 사실을 발견한 왓슨과 크릭은 1962년 노벨 생리의학상을 수상했다.
왓슨은 [이중나선 The Double Helix] 책을 통해 DNA 구조를 발

[제시문] 폴링의 첫 번째 노벨상 수상 업적은 "화학결합의 성질을 연구하고, 이를 복잡한 물질의 구조 연구에 적용"함으로써 물질의 구조를 알아내는 데 공헌한 것이었고, 두 번째 노벨상 수상 업적은 "반핵운동에 앞장선 공로"를 인정받은 것이었다. 1953년에 DNA가 이중나선 구조를 하고 있다는 사실을 발견한 왓슨과 크릭은 1962년 노벨 생리의학상을 수상했다.
폴링은 DNA 구조를 규명하는 연구에서도 노벨상에 다가갔지만, 간발

견해 가는 과정을 소개하면서 가장 강력한 경쟁자로 이미 단백질의 삼중나선 구조를 규명한 미국의 폴링(Linus Carl Pauling, 1901~1994)을 거론하였다.

폴링이 DNA 구조를 밝히는 과정이 이들에 뒤진 이유는 (왓슨 스스로의 주장에 따르면) 미국 정부로부터 여권발행을 거부당함으로써 유럽에서 개최되는 각종 학회에 참석할 수 없었으므로 DNA를 찍은 최신의 X선 회절 사진을 접할 수 없었기 때문이다.

역사에 가정은 없지만 폴링이 왓슨과 크릭처럼 다른 과학자들이 찍은 X선 회절 사진을 볼 수 있었다면 이들을 물리치고 다시 한 번 노벨상의 주인공이 되었을지도 모를 일이다.

출처: [네이버 지식백과] 라이너스 폴링 - 1954년 노벨 화학상, 1962년 노벨 평화상 (화학산책, 대한화학회)

의 차이로 수상하지 못했다. DNA 구조의 비밀은 제임스 왓슨과 프랜시스 크릭이 밝혀냈다. 두 사람은 1953년에 DNA가 이중나선 구조를 하고 있음을 규명해냈고, 이 공로로 1962년에 노벨 생리의학상을 수상했다.

훗날 왓슨은 《이중나선》 책을 통해 DNA 구조를 발견해 가는 과정을 소개하면서 가장 강력한 경쟁자로 이미 단백질의 삼중나선 구조를 규명한 미국의 폴링을 거론했다.

폴링이 DNA 구조를 밝히는 과정이 이들에 뒤진 이유는 (왓슨 스스로의 주장에 따르면) 미국 정부로부터 여권발행을 거부당함으로써 유럽에서 개최되는 각종 학회에 참석할 수 없었으므로 DNA를 찍은 최신의 X선 회절 사진을 접할 수 없었기 때문이다.

역사에 가정은 없지만 폴링이 왓슨과 크릭처럼 다른 과학자들이 찍은 X선 회절 사진을 볼 수 있었다면 이

> 들을 물리치고 다시 한 번 노벨상의 주인공이 되었을지도 모를 일이다.

적합성·정합성 벗어난 부분을 찾으라

여러분은 DNA의 이중나선이 규명된 과정을 알게 됐다. 그 지식에 비추어, 다음에 인용된 두 문단 중 사실 적합성에 어긋난 부분을 찾아보자. 내적 정합성 측면에서도 틀린 대목이다. 답은 페이지 하단에 있다.

캐번디시 연구소의 대학원생이자 라이너스 폴링의 아들이었던 피터 폴링은 12월에 아버지로부터 DNA 구조를 만들어냈다는 편지를 받았다. 그 소식은 왓슨-크릭 진영에 그림자를 드리웠지만 그 편지에는 모형에 대한 자세한 내용은 들어 있지 않았다. 1953년 여름, 아버지 논문을 출판하기 전의 견본판 형태로 받게 된 피터 폴링은 그 논문을 왓슨과 크릭에게 보여주었다. 기본 구조는 DNA 사슬 가닥 세 개가 서로 엮인 3중 나선 형태였다. 그러나 (이제 X선 회절 패턴에 대해서 좀더 잘 알게 된) 크릭과 왓슨은 놀랍게도 폴링이 실수를 했으며, 그의 모형이 프랭클린이 얻은 자료와 일치되지 않는다는 것을 깨달았다.

며칠 뒤 왓슨이 폴링의 논문을 런던으로 가져가 윌킨스에게 보여주자 윌킨스는 왓슨에게 프랭클린이 찍은 최고의 사진 하나를 프랭클린에게 알리지도 않은 채 보여주었는데 이는 예의에 어긋나는 일이었다. 아무튼 바로 이 사진은 나선 구조의 차원에서만 해석될 수 있는 것이었고, 여기에 샤가프 법칙과 존 그리피스가 연구해낸 관계 등이 더해져서 크릭과 왓슨은 그 유명한 이중 나선 모형을 만들게 되었다. 1953년 3월 첫째 주가 끝나갈 무렵에 완성된 이 모형에는 뒤엉킨 분자들이 중간에 뉴클레오티드 염기를 연결하는 수소 결합으로 서로 붙어 있었다. 당시 폴링은 자신의 3중 나선 모형이 틀렸다는 것을 깨닫지 못했다. 그리고 그는 영국에 있는 경쟁자들이 얼마나 목표에 가깝게 와 있는지도 알지 못했다.

출처:《사람이 알아야 할 모든 과학》, 도서출판 들녘, 2010

[**답**] 다음 두 문장의 시기가 흐름상 서로 어긋난다.

- 1953년 여름, 아버지 논문을 출판하기 전의 견본판 형태로 받게 된 피터 폴링은 그 논문을 왓슨과 크릭에게 보여주었다.
- (폴링의 논문을 본 크릭과 왓슨이) 1953년 3월 첫째 주가 끝나갈 무렵에 완성된 이 모형에는 뒤엉킨 분자들이 중간에 뉴클레오티드 염기를 연결하는 수소 결합으로 서로 붙어 있었다.
- ※ [**사실**] 폴링은 1953년 1월에 삼중나선 논문을 발표한다.

《사피엔스》의 사실외면과 자가당착

[요약] 세계적인 베스트셀러가 된 유발 하라리의《사피엔스》는 앞뒤가 충돌하고, 사실에 대한 의미 부여를 누락했다. 내적 정합성 측면에서 상충하는 주제는 먹을거리를 둘러싼 경쟁이다. 하라리는 앞에서는 그 경쟁이 "사피엔스가 네안데르탈인을 학살한 배경"이라고 주장했다. 뒤에서는 "두 집단이 먹잇감을 놓고 심각한 경쟁을 벌이지는 않았던 것 같다"고 전했다. 아울러 활과 바늘이 사피엔스의 번성에 미친 기여를 외면했다. 이를 누락하면서 다른 요인을 부각함으로써 전체적인 양상을 왜곡했다.

사피엔스의 부상과 네안데르탈인의 몰락은 책《사피엔스》의 '대분기(大分岐)'이자 주춧돌이다. 유발 하라리는 이 책에서 사피엔스가 네안데르탈인을 제치고 지배종이 된 사건을 기초 삼아 현생 인류의 특징과 강점을 고찰해나간다.

다음은 하라리가《사피엔스》중 호모 사피엔스가 지배종이 된 요인을 설명하는 글이다. 그가 쓴 문장들을 거의 그대로 활용해 내가 얼개 식으로 재구성한 글이다. 밑줄 그은 대목만 독자의 이해를 돕기 위해 내가 덧붙인 부분이다.

네안데르탈인을 비롯해 여타 호미닌이 다 멸종되는 가운데 사피엔스가 현생 인류가 된 역사를 종합적이고 균형잡힌 시각으로 파악한다는 측면에서 다음 글을 읽어보자. 호미닌은 유인원과 구분되는 인류 계통의 영장류 조상을 일컫는다.

> 250만 년 전 아프리카에서 호모 속 진화
> 200만 년 전 다양한 인간 종 진화
> 50만 년 전 네안데르탈인 유럽과 중동에서 진화
> 20만 년 전 호모 사피엔스 동아프리카에서 진화
> 7만 년 전 호모 사피엔스 다른 지역으로 확산
> 3만 년 전 네안데르탈인 멸종

15만 년 전 인간은 모든 종을 통틀어, 인도네시아 군도와 이베리아 반도 사이에 100만 명쯤 있었다. 호모 사피엔스와 네안데르탈인, 데니소바인 등 다양한 호모 속(屬) 가운데 사피엔스만 남게 됐다. 사피엔스의 무엇이 이 결과를 낳은 것일까?

유발 하라리는 사피엔스가 지배종이 된 힘은 언어와 상징이었다고 생각한다.

사피엔스가 지배종이 된 결과를 설명하는 가설로는 교배이론과 교체이론, 번영·몰락이론이 존재한다.

교배이론은 아프리카 출신 사피엔스가 다른 곳으로 영역을 넓히면서 다른 종과 교배했고, 현생 인류는 그 후손이라고 주장한다. 유럽과 중동에서 네안데르탈인과 섞였고, 동아시아에서는 호모 에렉투스와 교배했다. 교체이론은 사피엔스가 네안데르탈인을 인종학살했다고 주장한다. 하라리는 교체이론을 믿는다. 왜냐하면 관용은 사피엔스의 특징이 아니기 때문이다. 사피엔스 집단은 피부색이나 언어, 종교가 다르다는 이유만으로도 다른 집단을 몰살하기 일쑤다. 사피엔스가 네안데르탈인을 학살한 배경은 두 종이 먹을거리를 놓고 경쟁했다는 데서 찾을 수 있다. 두 종의 식량은 사슴과 견과류와 장과류로 동일했다. 그래서 사피엔스는 사상 최초이자 가장 심각한 인종청소를 저질렀다.

사피엔스는 자기네보다 근골격이 컸던 네안데르탈인을 맹공격했다. 승리한 힘은 언어였다. 사피엔스는 정교한 언어를 구사하면서 네안데르탈인보다 더 긴밀하고 복잡한 협력 관계를 발달시켰다. 전설과 신화, 신, 종교를 집단적으로 상상하면서 더 많은 숫자가 유연하게 협력할 수 있었다. 사피엔스의 원거리 교역도 신화적 토템이나 토템 동물 같은 픽션을 기반으로 이뤄질 수 있었다. 네안데르탈인은 픽션을 창작할 능력이 없어 대규모의 협력을 효과적으로 이루지 못했다.

사피엔스는 사냥 기술과 집단의 크기로 네안데르탈인을 무찔렀다. 사피엔스는 네안데르탈인보다 사냥을 잘했다. 사피엔스는 수십 명이 협력해 사냥했다. 네안데르탈인은 혼자 또는 작은 집단으로 사냥했다. 융통성 있고 창의적인 사피엔스 500명이 전통적이고 정적인 패턴으로 협력하는 네안데르탈인 50명을 상대로 벌인 전투의 결과는 압승이었다. 요컨대 당시 정령과 부족 토템에 대한 이야기들은 사피엔스 500명이 교역하고 축제를 벌이고 힘을 합쳐 네안데르탈인 무리를 쓸어낼 수 있게 했다.

번영·몰락이론은 다음과 같다. 사피엔스는 기술과 사회적 기능이 뛰어나, 네안데르탈인보다 사냥과 채취를 더 잘했다. 사피엔스는 네안데르탈인보다 더 빠르게 인구를 늘리면서 영역을 넓혀갔다. 사피엔스보다 재주가 떨어지는 네안데르탈인은 생존이 점점 더 힘들어졌다. 네안데르탈인은 집단의 크기가 줄어들었고 서서히 멸종됐다.

그동안 교체이론이 우세했으나, 2010년에 발표된 연구로 수정이 불가피해졌다. 유럽과 중동에 거주하는 인구집단이 지닌 인간 고유의 DNA 중 1~4퍼센트가 네안데르탈인의 DNA로 밝혀졌다.

이 연구를 반영해 하라리는 네안데르탈인은 대부분 사피엔스에 의해 멸절됐지만 일부 운 좋은 네안데르탈인의 유전자가 사피엔스 특급에 편승했다고 본다.

그에 대해 "기존 연구로부터 근거를 대라"고 요구할 분들이 있으리라. 하라리는 "없다"고 답한다. 사피엔스 한 무리가 네안데르탈인이 거주하던 영역에 도래했을 때 두 집단이 접촉한 흔적 중 지금까지 남은 것은 거의 없다. 하라리는 책에 "기껏해야 뼈 화석 몇몇과 석기 한 움큼이 학자들의 면밀한 심문에도 침묵만 지킬 뿐"이라고 썼다. 중요한 것은 상상이다. 하라리는 사피엔스의 힘이 상상이라고 주장했고, 하라리 주장의 바탕은 상상이다.

번영·몰락이론, 즉 사피엔스가 빠르게 인구를 늘리면서 지배종이 됐다는 제3의 가설에 DNA 연구를 접목할 수도 있다. 사피엔스는 번성했고 네안데르탈인은 몰락하면서 일부의 피가 사피엔스와 섞였다고 설명할 수 있다. 하라리도 책에 활과 화살, 바늘을 발명했음을 서술했다. 물론이다. 사피엔스에게는 도구를 제작하고 사용하는 능력도 필요했다.

그러나 하라리는 이 가설은 다루지 않는다. 왜냐고? 제3의 가설은 하라리가 사피엔스의 특성으로 앞세운 언어와 상상보다 기술을 앞세우기 때문이다. 하라리는 이 가설에 대해 한 마디만 덧붙인다. 도구 제작 능력은 수많은 사람들과 협력하는 능력이 수반되지 않는다면 중요하지 않다(정말? 사피엔스의 더 창의적인 도구 제작 능력이 협력을 통해 더욱 강화됐다는 설명이 더 그럴 법하지 않나?).

기술은 사피엔스에게 부차적이었다. 언어와 상상을 매개로 한 대규모 협력이 사피엔스의 강력한 힘이었다. 사피엔스는 대규모 집단을 이뤄 네안데르탈인을 인종청소하고 지배종 자리를 차지했다.

인류 진화와 관련해 《사피엔스》와 비교해서 읽을 책 중 하나가 《우리 몸 연대기》다. 대니얼 리버만 하버드대 인류진화생물학과 교수가 쓴 책이다. 《사피엔스》가 하라리의 단편적인 독자설이라면 리버만 교수의 설명은 종합적인 일반론이다.

이제 리버만 교수의 설명을 들어보자.

《사피엔스》와 《우리 몸 연대기》 비교해보니

리버만 교수는 "사피엔스가 네안데르탈인 대신 현대 인류가 된 과정은 아무도 모른다"고 전제한 뒤 "여러 가설이 있다"고 말한다. 그는 이어 바로 "사피엔스가 인구를 빠르게 늘렸다는" 가설을 그중 하나로 소개한다.

이 가설은 사피엔스는 출생률이 높고 사망률이 낮았으리라고 추정한다. 그는 "사피엔스의 출생률과 사망률이 네안데르탈인과 조금만 차이가 나도, 엄청난 차이로 벌어진다"고 설명한다. 예컨대 "네안데르탈인의 사망률이 사피엔스보다 1%만(리버만 교수가 '포인트'를 누락한 듯하다_필자) 높아도 네안데르탈인은 30세대 만에, 즉 1000년 이내에 멸종하게 된다"는 것이다.

그는 다른 가설은 "사피엔스가 협력을 더 잘 했고, 식량 자원을 조류와 어류 등을 포함해 더 넓게 활용했다는 것"이라고 든다. 이 둘째 가설은 앞 가설과 양립 가능하다. 둘째 가설의 결과가 첫째로 나타났을 수 있다.

리버만 교수는 사피엔스가 번성한 요인으로 '문화'를 제시한다. 문화를 "지식, 신념, 가치 등의 조합으로 한 그룹을 다르게 행동하도록 한다"고 정의하고 사피엔스 문화의 특징을 '혁신'과 '교류(교역)'로 요약한다. 사피엔스는 의복과 도구, 음식 등에서 네안데르탈인과 문화가 달랐고 계속 발달시켰다. 문화는 유전자처럼 교류(교역)하는 지역 사이에, 세대 간에 복제·증식된다. 이처럼 유전자에 비유할 수 있는 문화적인 요소는 밈(meme)이라고 불린다. 그에 비해 네안데르탈인 문화는 오랜 기간 동안 변화가 거의 없었다.

사피엔스의 활·바늘을 왜 《사피엔스》는 외면?

사피엔스의 문화 밈에 대해 내가 설명하겠다. 사피엔스는 옷을 지어 입었고 활과 화살로 사냥을 더 잘했고 더 폭넓은 식량 자원에서 안정적으로 영양을 섭취했다. 그래서 네안데르탈인보다 낮은 유아사망률과 높은 출산율로 인구를 훨씬 더 빨리 늘려나갔다.

제시문에 인용했듯이, 하라리도 사피엔스의 바늘과 활을 서술한다. 그러나 그는 이에 대해 논의하지 않는다. 이는 흥미로운 외면이다. 왜냐하면 활은 사피엔스가 네안데르탈인을 학살했다는 하라리의 주장을 뒷받침하기에 강력한 증거이기 때문이다. 하라리가 외면한 맥락은 쉽게 추정할 수 있다. 활을 강조하면 하라리의 키워드인 언어와 상상이 뒷전에 밀리게 된다.

하라리와 달리 사피엔스의 활을 학살의 증거로 제시하는 주장이 있다. BBC가 2020년 11월에 그 주장을 전했다. 기사의 제목은 '네안데르탈인이 우리 조상과 전쟁을 벌였나?(Did Neanderthals go to war with our ancestors?)'이다. 내용은 전쟁을 벌였으나 활로 무장한 사피엔스한테 당하지 못했다는 것이다.

잠깐. 질문을 바꿔보자. 사피엔스가 활을 발명했어. 당신이 사피엔스 무리의 리더라면, 우리 구성원의 희생을 감수하고 그 시간에 사냥으로 얻을 고기라는 기회비용을 치르면서까지 네안데르탈인과 전투를 벌일까? 아니면 활과 화살로 초식동물을 사냥해 배불리 먹을까?

이 질문에 대답한 논문이 있다. 2019년 9월 발표된 '기계적으로 발사하는 무기에 대한 유럽 최초의 증거(The earliest evidence for mechanically delivered projectile weapons in Europe)'이다. 나는 이 논문을 지지한다. 이 논문은 사피엔스와 네안데르탈인의 운명을 가른 무기로 활과 화살, 투창기 같은 장거리 무기를 들고, 이들 무기 덕분에 사피엔스는 네안데르탈인보다 더 성공적으로 사냥할 수 있었다고 설명한다. 강력한 신종 무기로 네안데르탈인을 사냥해 멸종시킨 게 아니라. 논문의 초록은 "발사 무기를 활용한 (사피엔스) 집단은 더 강력하게 타격하는 사냥 전략을 얻었고 다른 집단과 종에 비해 잠재적인 생존 우위도 확보했다"고 결론 짓는다.

바늘도 활에 버금가게 사피엔스에게 도움을 준 도구였다. 네안데르탈인은 바늘을 발명하지 못해 옷을 지어 입지 않았다. 그때는 빙하기가 끝나지 않아 매우 추웠다. 이정모 과천과학관장은 ''절대 바늘' 발명 덕에 지금까지 생존한 호모 사피엔스'(《중앙SUNDAY》, 2014.12.07.)에서 "네안데르탈인은 매일매일 동상과 저체온증을 걱정해야 했다"고 설명한다. 게다가 네안데르탈인은 사피엔스보다 덩치가 더 커서 더 많은 열량이 필요했다. 이 관장은 다음과 같은 과정을 제시한다.

"추위와 굶주림으로 그들의 수명은 점차 짧아졌다. 인구가 줄었으며 유년기도 덩달아 단축됐다. 짧아진 유년기는 낮은 사회화로 이어지는 악순환이 계속됐고 결국 멸종에 이르렀다."

결정적인 변수가 아직 하나 남았다. 사피엔스와 네안데르탈인의 만남에서 가장 중요하게 고려할 변수가 인구 규모다. 유럽에 사피엔스와 네안데르탈인이 수백만 명이었다면 두 종의 집단은 자주 마주쳤을 뿐 아니라 식량 자원을 놓고 경쟁했을 것이다. 그러나 사피엔스와 네안데르탈인이 유럽에서 공존한 시기에 두 종의 인구가 1만 명에도 못 미쳤다면? 두 종의 조우는 드문 일이었을 테고, 식량을 둘러싼 두 종의 경쟁도 거의 없었을 것이다.

당시 인구밀도 희박, 전쟁 가능성도 희박

이와 관련해 책 《우리는 모두 2% 네안데르탈인이다》가 중요한 추정을 제시한다. 이 책은 "농업이 시작되기 이전에는 가장 환경조건이 좋았던 시절에도 세계 인구가 1만~2만 명 정도에 불과했던 것을 알 수 있다"고 전한다. 사피엔스가 네안데르탈인과 유럽에서 공존하던 시기에 유럽 인구는 1만 명이 채 안 됐을 것이다.

이 책의 저자는 세 인류학자다. 뼈의 생김새와 뼈에 남은 질병의 흔적을 연구하는 우은진, 뼈 조직의 양상으로 사람의 특성을 연구하는 조혜란, 집단의 유전자 염기서열 자료로 과거의 역사를 복원하는 정충원.

분자고생물학을 전공하고 주로 동물 골격의 진화를 연구하는 사라시나 이사오는 책《절멸의 인류사》에서 "때로는 네안데르탈인과 호모 사피엔스가 다투기도 했을 것"이라면서도 "다툼이 자주 일어나지는 않았을 것"이라고 본다. 그는 특히 "적어도 집단끼리 다투는 일은 없었던 듯하다"고 전한다.

자가당착: "경쟁" vs "경쟁 심하지 않았다"

이런 맥락을 하라리조차 《사피엔스》의 다른 대목에서 언급한다. 즉, "또한 현대인이 네안데르탈인의 근거지로 이동해왔더라도 현대인의 무리가 엄청나게 크지는 않았기 때문에 두 집단이 먹잇감을 놓고 심각한 경쟁을 벌이지는 않았던 것 같다"고 서술한다.

이 문장을 씀으로써 하라리는 자가당착에 빠졌다. 그가 책의 앞에서 쓴 다음 문장과 이 문장의 일부를 비교해보자. 두 문장은 서로 정면으로 충돌한다. 내적 정합성에 어긋난다.

- 사피엔스가 네안데르탈인을 학살한 배경은 두 종이 먹을거리를 놓고 경쟁했다는 데서 찾을 수 있다. 두 종의 식량은 사슴과 견과류와 장과류로 동일했다.
- 두 집단이 먹잇감을 놓고 심각한 경쟁을 벌이지는 않았던 것 같다.

참, 하라리의 전공은 중세전쟁사다.

마지막이다. 《우리는 모두 2% 네안데르탈인이다》는 《사피엔스》의 기본 전제에 의문을 제기한다. 사피엔스가 네안데르탈인보다 말을 잘 했다는 전제다. 《우리는 모두 2% 네안데르탈인이다》는 "지금까지의 연구성과들은 네안데르탈인의 언어 능력이 최소한 침팬지보다는 현대인과 가깝다고 말한다"며 "그러나 네안데르탈인이 우리처럼 정교한 언어를 사용했는지 그렇지 않은지에 대해 아직까지 확실한 답은 없다"고 전한다.

나는 다음과 같이 종합 정리한다. 사피엔스는 새로운 도구를 발명하는 데 능했고, 활과 바늘 같은 도구는 넓은 교류(교역)을 통해 사피엔스에 널리 공유됐다. 그에 비해 네안데르탈인은 전통 생존방식에 머물렀고 다른 집단과 교류하지 않았다. 사피엔스는 덜 사망했고 더 많은 2세를 낳은 반면, 네안데르탈인은 점차 줄어들었다. 그 과정에서 간혹 두 종의 교배가 일어났다.

크게 기울어진 기초에 올린 건물은 제아무리 그럴싸하게 쌓고 치장하더라도 결국 무너진다. 《사피엔스》는 그런 건물과 다르지 않다.

나가며

실로 꿰맨 책을 내며

일간지에 입사해 수습을 거친 뒤 편집부로 배치되었다. 편집부 2년 동안 단어 구사부터 시작해 다방면의 지식과 노하우를 배우고 익혔다. 편집 기자의 업무 중 하나는 지면 레이아웃을 짜는 일이다. 레이아웃을 짜면서 깨친 노하우가 '내용과 형식의 어울림'이다. 풀어서 말하면 '형식은 내용에 입히는 옷이므로, 내용을 잘 나타내는 형식을 취하라'는 지침이다.

이 지침을 이 책에 적용했다. 이 책을 '내용'을 충실히 전하는 '형식'을 궁리하고 선택해 적용했다.

이 책의 내용 중 중요한 요소가 '원문'과 '대안' 비교이다. 글쓰기 기법을 전하는 방법으로 '원문과 원문을 첨삭한 대안 제시'를 나는 앞서

《백우진의 글쓰기 도구상자》(2017)에서 시도했다. 《백우진의 글쓰기 도구상자》는 내용으로는 호평을 받았으나, '전달력' 측면 점수는 낮았다. 예컨대 원문이 두 페이지에 걸쳐 제시되고 다음 페이지에서 원문에 대한 의견이 나온 뒤, 대안은 이어 두 페이지에 나온다. 독자가 원문과 대안을 비교하기 번거롭고 어려운 형식이다.

원문과 대안 비교라는 내용에 걸맞은 형식은 몇 년 뒤에야 떠올랐다. 원문과 대안을 마주보게 편집하는 형식이다. 그 형식을 이 책에 활용했다.

'형식' 모색은 마주보기 편집에서 끝나지 않았다. 마주보게 편집된 원문과 대안을 독자가 찬찬히 읽도록 도우려면, 책이 좌우로 잘 펼쳐지도록 제본해야겠다는 데로 생각이 미쳤다. 책의 펼침이 좋은 방식이 페이지를 실로 꿰매 제본하는, 이른바 사철(絲綴)이다. 사철은 양장본에 많이 활용되지만, 평장본에도 적용될 수 있음을 알게 되었다. (양장본은 책을 덜 친근하게 할 수 있는 형식이라는 점에서 선택에서 제외했다.)

이 두 가지 형식을 바탕으로 한 내용 활용법. 틈틈이 관심이 가거나 필요한 대목을 펼쳐놓으시라. 시간을 두고 원문과 대안을 비교하면서 첨삭 착안점과 고친 기법을 생각해보시라.

이 책을 낸 출판사는 '사개모개'이다. 사개모개는 내가 운영하는 글쟁이주식회사가 꾸려나갈 출판사 이름이다. 이 책은 사개모개가 내는 첫 책이다. 출판사를 등록한 사연과 출판사의 이름은 이 책의 내용과 관련이 있다.

나는 정확한 독해를 주제로 원고를 준비했다. 정확한 독해의 잣대는, 이 책의 6장 1절에서 서술한 대로, 내적 정합성과 사실 적합성, 완결성이다. 정확한 독해를 통해 정확한 사고력을 함양할 수 있고, 정확히 사고해야 정확한 글을 쓸 수 있다는 취지에서였다. 여러 출판사에 이 주제로 책을 발행하자고 제안했으나, 호응을 받지 못했다.

그래서 내가 출판사를 등록하고 직접 정확한 독해 책을 내기로 결정했다. 출판사 이름을 무엇으로 지을까.

'글쟁이'라는 회사 이름은 문득 떠오른 반면 '사개모개'는 일종의 논리적인 과정을 거쳐 만들어졌다. 정확한 사고의 기준 중 내적 정합성은 글의 구성 요소가 서로 들어맞아야 한다는 의미이다. 이 정합성을 표현하는 단어로 '사개'를 선택했다. 사개란 '상자 따위의 네 모서리를 요철(凹凸) 모양으로 만들어 끼워 맞추게 된 부분, 또는 그러한 짜임새'를 말한다. 사개가 들어맞듯 글도 앞뒤에 어긋남이 없어야 한다. '모개'는 '모조리 한데 묶은 수효'를 뜻하고, "이 과일 모개로 얼마죠?"라는 식으로 활용된다. 이로부터 나는 '사개모개'에 '모두 잘 들어맞는다'는 의미를 담았다.

우여곡절 끝에 사개모개에서 내게 된 이 《첨삭 글쓰기》에는 정확한 독해 내용이 한 장(章)으로 반영되었다. 나머지 5장은 글쓰기 전반에 대한 내용으로 구성되었다. 정확한 독해를 주제로 정리해두었고 앞으로도 계속 써나갈 원고는 사개모개 출판사에서 별도로 발행하려고 한다.

한편 사개모개는 내가 만든 고유명사 준첩어다. 나는 《단어의 사연들》에서 우리말 언중의 취향으로 준첩어를 들었다. 첩어는 '숭덩숭덩'처럼 반복되는 단어를 가리킨다. 준첩어는 반복되는 음절 중 하나를 살짝 바꾼, 예컨대 옹기종기, 올망졸망 같은 낱말이다. 우리는 준첩어를 계속해서 새로 만든다. 듬뿍담뿍, 동네빵네, 질색팔색, 오바육바 등을 예로 들 수 있다. 사개모개가 책 읽는 사람들 입에 좋은 내용으로 자주 오르내리면 좋겠다.

글쓰기는 기술이다. 손으로 익히는 기술이다. 누구나 일정 수준 이상 구사할 수 있다. 그러나 글쓰기라는 기술은 학업 성취도나 학위 수준과 상관관계가 높지 않은 기술이다. 박사 학위 소지자라도 별도로 시간과 노력을 들이지 않으면 이 기술을 능숙하게 구사하지 못한다.

완성도 높은 글을 쓰는 기술에는 반드시 훈련이 필요하다. 그 훈련은 적절한 길잡이가 있을 때 향상으로 이어진다. 이 책 《첨삭 글쓰기》가 독자께서 글을 뜻하는 대로 부리게 되는 과정에서 자주 참고가 되기를 희망한다.

찾아보기

※ 주요 인용 자료 위주로 수록. 약물은 생략.

개조식 6, 198, 203

게티즈버그 연설문 162

곱빼기가 있어서 얼마나 다행인가 202

과학자를 위한 글쓰기 110

국정운영 5개년 계획 96, 115

군주론 160

글쓰기의 기초 93, 222, 228

기사 작성의 기초 220, 223

길옥윤 187

김수영 94

김옥균 171

나는 달린다, 맨발로 60, 79

논문 잘 쓰는 법 119

다정소감 64

다치바나 다카시 292

단어의 사연들 60, 80

달리기의 힘 62

데카메론 297

독해가 쏙! 생각이 톡! 220

동백꽃 30

두렵지만 매력적인 61

로빈슨 크루소 18

마쓰우라 모토오 187

막스 베버 148

매일 죽는 사람 17

맥스 테그마크의 라이프 3.0 61

모국어를 위한 불편한 미시사 242

모두 거짓말을 한다 105

목걸이 24

문장강화 235

미테랑 평전 51

밥 우드워드 305

백년의 고독 15

벌거벗은 통계학 287

베짱이 18

벤 브래들리 302

사람을 몰고 다니는 유쾌한 사람 49

사랑 손님과 어머니 54

사일로스 129, 132

사피엔스 317

삶의 정도 299

삼국지 35, 152

상관 없는 거 아닌가? 193

상도 148

생존을 위한 매의 노력 299

성취인의 행동 특성 265

숨이 막힌 도베르만 40

스톡 stock 273

슬픈 열도 173

신은 주사위놀이를 하지 않는다 286

아네모네의 마담 244

아무튼 술 64

안나 카레니나 15

역사란 무엇인가 166

우리 몸 연대기 321

우리 사이의 순간들 37, 69

우리는 모두 2% 네안데르탈인이다 324

우아하고 호쾌한 여자 축구 63

워런 버핏 107, 275

유량 273

유혹하는 글쓰기 88, 101, 211, 228

이 사람아, 공부해 57

이시다 바이간 148

이야기를 완성하는 서사패턴 959 16

이차원 독서 81

이해하기 쉽게 쓴 행정학용어사전 114

인간의 마음을 사로잡는 스무 가지 플롯 40

익살꾼 77

일리아드 152

일어날 일은 일어난다 15

임꺽정 174

저량 273

전국축제자랑 64

전략적 글쓰기 222

절멸의 인류사 325

제갈량의 출사표 88, 154

제임스 왓슨 309

종의 기원 74, 117

짧게 잘 쓰는 법 222

첫 문장 못 쓰는 남자 14

첫 문장의 힘 111

청춘예찬 16

칼 번스타인 305

캐서린 그레이엄 107, 303

칸트, 임마누엘 123, 126

테라 인코그니타 195

파친코 176

팡세 73

폴링, 라이너스 309

프랜시스 크릭 309

플로우 flow 273

핀치의 부리 73, 203, 217

한국 근대 형사재판제도사 135

화학산책 314

호모 이코노미쿠스의 경제적 세상읽기 63

홍길동전 108

AI는 양심이 없다 112

IBM 133

첨삭 글쓰기

'원문'과 '대안'이 유형별로 제시된다
수필, 자소서, 보고서, 논문의 핵심

펴낸날 초판 1쇄 ˃ 2023년 3월 15일

지은이 ˃ 백우진
디자인 · 제작 ˃ Spaceform

펴낸곳 ˃ 사개모개
출판등록 ˃ 제2021-000096호
주소 ˃ 서울시 중구 통일로 86, 1201호
전화 ˃ 010-2438-8363
팩스 ˃ 02-6455-9363
이메일 ˃ smitten@naver.com
블로그 ˃ https://blog.naver.com/barefoot-100

ISBN ˃ 979-11-982028-9-5 (03800)